鲁鹏程/著

别以爱的名义伤害孩子

0~18岁孩子父母必读
家庭教育经典

《好妈妈不吼不叫教育男孩100招》
作者鲁鹏程又一力作

中国人民大学出版社
·北京·

前 言
PREFACE

要说天下的父母不爱自己的孩子,那是瞎话;要说天下的父母都知道如何爱自己的孩子,那也是瞎话。很多父母太爱自己的孩子了,而且爱得忘情,爱得太急,爱得太切,以至于用自己的"爱"把孩子害得"体无完肤"而浑然不觉。

孩子很累,因为他们背负了父母太多的希冀,以至于无法喘息;父母更累,倾其所有给孩子创造各种优越的物质条件,包办代替,再苦再累也不怕,就是为了让孩子专心学习,以后能出人头地。

但遗憾的是,很多时候,孩子的思想、行为又是那样地不令父母满意,让父母感到无助与无奈。

为什么会这样呢?原因在哪里?为人父母者确实应该反思一下。

儒家经典《中庸》中说:"射有似乎君子,失诸正鹄,反求诸其身。"《孟子》中提到:"行有不得者,皆反求诸己。"这两句话意思差不多,都是说如果有什么不顺利的事情,一定要反省自己哪里出了问题,而不要向外面去找原因,不要找别人的毛病。教育孩子也是一样的道理。当父母的爱把孩子"害"了时,一定是自己爱错了。

那么,父母应该怎样避免让自己"好心办了坏事"呢?其实很简单。父母只要想反省自己,只要真正想改变自己不当的教育方式,只要是为了孩子真正能有一个快乐的成长过程以及终极的快乐人生,就一定能拯救自己于"水火之中",也一定能把孩子送达成功彼岸。

来回答几个问题吧,问题的主语都是"我":

是否相信"不让孩子输在起跑线上"的论断?

是否要在家庭中讲民主、讲平等？

是否想"再苦不能苦孩子"？

是否对孩子期望过高？

是否为孩子包办太多？

是否奉"哈佛女孩""耶鲁男孩"的培养经验为圭臬？

是否无原则地赏识孩子——"你真棒"？

是否用溺爱给孩子挖了一个个陷阱？

是否经常用物质奖励去激励孩子做事？

是否对孩子的事情干涉太多？

是否过度偏袒孩子？

是否心甘情愿地做孩子的"奴仆"？

是否把奥数、珠心算、才艺等当成孩子成长"胜算的砝码"？

是否盲目地追逐所谓的"教育趋势"？

是否看到有关神童的报道怦然心动，非常希望自己也造就"一代神童"？

是否等待孩子叛逆，认为孩子到了一定的年龄，如果不叛逆就不正常？

是否就性教育这件事三缄其口？

是否鼓励孩子成为"非主流"的一员？

....

回答如果有很多"是"，那父母就该警惕了——你正在以爱的名义伤害孩子。

为人父母者，警醒吧！别再让自己沿着错误的道路继续走下去了！别再让自己的"爱"成为孩子温柔的陷阱。现在回头，还来得及！

真诚企盼天下的父母都具足教育智慧，天下的孩子都健康成长、快乐成才！

鲁鹏程

目 录
CONTENTS

第一章　你爱孩子的观念，可能满满是害 /001

有多少父母、孩子为"不让孩子输在起跑线上"的论断所累、所害？有多少父母武断地在家庭成员中实行所谓的"平等"，让家庭终于"一团和气"？有多少父母认同"再苦不能苦孩子""树大自然直"的教育理念？对孩子的教育，有多少父母重智轻德，认为赚钱养家比陪伴孩子更重要？有多少父母处处摆出权威、高高在上的姿态？有多少父母认为要给孩子留下大笔的金钱作为遗产？这些观念貌似充满了你对孩子的爱，但却很可能潜藏着满满的害。

1. 起跑线——别被"不让孩子输在起跑线上"的伪命题迷惑 / 002
2. 平等——没有长幼有序的"平等"，造就没大没小的孩子 / 008
3. 再苦不能苦孩子——孩子小时不吃苦，长大会吃更多苦 / 013
4. 树大自然直——不及时纠正孩子的小毛病，"树"大一定会长"歪" / 018
5. 重智轻德——德者本也，财者末也，培养德才兼备的"正品" / 022
6. 权威姿态——不给孩子摆权威的架子，因为那是伪权威 / 028
7. 赚钱养家——再忙也要陪孩子，千万别让赚钱养家成为借口 / 033
8. 遗产＝金钱——金钱并不是最好的遗产，最好的遗产是家风 / 038

第二章　你爱孩子的行为，可能是有毒的 /043

父爱缺失、隔代抚养、脸谱式教育、盲目照搬别人的教育经验、溺爱孩子、对孩子进行大量的物质奖励、干涉孩子过多、袒护孩子过甚、保护孩子过度，这些情形是否全部或部分地发生在你身上？你是否说一套做一套，给孩子做出了"最好的榜样"？你是否对孩子进行过或正在进行"棍棒教育"的硬暴力抑或"精神折磨"的软暴力？你的行为也许是想表达对孩子的爱，但这些"爱"却可能是有毒的。

9. 父爱——每位父亲都爱孩子,但很多时候却爱偏了 / 044

10. 隔代抚养——把孩子丢给老人带弊端多,隔代教育做好不容易 / 050

11. 榜样示范——父母说一套、做一套,两面派,孩子想不学都难 / 055

12. 脸谱式教育——一个唱红脸一个唱白脸,这条"教育路"很危险 / 061

13. 棍棒教育——适度惩戒很必要,关键是棍棒要有"含金量" / 065

14. 软暴力——无形的暴力,对孩子是精神上的折磨和心理上的虐待 / 071

15. 溺爱——不要有求必应,别以爱的名义亲手给孩子挖陷阱 / 075

16. 物质奖励——慎用,否则孩子就变得功利,只会为物质奖励而做事 / 079

17. 干涉过多——不修剪会长歪,修剪过度会限制发展 / 084

18. 过度保护——接受温室教育的孩子无法经受室外的风雨 / 089

第三章 孩子的学习,可能被你引入误区 /095

  天下的所有父母都希望孩子能学习好,通过学习而出人头地,过上悠然自得的成功生活。于是,学习就成了孩子的全部。父母不惜重金对孩子进行早期教育,让奥数、珠心算、才艺等走进孩子的生活;让家庭教师走进自己的家庭;希望提升孩子的分数,盲信"多元智能";希望培养出一代神童……还有,父母盲从所谓的"教育趋势",帮孩子择校,让孩子出国留学,追逐所谓的"热门专业";有的父母还为教育的"潜规则"贡献力量……殊不知,这一切都表明父母正在把孩子引入学习的误区。

19. 早期教育——到底多早算早期?教育到底该怎么做? / 096

20. 奥数、珠心算——潜能开发有误解,这是在透支孩子的潜能 / 101

21. 才艺——全面发展并非必须靠才艺支撑,不要让孩子为才艺所累 / 106

22. 教育趋势——盲从所谓的"教育趋势",实际上就是跟风教育 / 110

23. 择校——择校肯定是择名校,但名校有时未必能把孩子培养成才 / 114

24. 出国留学——远离父母的孩子就像断了线的风筝,不知道飞往哪里 / 118

25. 神童——可能一直会光辉下去,更可能是方仲永昙花一现 / 123

26. 家庭教师——教孩子学还是陪孩子玩?是一时的还是长久的? / 128

27. 标准答案——不要控制孩子的想象力,否则教再多知识也徒劳 / 133

28. 分数——分数到底是孩子的命根,还是父母的命根? / 137

29. 多元智能——并非解决个性化教育的妙方,仅为一个角度而已 / 142

30. 热门专业——风水轮流转,热门会变冷门,冷门也能成热门 / 146

31. 潜规则——不要助长潜规则，不要给学校、老师请客送礼 / 150

第四章　你强加给孩子的爱，让他吃不消 /155

　　你是否非常希望孩子能圆你没能圆的梦？是否把孩子当成炫耀攀比的工具？是否在想当然地照搬别人的成功教子经验？是否让赏识教育变了味，没有起到好效果？是否不经意间或是有意识地做了孩子的"奴仆"？是否对孩子期望过高，让他背负了太多的压力？是否给孩子做过所谓的智力测试？是否给孩子套上了荣誉的枷锁？是否还在袒护孩子，让他在你的羽翼下安心成长？父母这些所谓的"爱"是强加给孩子的，孩子会因此而吃不消。他不需要而你硬给他，是在以爱的名义伤害孩子。

32. 圆梦——把未竟的理想强加在孩子身上，是对孩子权利的漠视 / 156

33. 炫耀攀比——拿孩子跟别人比较，带给他的只能是不满与痛苦 / 160

34. 照搬教育经验——不把孩子当试验品，哈佛女孩克隆不出来 / 164

35. 赏识教育——赏识是好事，但无原则的赏识只会让孩子自大、任性 / 169

36. 奴仆型父母——凡事替孩子包办，最终造就无能的孩子 / 173

37. 期望过高——对孩子期望过高，只能让他负担沉重而迈不开脚 / 177

38. 智力测试——痴迷于测试孩子的智力，就难免不给他贴"笨"标签 / 181

39. 荣誉——荣誉是好的，但孩子一味追求荣誉，未免会患得患失 / 186

40. 陪读——全程照顾孩子，即使孟母见此，也会"自愧不如" / 191

41. 袒护——在父母的羽翼下，孩子不会有对家国的责任感 / 196

第五章　便利的生活，却可能带有负能量 /201

　　今天的孩子生活在一个物质生活极大富足的时代，也在享受着高科技带来的便利，但是便利的生活背后却隐藏着无形的杀手，虽说这些杀手不足以让孩子受到致命的伤害，但却能在精神上给孩子更大的杀伤力，会让孩子的"智慧之命"丧失掉。这并不是危言耸听。想想吧，孩子是不是为网络这个"电子海洛因"所侵蚀？是否被电视勾去了魂魄？是否大手大脚地畸形消费？是否为各种污染所害？是否爱慕虚荣？是否为不和谐的家庭环境所累？是否正在一步步地变为"好孩子"？可见，便利的生活有时也隐藏着极大的负能量，不可不谨慎对待。

42. 网络——一把双刃剑，别让网络成为孩子的"电子海洛因" / 202

43. 电视——比网络好不了太多，会让孩子伤眼、伤心、伤智 / 208

44. 畸形消费——谁为畸形消费负责？"西式理财教育"真那么有效？ / 213

45. 优雅、风度——不能融入群体的优雅与风度，只会"鹤立鸡群" / 218

46. 生活细节——小心手机、鲜花、玩具、垃圾食品等会伤害孩子 / 222

47. 压岁钱——好好利用，否则会让孩子一半走向理财，一半走向贪心 / 227

48. 好孩子——听话的孩子就是好孩子、乖孩子？ / 231

49. 面子——有时候就是虚荣心，可能会成为孩子犯罪的"加速器" / 236

50. 家庭环境——好环境是孩子成长的沃土，不良环境对孩子是一种伤害 / 241

第六章　青春的烦恼，让孩子走在悬崖边 /245

青春期到来了，父母眼中叛逆的孩子终于现形了！难道孩子天生就会叛逆？未必。在这个时期，孩子可能会追星，会早恋，会因性教育缺乏而做出让自己后悔的事情，会过度真诚，会盲目地相信友情，会年少得志，会追逐酷酷的外形，会让自己成为非主流，当然，也可能会因为性格而改变命运。一切皆有可能。再重新问一遍：难道孩子天生就会这样？未必。一半是自然，一半是父母无知的"督促"使然。信也罢，不信也罢，我们都得尊重事实。

51. 叛逆——不叛逆才正常，今天却误认为叛逆的孩子才正常 / 246

52. 偶像——孩子成也偶像，败也偶像；引导得当则成，不当则败 / 252

53. 早恋——并非父母想象的那么可怕，也并非父母想象的那么简单 / 256

54. 性教育缺乏——讳莫如深，孩子就会通过其他渠道了解性 / 261

55. 真诚——真诚是必要的，过度真诚则害己又害人 / 268

56. 友情——真正的友情是道义，是友直、友谅、友多闻 / 272

57. 成功——都想让孩子成功，但别忘了"少年得志大不幸"的古训 / 276

58. 外形——高矮胖瘦，不要放在心上；心真善美，应常提醒自己 / 280

59. 非主流——另类与个性并不是主旋律，不要对另类视而不见 / 285

60. 性格——性格决定命运，要想孩子有好命运，就要让他播下好思想 / 290

第一章
PART1

你爱孩子的观念，可能满满是害

有多少父母、孩子为"不让孩子输在起跑线上"的论断所累、所害？有多少父母武断地在家庭成员中实行所谓的"平等"，让家庭终于"一团和气"？有多少父母认同"再苦不能苦孩子""树大自然直"的教育理念？对孩子的教育，有多少父母重智轻德，认为赚钱养家比陪伴孩子更重要？有多少父母处处摆出权威、高高在上的姿态？有多少父母认为要给孩子留下大笔的金钱作为遗产？这些观念貌似充满了你对孩子的爱，但却很可能潜藏着满满的害。

1

起跑线

——别被"不让孩子输在起跑线上"
的伪命题迷惑

看到起跑线这三个字,人们一般会联想到体育比赛。在短跑比赛中,当几个实力相当的选手站在起跑线时,就看谁能够在枪声响起的一刹那迈出关键的第一步。这个短跑项目中的概念已被很多父母用在了教育子女上。如今,"不让孩子输在起跑线上"已经成为众多父母教育孩子的座右铭。

想一想,"不让孩子输在起跑线上"这句话是谁说的?我想,一定不是真正的教育家说的,也一定不是真正懂教育的人说的,而是那些蛊惑父母去让孩子上各种各样的课外班的教育机构说的,是它们的宣传语。为什么?因为真正懂教育的人不会说这样违背教育常识的话。"不让孩子输在起跑线上"是一个不折不扣的伪命题。

有一部全面梳理中国教育现状、关注方兴未艾的教育改革的 6 集电视纪录片《教育能改变吗?》,第一集的主题就是"起跑线上",其中提到这样一句话:"不让孩子输在起跑线上,是最恶毒、最蛊惑人心的口号。"2011 年初,教育部基础教育司的一位副司长在一次新闻通气会上就现有的教育现状和家长的心态说:"'不要输在起跑线上'这句话某种程度上是一种忽悠!"这就给那些奉"不让孩子输在起跑线上"为圭臬的父母提了一个醒:不要盲目相信这样的口号，不要被这样的口号迷惑。因为一旦盲目相信这样的口号，浪费大量的金钱和精力是小事，榨干孩子的潜能是大事。严重的话，孩子可能会因此而痛恨学习，甚至影响他一生的发展。

但不可否认的是，"不让孩子输在起跑线上"的宣传口号已经深入人心，受到越来越多年轻父母的重视。结果，"不让孩子输在起跑线上"成为很多父母的共同愿望，也让越来越多的父母绷紧了神经，生怕因自己下手太晚、考虑不周而拖了孩子的后腿。

书店里，一位孕妇正在挑选胎教的书籍，她对身边的丈夫说："现在都是一个孩子，我们不能让他输在人生的起跑线上。"

一家有名的幼儿园每到招生时间，报名处就排起长龙，收费较高的特长班更是家长的首选。家长以"不让孩子输在起跑线上"为由，希望孩子在幼儿园多学一些知识。

周先生的儿子刚上小学一年级，为了"不让孩子输在起跑线上"，他把儿子的双休日安排得满满的，不是奥数就是英语，不是钢琴就是绘画。周先生顾不上关注孩子的疲惫和无助，只知道"不让孩子输在起跑线上"。

看看这些望子成龙、望女成凤的父母，为了"不让孩子输在起跑线上"，想尽一切办法让孩子在所谓"知识和技能的海洋里遨游"，在孩子很小的时候就将各种知识强硬地灌输进他的头脑之中；为了能让孩子"在未来更有竞争力"，刚刚两三岁的时候就为孩子报才艺班，让孩子学习钢琴、小提琴、画画、跳舞、唱歌，让他尽可能地"多才多艺"；为了孩子不惜花大价钱，请家教、择校、选班，甚至干脆将孩子送到国外去接受所谓的"更先进的教育"……为了孩子的教育，这些父母可谓不惜血本、不遗余力、煞费苦心……

可对于孩子真正的未来，这些父母从不认真思考，只是单纯地把孩子的未来和自己的"翻身"联系起来，完全不顾及孩子有没有这方面的兴趣和才能，于是便有了孩子种种的反抗甚至家庭悲剧。

刘女士有个5岁的儿子，不到4岁她就给孩子报了绘画班。原本孩子在她的精心培养下人见人爱，但是最近脾气特别暴躁，不但好几次在马路上跟她扭起来，还有一次竟然当着同事的面顶撞她。这还不算，有一天她给孩子买回来很多绘画方面的书籍，孩子却像疯了一样把书全部撕毁。刘女士气急败坏地打骂孩子，在毫无作用的情况下又耐心说教，可是孩子坚持不再学画画。无奈之下，她只好暂时让孩子停止绘画的学习。

孩子突然出现抗拒父母的现象并不是偶然的。最近几年，孩子因学习压力过大而走上极端的报道屡见不鲜。很多孩子就是因为不适当的"起跑"而患上了不同程度的抑郁、狂躁、焦虑等心理障碍性疾病，个别孩子还因此走上不归路……相信这一切并不是父母的初衷，父母只是想"不让孩子输在起跑线上"，可结果孩子却输得一塌糊涂。

让孩子在父母认为的起跑点开始起跑，对孩子的益处到底有多大？为人父母者应该静下心来反思：起跑线在哪里？起跑线是谁设定的？起跑赢了，就赢得了一生吗？

《中国家庭育儿方式研究报告》显示，在关于"您认为孩子竞争起跑线应该设在什么阶段"这个问题上，分别有43%的妈妈认为从胎教开始，25%的妈妈认为在进幼儿园之前，24%的妈妈认为在孩子上幼儿园之后和读小学之前。综合所有妈妈的选择，中国孩子的竞争起跑线平均设在宝宝出生后的第18个月。这堪称此次调查报告中的一个大发现。

看来起跑线在不同的父母心中有不同的位置，父母认为该在哪个阶段起跑，孩子就应该在那个阶段跑起来。那么，父母在为孩子设定起跑线之前，有没有了解孩子身心发展的一些规律和特点，有没有自问是不是儿童教育的专家，懂不懂教育？

孩子就像一棵小树苗，让这棵树苗茁壮成长的方法一定不是拔苗助长。拔苗助长违背了一个人智能和身心成长的自然规律。孩子这棵树苗该什么时候发芽、什么时候开花、什么时候结果，都有一定的规律。只要被培植在肥沃的土壤中并接受足够的阳光雨露，一定会枝叶繁茂。

父母一定要改变观念，一定要明确：教育要适应孩子不同阶段的发展，而不是把成年人关注的知识、技能，在自己认为适当的时候塞给他们。

其实，在儿童阶段，孩子的身体健康、心智发展远比知识教育更重要。而一个孩子3岁时难以做到的事情，到了5岁会做得轻而易举。父母没有必要让孩子做超越年龄、难以胜任的事情，因为这样不但不能把孩子培养成优秀的人才，还会挫伤孩子的自信心，让孩子"早夭"在起跑线上。

因此，请父母不要以爱的名义伤害孩子。请理智而清醒地正视起跑线这个概念。"不让孩子输在起跑线上"绝不是父母教育孩子的理论根据。父母一定要学会科学、有意义地为孩子找到人生真正的起点。

改变观念： 赢在起跑线， 不一定赢在终点线

如果把人生比作一场竞赛，赢在起跑线上只适合短程竞赛，例如百米赛。如果是马拉松式的长跑，就不必有输在起跑线上的担忧。相反，马拉松比赛赢在起跑线上的运动员，往往由于没有保存体力，最终冲刺的时候只能任由身边的人一个一个地超越过去，最终赢在起点，输在终点，结局一样是输。

而孩子的一生一定不是短程百米跑，而是一次比马拉松还要长的长跑，那父母又何必担心孩子在起跑线上的输赢呢？童话大王郑渊洁曾指出，如果把孩子的人生视为一场马拉松长跑比赛，起跑线是否领先是不重要的。因为，马拉松比赛的特点是：谁笑到最后谁笑得最好。

著名作家叶永烈，小学时作文和读书两门课程都得过 40 分。他大学读的是北京大学化学系，没毕业就当起了科普作家，后来还做过导演，现在则专心创作纪实文学。如果说人生存在起跑线，那么他明显就是一个慢热型选手。很多成功人士小时候并不是优秀的学生，甚至是差生。要是以当今父母的思维，这些人早在起跑线上就输掉了，但是，事实是他们在事业上是成功者。

所以，请改变赢在起跑线上的观念，要让孩子赢在人生的终点。

把眼光瞄准孩子的整个人生

每个孩子都有自己的"小宇宙"，"小宇宙"的爆发不一定会发生在人生的哪一个阶段，或是少年得志，或是大器晚成。不过，可以肯定的是，起跑线上没有输赢，那些所谓的输赢都是在父母的功利心下催生出来的，而所谓的"少年得志"也是人生之大不幸。

孩子的现状也许并不理想，但是父母不能因此就预言他的未来就会一直这样。因为有时孩子看似处于人生的低潮期，但却是在储备成功的能量，是在积累人生的经验。所以，要把目光从孩子的起跑线上收回来，把眼光放远一些，着眼于他的整个人生。

如果真存在起跑线， 请做好孕前准备和胎教

要想教育好孩子，除了父母后天的引导，孩子的先天素质也是不容忽略

的。事实上，对孩子的最好教育应该从胎教开始。那么，孩子的起跑线应该从零岁开始，从生命孕育之初开始。

妈妈在怀孕时对孩子的影响后天比较难改变，也就是俗话说的"骨子里带的"。这也是现今父母重视胎教的原因。

观察学习很好的孩子不难发现，父母很少为其操心，孩子的自觉性很强，也没有众多的高级营养品补身体。之所以能这样，是父母帮孩子培植了高智商的基础。如果具备高智商的基础，加上外在因素的恰当引导，不但父母省心省力，孩子也会出众优秀。

那么，如何才能生出有先天优势的孩子呢？

父母要做好孕前准备。所谓孕前准备，不仅是身体上的健康准备，更重要的是情绪上的稳定准备。人们都有心理的旺盛期和低谷期，在旺盛期受孕，孩子的遗传基因中就会带有父母积极向上的良性信息，孩子就会智商偏高、性格活泼开朗、身体健康；在低谷期受孕，孩子的遗传基因中就会带有父母消极的不良信息，智商、情商、身体素质都会不同程度地受到影响。因此，在受孕前请确保家庭和睦、夫妻和顺、心情平和。

另外，真正的胎教并不是给孩子读唐诗、听音乐那么简单。胎教这个概念不是外来的，而是中国自古就有的，早在3 000多年前的周朝就有了胎教的概念，所以中国当属世界上最早提出胎教的国家。据《列女传·周室三母》记载："太任之性，端一诚庄，惟德之行。及其有娠，目不视恶色，耳不听淫声，口不出傲言，能以胎教。"周文王是中国历史上著名的贤君，而他的母亲太任，平时就是一个仪表端庄、贤德有礼的王妃，怀孕之后眼不看不好的东西，耳不听不好的声音，口不出不好的言语，为的是对孩子进行胎教。文王出生后非常聪明，并最终成为一代圣王。

因此，妈妈在怀孕时不仅需要关注身体的健康，更要注意自己的言行举止，做到"非礼勿视，非礼勿听，非礼勿言，非礼勿动"（《论语·颜渊》），即不好的画面不看，不雅的声音不听，不好的语言不说，不当的行为不做。如果能做到这些，妈妈就能生出一个有先天优势的宝宝。从另外一个角度讲，孩子就已经赢在起跑线上了。

以身作则，为孩子提供真正的人生起跑线

孩子人生的起跑线到底在哪里？如果是在妈妈受孕时，那是不是错过这

个起跑线的孩子注定一生失败了？当然不是。

在为孩子的一生确定起跑线之前，我们先问这样的问题：家庭教育的核心方法是什么？要把孩子培养成什么样的人？答案是：家庭教育的核心方法是以身作则；要把孩子培养成身心健康、人格高尚、优秀出众、事业有成、婚姻幸福的人。那么，是不是父母首先要成为这样的人，才能以身作则地去影响孩子？

如果答案是肯定的，父母就应该反省：我的身心是不是很健康？我的人格还有哪些方面不够高尚？我是如何做到优秀出众的？我没有事业有成的原因是什么？我在婚姻中感受到幸福了吗？因为夫妻和睦才是婚姻幸福、家庭幸福的"王道"，也是孩子成人成才的基石与土壤。当开始反思甚至找到症结所在时，父母只要开始转变，孩子人生的起跑线就出现了。因为，以身作则的影响才是真正的培养。

给孩子最好的德行，教他学做人

其实，真正支撑一个孩子一生有所作为的力量就是德行，就是做人。这是人生方向的问题，如果方向选错了，不但没有赢的可能，反而会输得很惨。所以，我们要丰富他的道德思想。不仅要让孩子成材，更要让孩子成人，做人是第一位的。即使孩子从起跑线出发时比其他孩子晚了一步，只要朝着正确的方向努力前进，他一样会拥有幸福的人生。关于德行的培养在后面的章节中会有详细的讲述。

教育启示

"不让孩子输在起跑线上"是父母教育孩子时随波逐流的一句口号。不要害怕孩子输在起跑线上，因为人生没有绝对意义上的输赢。当然，父母望子成龙的心情可以理解，那就请准父母们做好受孕前的准备，请准妈妈们做好胎教。如果孩子已经出生、已经几岁或十几岁了，请父母用以身作则的言行举止帮助孩子建立人生真正的起跑线，并且重视培养孩子的德行。

2 平等

——没有长幼有序的"平等"，造就没大没小的孩子

每个人都渴望被平等对待，包括家庭成员之间。孩子希望父母可以尊重他、平等地对待他，不希望父母以高高在上的姿态和自己交往。当然，孩子的渴望没有错，因为无论年龄多大，在人格上他和父母的确是平等的。

然而，很多父母为了让孩子获得这份"平等"，允许孩子直呼自己的名字，允许孩子和自己平起平坐，甚至忍受孩子对自己没大没小。当父母自己都感觉到不适的时候，"平等"一词就颠覆了父母所有的正常感受。

有个4岁的男孩，不知从什么时候起开始称呼父母的名字，父母一直觉得没什么。一次妈妈带他回老家，他也毫无拘束地称呼妈妈的名字。村里的长辈看了，语重心长地劝告她："不可以让孩子直呼你的名字，一定要叫'妈妈'，不然长大后不得了。"妈妈也有所思考，回去把长辈们的意见反馈给丈夫，丈夫说："那都是老思想，现在讲究父子平等，人家西方人都是直呼其名的，这没什么不好。"

也许当时看来，孩子直呼父母的名字并没有什么不好，但是长远看来，后患无穷。父子之间的平等绝不是这位爸爸理解的这个概念，而西方人的文化也不是可以被中国人直接拿来用的。

当今社会，诸如此类的父母比比皆是。

许先生从女儿会说话起就默许了孩子的"姓名直呼权"。上小学一年级的时候，他带女儿去单位，没想到女儿竟然直呼起领导的名字来。当时许先生一身冷汗，领导的脸色也煞是难看，毫不客气地说："小许，一定要好好教育一下你的孩子！"

当这种畸形的平等遭到质疑的时候，父母是不是还会说："某某教育专家都说，父子之间要民主、要平等。"可是，那位专家并没有告诉父母：孩子直呼父母的名字是对的，孩子没大没小就是平等的落实。退一步说，即使某位专家说孩子可以直呼父母的名字，甚至有的名人也是这么做的，但是专家的话就都对吗？名人的做法就没有流弊吗？就都值得复制与效仿吗？因此，父母千万不要以自己的理解去错解"平等"的含义。

当父母允许孩子直呼自己的名字，允许孩子没大没小地与自己争辩，允许孩子用所谓的平等要求不合理的权利时，有没有意识到这种做法严重地误导了孩子对平等和尊重的理解？

对此，中国青少年研究中心家庭教育首席专家孙云晓老师指出："在父母与孩子之间，礼仪不仅是重要的，而且是必需的。我认为孩子直呼父母的名字是不尊重、不礼貌的。亲子间的礼仪是父慈子孝：父母对孩子要慈爱，孩子对父母要孝敬。"的确是这样。

孩子在家庭中对待父母的态度正是孩子在学校、社会对待周围人的态度。因为孩子从小就学会了这种与人交往的方式，他会自然而然地应用在生活的每一处，正如许先生的女儿会毫不顾忌地喊出父亲领导的名字一样。她并不认为那是不对的，她的父母让她学会的是"名字就是用来直呼的"。然而，结果怎么样？如果许先生也认为这很正常，又何必一身冷汗呢？如果领导也认为这没什么，又何必义正词严地对许先生说那样的话呢？

所以，父母不要把自己理解的"平等"错加给孩子。当孩子因为没有礼貌、不懂得尊重他人而处处碰壁时，父母是不是才会反思？孩子养成的坏习惯又由谁来帮助他改正呢？如果是父母，当初又何必教给孩子错误的东西呢？

所以，请父母改变错误的观念，更不要用自己错误的思想去打造孩子的人生。如果是这样，孩子的一生注定会挫败。那么，父母应该怎样正确面对平等这个问题呢？

请正视西方文化和中华文化的不同

自从西方人崇尚的"平等民主"风潮吹进中国大地，中国人似乎就开始认为自己的教育太过"专制"，近几十年"父母应该尊重孩子，应该平等对待孩子"等观点频繁地出现在中国的教育界。于是，中国的父母开始注重西方人提出的"平等"观念。但是，父母有没有想过，中国人可不可以照搬西方人的习惯，使用他们的方式和子女交流呢？

西方文化和中华文化之间存在太大的差异。很难说谁一定对，谁一定错，适合大环境的、适合本民族的才是好的。西方平等观的文化土壤是基督教文化，在他们看来，所有人都是上帝的孩子，都是兄弟姐妹，所以在上帝面前，大家都是一样的辈分，自然是平等的。但中华民族的深层心理仍旧是家族信仰，尽管今天的家庭结构与古代相比发生了巨大的变化。换句话说，西方人一直崇尚"自我意识"，而中华民族提倡"家庭意识"；西方人对孩子的教育是自我强大，而中国人对子孙的教导是光宗耀祖。这无形中就反映出，西方孩子成长好坏是他个人的事情，而中国孩子的人生成败关系着家庭的命运。所以，西方人没有养老送终、光耀门楣的概念，西方的老人虽然物质不缺乏，但是精神上很孤寂，非常凄凉。所以有一句话这样形容西方："孩子的天堂，年轻人的战场，老人的坟场。"难道我们也想让自己和西方人一样吗？

因为这种观念的不同，西方父母与孩子之间互相维系和依靠的情感比较不明显，彼此都是特别独立的个体，互相称呼对方的名字也不觉得不妥，包括领导与下属、老师与学生之间都直呼其名。这是他们的大环境。

而中国人讲究的是"父慈子孝，长幼有序"，父母和孩子之间是互相扶助、互相依赖的关系。孩子在小的时候由父母关怀、照顾，教导成人，孩子长大之后关怀、照顾父母，养老送终。在这种环境背景下，孩子会感恩父母的养育，会承担家庭的责任。孩子尊重父母的体现当然不是直呼其名或者没大没小。在中国，孩子直呼老师或领导的名字，对方要是能欣然接受，那说明对方要么不是中国人，要么他的心已经远离了真正的中国心。

因此，父母不要盲目接纳西方人的习惯，要正视东西方文化的差异，不要把人家的平等不分青红皂白地拿来就用，中国的土壤种不活西方人的"平等"，因为水土不服。可见，从民族文化上说，让父母跟孩子讲求西方式的

"平等"会有些适应不良。

用父慈子孝的观念建立与孩子正确的平等关系

"平等"绝不是父母直呼孩子的名字，孩子也能直呼父母的名字；不是父母大声呵斥犯错的孩子，孩子也能大声声讨父母的不对；更不是父母用威严教育不听话的孩子，孩子反过来对父母大打出手。这绝不是平等，更谈不上尊重。

什么是平等？是父慈子孝，长幼有序。这不是谁规定的，而是天伦，是自然规律。父母对儿女无私关怀，慈爱有加，儿女犯错时提醒其更正，必要时显现"威怒相貌"让孩子警醒；孩子尊重父母，孝顺父母，理解父母，关心父母。这才是亲子之间正常关系的体现。

因此，父母不要从平等走向误区。在教育中提倡的平等是希望父母不要过分要求和控制孩子，而是要尊重孩子的人格，尊重孩子的生命体验，顺应孩子的天性，体会孩子的内心世界，倾听孩子的心声，不一味地用"霸权"去教导。但是，也绝不是让孩子"骑在自己头上肆意妄为"。如果非得跟孩子讲所谓的"平等"，那就在家在外不要给孩子任何特权，请问你能做到吗？因此，父母用平和的态度与孩子建立互相尊重的关系，该严厉的时候严厉，该温和的时候温和，这才是真平等。

以身作则不直呼领导的名字，教导孩子不直呼老师的名字

近年来，学生直呼老师名字的现象时有发生。河南省登封市某高中一名学生因直呼老师的名字被老师打了一巴掌，学生家长竟然来到学校把老师打伤。此事引起社会广泛关注，有人认为孩子不懂礼貌该打，有人认为老师没有资格打学生。且不说老师打学生的举动，就学生直呼老师的名字一事大部分人都不赞成。

看来，孩子没大没小已经不是新鲜事了，但是不能只把责任推在孩子身上。父母发现孩子在家直呼老师的名字时，有没有制止？父母在家有没有直呼领导的名字？父母有没有在生气的时候直呼长辈的名字？……

这一切，孩子都会看在眼里。父母要知道，孩子不尊重师长不是件小事情，更不是和自己无关的事情，孩子不尊重师长的根源是不尊重父母。孩子

从小没有尊重长辈的意识，长大后即使父母不打他，社会上也会有人替父母补上"家教"这一课。

因此，请父母自己以身作则尊重师长，这是和孩子平等交流的前提。

教育启示

天与地，一个在上，一个在下，是不是平等？平等不是指人所处的位置高低，而是与对方建立互相尊重、互相扶助的关系。天将雨水注入大地，滋润万物，生态平衡之后给天一片蔚蓝，天地之间就是平等的。父母与孩子之间也是一样的道理。父母不要高高在上地压制孩子，孩子也不能无礼霸道地对待父母。父母慈爱孩子，尊重他的生命体验与发展规律，孩子孝敬父母，时刻把父母的教诲记在心间，彼此之间有礼有尊重，互相关心，互相理解，互帮互助，这才是真正的平等。

3

再苦不能苦孩子

——孩子小时不吃苦，长大会吃更多苦

古语云："艰难困苦，玉汝于成。"意思是，要想成大器，必须经过艰苦的磨炼。然而，不知何时起，"再苦不能苦孩子"被父母当作名言警句。

这"名言"一流传开来，父母纷纷加入过度爱护孩子的行列。父母生怕孩子饿着冻着，不让孩子吃一点苦、受一点累，更不让孩子受委屈、受磨难。孩子要什么给什么，要天上的星星妈妈给摘，要水中的月亮爸爸给捞。爸爸妈妈不辞辛劳地满足着孩子所有的要求，爸爸妈妈做不到的，爷爷奶奶来接班，爷爷奶奶无力的，外公外婆想办法……看似夸张的情形常常出现在当今社会的众多家庭中。理由只有一个："再苦不能苦孩子。"

由于父母对此观念的重视，孩子一度成为家里的掌中宝、口中糖。父母似乎有了娇惯孩子的理由，孩子也有了享乐的借口。这一句"再苦不能苦孩子"成为很多父母对孩子最深切的爱。

有这种思想观念的人是多还是少呢？根据中国调查网的数据：对于"再苦不能苦孩子"这句话，有61.5%的人表示同意，他们的观念是，父母本来就应该给孩子一个良好的生活环境和成长条件。而38.5%的人表示反对，他们认为，父母过多的疼爱就会导致孩子自理能力差，没有独立生活的能力，未来的人生路会很难走。反对者认为应该让孩子从小就知道生活的艰苦，这样他才会更用功地适应这个社会，回报这个社会。

超过一半的人都同意"再苦不能苦孩子"的说法，所以父母付出最大的努力让孩子别吃苦。但是，没有受过苦的孩子会不会有坚强的意志去面对人生的风雨呢？

前些年，100名中国小学生在某草原开展野营拉练活动。当时，跟随这100个孩子到来的还有150多位家长。在整个活动过程中，超过30名学生中途被父母用各种交通工具载到了目的地；剩余60多个坚持走完全程的孩子中，只有20多个孩子的肩上一直背着自己的行囊，其他学生的行囊先后转移到了父母的身上。

再看看我们的邻居韩国。每年寒暑假，韩国浦项的海军陆战队都会为青少年举办魔鬼训练营。父母会把孩子送到这里，以培养他们坚持不懈的意志、自信和团队精神。在为期5天的训练中，孩子必须在泥地打滚、背着降落伞跳下高塔、在铁丝网下匍匐前进，还要跋山涉水。他们每天都要做仰卧起坐、交互蹲跳等体能训练。除此之外，孩子们还要接受士官长的厉声叱喝……

很多韩国家长认为：孩子在经济富足时代成长，已经忘记了辛勤工作的观念。因此，他们要让孩子在这里接受魔鬼训练，为以后勤奋学习、努力工作打好基础。

中韩两国是邻邦，同属东方国家，教育观念却如此悬殊。这是不是该引起中国父母的反思？如果孩子从小没有坚强的意志力，会在学习上勤奋还是会在工作中努力？

除此之外，这些不曾吃苦的孩子有没有从父母"无私的爱"中学会感恩？有的孩子"啃老"啃到父母不得不推迟退休时间；有的大学生为了请女友吃顿大餐，不顾父母省吃俭用供他上学；有的孩子在自己没有能力成龙成凤时，就埋怨父母太平庸……

这些孩子始终有一个"信念"：再苦也不能苦自己。这是一个正常的逻辑，父母所做的一切就在告诉孩子：我苦，也不能苦了你；而孩子所做的一切同样在告诉父母：你苦，也不能苦了我！最后，是谁苦？是大家都苦。父母苦于孩子一直索取，从不知回报；孩子苦于自己总是不能"如鱼得水"地在生活中找到自己的位置。可怜的孩子并未想过：没有吃苦耐劳的准备，谁会给你位置？

再看看澳大利亚人的社会观念。澳大利亚属于发达国家，生活较为富裕。然而，澳大利亚人信奉"再富也要'苦'孩子"，他们的理由是：娇惯的孩子缺乏自制力和独立生活能力，长大后难免吃亏。所以，他们从小就注重培养孩子勤俭节约、自立自强的习惯，在物质方面对孩子相当苛刻。

李先生曾去澳大利亚度假，他无意中听到当地人的一句口号："再苦不能苦老人！"李先生不解地问他们："为什么？"

澳大利亚朋友说："老人辛苦了一辈子，该让他们享享福了！"

李先生顿时想到我们这边的口号，于是问朋友："那孩子呢？不苦老人难道该苦孩子吗？"

"苦孩子？"朋友有点吃惊，"吃苦，正是上帝赐给他们的最好礼物！难道不是吗？"

吃苦是上帝赐给孩子最好的礼物。是啊，如果孩子从小不吃苦，长大只有受苦的份了。俄国作家屠格涅夫曾说："你想成为幸福的人吗？那么首先要学会吃苦。能吃苦的人，一切的不幸都可以忍受，天下没有跳不出的困境。"教育孩子不也是一样的道理吗？因此，爱孩子的父母们请赶快转变观念，真正为孩子找到一条通往幸福的路。那么，这条通往幸福的路，父母该怎样为孩子铺设呢？

为孩子创造条件要有度

父母都希望能为孩子创造一个良好的成长环境，但是这种创造一定要有度，"过"与"不及"都不利于孩子的身心成长。

有一位朋友，就称他王先生吧。他是一家企业的老板，小时候因物质匮乏吃过很多苦，在创业的过程中也是困难重重。王先生在反思自己的成长时，认为是苦难的经历成就了自己的今天。于是，他从不对儿子娇生惯养，虽然给儿子必要的物质生活条件，但从不让孩子感觉到家里多有钱、条件多优越。王先生总是在精神上鼓励儿子。儿子也很争气，高中时学习成绩特别好，后来考入一所重点大学，硕士研究生时考入清华大学。同学们后来得知他的家庭条件时，都佩服他的不张扬、不傲慢。

王先生完全有能力、有条件去给儿子最好的生活，但是，他知道那样是在害孩子。所以，为人父母者千万要把握好这个度，给孩子提供必要的生活学习必需品，不要让孩子在过度优越的物质条件下成长，更不能超出能力范围为孩子提供所谓的优越生活。过多的物质会让孩子变得贪婪，条件越优越，孩子努力程度就会越小，以后就很难自立自强了。

舍得让孩子去锻炼，去摔打

一个朋友家开了一个小型超市，生意不错，完全可以给孩子提供优越的物质生活条件。但是，他从来不给孩子过分的享受。每年寒暑假，他都安排上初中的儿子到自家超市帮忙送货，让儿子去了解父母挣钱不容易，希望他能珍惜，好好学习。

这位朋友的做法很好，借着自家开店的机会让孩子去锻炼。其实，孩子在成长过程中，根据年龄做力所能及的事情本身就是一种很好的锻炼。比如，父母可以从培养孩子的自理能力做起，让孩子帮忙做家务，让孩子多参加社会公益活动，也可以让孩子多参加军训、徒步远足等户外活动。孩子在这些方面流些汗、吃点苦对成长大有好处。

让孩子明白"自古雄才多磨难，从来纨绔少伟男"的道理

在孩子成长的过程中，父母可以借助他人的故事让孩子明白一个道理：自古雄才多磨难，从来纨绔少伟男。同时，父母要激发孩子做雄才的斗志，孩子才会愿意吃苦，愿意忍受痛苦。当然，有的父母可能会说："我并没有希望自己的孩子成为什么雄才，只要他活得自立幸福就可以了。"其实，雄才不是单指多成功、多有名的人物，一个人只要能在自己的生活中独当一面，安守自己的本分，扮演好自己的人生角色，就是一个雄才了。

可以多给孩子讲激发斗志的名人故事，让孩子了解他们在生活中遇到了哪些困苦，又如何战胜苦难，最后获得了什么样的人生。借助这些故事孩子就会懂得：吃苦是每个人必须经历的，没有做好吃苦的准备，就不会获得想要的人生。

所以，父母应该适当地让孩子在物质上吃点苦，在意志上去磨炼，这会造就孩子坚强的意志和无穷的斗志。

教育启示

"再苦不能苦孩子"的言论背后是不是在暗示"要苦只能苦父母"？如果是这样，孩子会逐渐在生活中明白：父母受苦是应该的，自己受苦是不合理的。如果有了这样的思想，孩子就会苦一辈子，因为幸福缘于感恩。因此，父母不要给孩子创造过于优越的物质环境，在孩子成长的过程中，要让孩子去锻炼、去吃苦，让他从磨炼中获得理想的人生。

4

树大自然直

——不及时纠正孩子的小毛病，
"树"大一定会长"歪"

俗话说："树大自然直。"但不知什么时候开始，这句俗语被众多父母用在教育子女上，后面还缀了一句："人大自然成。"父母之所以崇尚这句话，是因为把对孩子必要的教育换成了对孩子自行成长的期待。然而，如果每个孩子都能按着自己的规律成长为人才的话，还要教育做什么？

有个男孩正上小学一年级，平时有占小便宜的毛病，总是借东西不还，老师也屡次教导他，但是效果不明显。老师找到男孩的父亲，希望他能配合老师帮助孩子改正缺点。这位父亲则不以为然："老师，我也说过他几次，不过，我认为这也不是什么大毛病，孩子还小，长大了就不会这样了，树大自然直嘛！"老师一脸愕然："树大自然直？树小呢？小树不修剪，怎么变成参天大树？"老师的反问让这位父亲哑口无言。

是啊，树大了自然就直了。问题是不及时修剪小树的枝叶，它还能长大吗？我听一位森林管理员讲过："参天大树自然是直的，因为树在小树苗时期，如果没有受伤受损，它的养分输送通畅，自然会长成直立的大树。但是小树苗如果受伤了、被折了，营养就会输送不通畅，生长就会受影响。一旦小树周围的树长大，小树再长成大树的概率就小了。因为，这时候的小树既争不到养分，也争不到阳光。"

一棵树在树苗时期受损了，就无法成长参天大树。也就是说，"树大自然直"的前提是"树小不受损"。那么，在教育方面，孩子"人大自然成"的前提是"幼年多教育"。

如果父母对孩子放任自流或"修剪不到位"，孩子就只能成为"争不到阳光的小树苗"。当父母开始重新重视孩子的问题时，教育孩子的最佳时机可能就错过了，"大树"就难成了。

一个男孩在10岁时为了出去玩游戏，在未征得父母同意的情况下第一次从家里拿了20元钱。父母知道后只是轻描淡写地叮嘱孩子用钱要打招呼，以后少玩游戏。当男孩第二次有同样的举动时母亲有点担忧，但父亲认为换一下放钱的位置，孩子就不会这样了，并且用一句"树大自然直"打消了母亲的疑虑。

然而，男孩后来不但没有"自然直"，反而愈演愈烈，总是想方设法地找到放钱的地方。当父母也意识到问题的严重性时，从学校传来了男孩偷钱的消息。父母这才明白，男孩并没有按着"树大自然直"的规律成长。如今，父母正想尽一切办法给男孩修剪"歪枝"，但是，男孩已经养成了小偷小摸的坏习惯，改过来难度可想而知。

这个例子也充分证明，"树大自然直"的前提是"树小不受损"。男孩的父母没有教育敏感度，没有在他一长出"歪枝"的时候就立刻剪掉，而用一句"树大自然直"推卸了做父母的教育职责。结果呢？这个职责真可以推卸吗？等到他们重新负起教导孩子的责任时，教育难度不知要比当初强多少倍。"早知今日，何必当初！"是啊，早知小树不能自然直，当初何必不修剪？何必不好好修剪？

因此，如果父母弄清了"树大自然直"有一个前提条件的话，就一定会在孩子幼年时多教育他。那么，父母具体该如何落实呢？

务必提升自己对孩子的教育敏感度

父母的责任绝不是让孩子吃饱穿暖这么简单，这只是尽到了"养"的责任，尚且没有尽到"育"的义务。所以，父母自身要提升对孩子的教育敏感度，知道孩子成长的过程中哪个是生出来的"歪枝"，哪个是不需要修剪的

"枝叶"。千万不要该修剪的不修剪，不该修剪的瞎修剪。也就是说，要知道孩子哪些问题的修剪是刻不容缓的，哪些是可以等的。

那么，哪些问题刻不容缓呢？品德问题，习惯问题。具体说，只要涉及"孝悌忠信，礼义廉耻"的问题，都属于品德问题。比如，孩子对父母的态度是否尊敬，对兄弟姐妹是否关心爱护，与人交往是否懂得礼貌礼仪，是否诚实守信，做事是否善始善终……如果要一一举例，父母不如了解儒家儿童经典读物《弟子规》。《弟子规》具体列述了孩子在家、出外、待人、接物与学习上应该恪守的守则规范，完全可以成为父母教导孩子的准则。

我之前写过一本书，名为《学好〈弟子规〉 教出好孩子》，这本书以《弟子规》的原文为纲目，加上我多年来对家庭教育的研究心得体会，一字不漏地对《弟子规》1 080字的原文进行了全面的解读，联系当前家庭教育实际，向父母介绍了提升自己、成就孩子的各种方法。如果感兴趣，也可以参考一下。

果断剪掉小树苗刚生出来的"歪枝"

一位妈妈曾这样说：

我上小学一年级的女儿告诉老师她的橡皮擦在B同学的抽屉里。老师让女儿不要声张，说自己会调查一下。当老师问B同学的时候，她说那是妈妈买给自己的，不是我女儿的。老师向B同学的母亲询问，她表示没有给孩子买过这种橡皮擦。

后来，在老师和母亲的劝说下，B同学承认是自己拿的。此时，老师和母亲都意识到问题的严重性，母亲也反思自己总是拒绝孩子提出的要求，导致孩子以这种方式来满足自己。

老师和B同学的母亲商量，得让B同学向我女儿道歉，而且B同学一定要为自己的错误接受惩罚：母亲用笞条打B同学的手三下，以警戒她不可以随便拿同学的东西。通过老师和母亲的开导，B同学也表示愿意接受，母亲重重地打了下去。虽然B同学的手很疼，但她记住了一点：不能随便拿同学的东西，不可以撒谎。

不是老师和B同学的母亲小题大做，而是及时修剪孩子长出的"歪枝"非常必要，如果任由发展，后果不堪设想。因此，父母在教育孩子的问题上，一定要遵循"慎于始"的原则。发现孩子的问题后，父母要及时引导改正，态度上的轻重缓急要根据孩子的具体情况具体对待。当然，目的只有一个：让他口服心服地接受父母的教导，以后不再犯。

严格要求自己，以身作则，影响孩子

有的父母在教育孩子的过程中，很难有敏感度察觉孩子的所有问题，往往都是孩子的问题让父母感到无奈时，父母才会想办法解决。那么，当父母开始认识到问题的严重性时，除了告诫孩子之外，还要以身作则，耐心帮助孩子改变。

当然，平时父母就要严格要求自己，做对的事情，坦坦荡荡，不可有欺瞒之心。

孩子的某个"枝叶"已经长歪了很久，想要帮他剪掉的时候，父母一定要有耐心，不要期望孩子立刻改掉坏习惯。坏习惯的养成需要时间，坏习惯的去除依然需要时间。

因此，父母要以身作则，用心慢慢帮孩子转变。只要父母以柔和而威严的态度严格要求孩子，孩子一定会把养分集中到"主枝干"，朝着高大直立的方向成长。

教育启示

"树大自然直"的确是一棵树成长的规律，但是父母也要知道，这个规律有它自然存在的前提，那就是"树小不受损"。如果小树受损了，就要及时修剪，这样小树才能长成参天大树。孩子的成长也是一个道理，指望孩子自然成才的前提，是在他养成习惯的关键期，帮他形成良好的品德，树立正确的人生观和价值观。这样，孩子有了良好而坚实的道德和习惯基础，成才也会是自然的事情。你为孩子打好基础了吗？

5

重智轻德

——德者本也，财者末也，
培养德才兼备的"正品"

哈佛大学著名儿童心理学家罗伯特·科尔斯教授指出，品格胜于知识，德行最重要。这个说法是西方人提出来的，但德行的重要性也是我们古圣先贤所一直倡导的，而且，古圣先贤也是以德立身的。

早在 2 500 年前，儒家经典《大学》中就说："德者，本也；财者，末也。"也就是说，对一个人来说，最重要的是德行，财富是最不重要的。孔门四科（孔子门生必修的四门课程）分别是德行、言语、政事和文学，也是把德行放在第一位，文学即知识的学习放在最后一位。《论语·学而》中说："弟子入则孝，出则悌，谨而信，泛爱众，而亲仁，行有余力，则以学文。"这就是学习的次第问题。其中，孝、悌、谨、信、爱众、亲仁，都是德行的范畴，这些都去力行了，还有余力的话，就可以学文，也就是学知识了。遗憾的是，今天的父母却忽略了对孩子德行的培养。

曾有人说，现今的教育是一种缺"德"教育，因为从家庭教育到学校教育，几乎不提倡或落实"道德教育"，反而都特别重视"智能教育"，"培养德才兼备的人才"早已成为一句空洞的口号。没有了道德教育作为根基，智能教育能走多远？作用能有多大？

如果把孩子比作家庭或学校生产出来的产品，大致可以分为四种：正品、次品、废品和危险品。如果说德才兼备是"正品"的话，有德无才就是"次品"，以此类推，无德无才是"废品"，无德有才是"危险品"，甚至是"毒品"。

有一阵子某种品牌的感冒药需要实名购买，而且一次购买不得超过3盒。后来才得知，原来是官方担心有不法分子用感冒药提炼毒品。想想看，我们会用感冒药提炼毒品吗？你的家人、亲戚、朋友会用感冒药提炼毒品吗？好像不能。谁能做到呢？那些懂生物化学的高学历"人才"才能做到。这就可以明白，高学历的人有知识，但如果没有德行，就会成为社会的"毒品"，而他也的确在制造毒品。

民间有一句很粗俗的话，叫"流氓不可怕，就怕流氓有文化"。话糙理不糙，只有高学历却没有好德行做支撑，那么高学历可能就会变成犯罪的帮凶。这也应了司马光在《资治通鉴》里提到的那句话："才胜德谓之小人"。

可见，如果一个孩子没有才能，至少他不会危害社会，但是，如果孩子没有德行而有才能的话，他所体现出的价值往往是负面多过正面，正如那些高科技犯罪一定比小偷小摸的危害性大很多一样。所以，重智轻德的教育是本末倒置的教育。

有这样一个案例：

一天，一位中学语文老师正给初中二年级的学生上课，一名学生突然嚷道："老师，你讲的比特长班的吴老师差多了。你这样会耽误我们的！"老师说："你有什么意见下课再提。"没想到这名学生竟然走出教室，表示要找校长，要求换老师。

没过一会儿，校长来了解情况后批评了学生，并请来家长，希望家长可以正确引导孩子，让孩子以后安心上课。可是，这名学生的父母竟然大谈国外教学如何如何，指责老师不学无术，目光短浅，要求学校给儿子换老师，对自己的孩子扰乱课堂纪律、打乱老师的教学秩序一事却只字不提。

这是一个多么可怕的现状！父母不懂得尊重老师，孩子怎么会懂得？孩子没有尊重老师的心，怎么会学好文化知识？这名学生的父母根本不了解"尊师重道"的道理。为什么要"尊师"？因为"重道"。正是重视老师教授的学问，才会恭恭敬敬向老师学习。而"尊师"就属于道德教育的范畴，如果父母没有教给孩子,没有给孩子做好示范,孩子如何知晓?又如何做得到?如果父母真的在乎孩子在学校的智能教育,还会如此无理地对待老师吗?这名学生如果再这样发展下去,不但学不到知识,还会一身傲慢,而傲慢是一个人立身处世的最大障碍,所谓"满招损,谦受益"(《尚书·大禹谟》),这是亘古不变的道理。

一个人所具备的优秀品质越多,他的聪明才智一般就会发挥得越好。不然,即使天资聪颖、才华横溢,也抵挡不住不良品行的"洪水",终将被其淹没。的确如此,道德往往能弥补知识的缺陷,而知识却很难弥补道德的缺陷。可今天很多父母无比重视孩子的智能、才能、技能发展,但请问这些能力的展现不需要平台吗?当一个名牌大学的博士用极其傲慢的态度应征某国际大企业的重要职位时,主考官把这个重要职位留给这个无礼博士的概率能有多大?即使获得了这个职位,他与同事、领导能友好相处的概率又有多大?没有友好相处为根本,保住这个职位的概率又有多大?所以,一个没有德行的人,即使再有才,最终也会因为"秀外腐中"而败掉。因此,请父母还是回归根本,让孩子知道才能的展现需要承载物,而这个载体就是品德。"君子以厚德载物"(《周易·坤卦》),说的就是这个意思。

既然道德教育才是任何教育的根本,比任何智能教育都重要,那么,道德教育从哪里落实?孔子在2 000多年前就明确指出:"夫孝,德之本也。"道德的根本是孝道。为什么呢?因为父母对孩子而言是一个无私的奉献者,如果孩子对于这样的给予都不懂得感恩的话,他还能感恩其他人吗?换个角度说,家庭是孩子成长的摇篮,孩子从小对父母的态度就是他长大后对周围一切人的态度。如果一个孩子不尊重父母,不关心父母,不设身处地为父母着想,他对周围一切人也会显出自私、冷漠、傲慢、无礼。如果他恰恰对外面的人恭敬、热情、体恤的话,只能说明他是违心的,一定有什么企图。正如儒家经典《孝经》所说:"不爱其亲而爱他人者,谓之悖德;不敬其亲而敬他人者,谓之悖礼。"

所以,一个孩子如果在家庭中就学会了感恩、关爱、礼敬、谦逊,自然而然地会用这种态度与周围人相处。试问,哪个人不喜欢这样的孩子?哪个老师不愿意培养这样的孩子?哪个领导不希望提拔这样的人?因此,父母要重新重视孩子的道德教育,用德行为孩子铺平未来成功之路。那么,父母在生活中该如何落实呢？

以身示范，培养有孝心的好孩子

父母的言行举止就是孩子学习的榜样。大到父母做人做事的方式，小到父母的表情语气，孩子都会像复印机一样复制得毫无差别。既然如此，要想让孩子学会孝顺父母，父母一定要在生活中懂得孝顺自己的父母，这种以身作则的影响才是真正的培养。

如果条件允许，最好能和自己的父母生活在一起。这样就可以把孝心时时刻刻地展现给孩子，孩子也会学得真真切切。当然，如果没有条件住在一起，也完全可以把对父母的问候、看望、关心、体恤示范给孩子。比如，经常打电话回家，用柔和的态度询问父母的近况，这样，孩子只身在外时也会用同样的方式对待父母，再拓展开来，孩子也会用柔和的语气问候远方的亲人、老师和朋友。

所以，父母对自己的长辈什么样，孩子长大后就对父母什么样，同时，孩子也只会用"这个样子"对待身边的一切人。因此，父母一定要以身作则，用自己的身教让孩子不知不觉地学会孝敬。一个懂得礼敬他人的孩子如果再有一些才能，未来之路怎会不顺畅？

反思自己对孩子的教育是否出现了重智轻德的苗头

一位妈妈说："现在社会上竞争这么激烈，孩子不多学点怎么能行？怎么拼得过别人？多背几个单词、多做几道题比什么都强。品德，学校不是发了课本吗？有学校教就行了。再说，品德又不考试，知道有这么个东西就可以了。"

另一位妈妈也说："除了学习，其他的你什么都不用管！"

还有一位妈妈这样说："德行好有什么用？又不当饭吃！还是老老实实地看书做题吧！"

甚至有的爸爸对孩子说："爸爸赚钱的秘诀就是把'道德'两个字都忘掉，只要不违法就行，可以打'擦边球'，这样才能赚钱，以后你就会明白了！"

这些话我们耳熟吗？自己说过吗？听别人说过吗？类似这样的话是不负

责任的，是对孩子绝对错误的引导，孩子会认为学习好比德行好更重要，有了好成绩就可以为所欲为；会认为赚钱可以钻空子，老是想着"道德"二字就赚不到钱……其实不是孩子自己要成为"毒品"的，是为人父母者没有意识到这个问题的严重性，没有及时对孩子进行正确的德行教育。在今天这个时代，没有人可以为所欲为，任何人做事都必须受法律和道德的约束。

所以，一定要深刻反思自己，在对孩子的教育上有没有出现重智轻德的苗头。如果有，赶紧灭其于萌芽状态，如此对孩子的教育才会真正有成效，而不是把家庭教育当成学校教育的延伸。

培养孩子的才能，让他成为德才兼备、对社会和国家有用的人

任何事情都不要走极端，不要因为我们说德行重要，就一门心思地培养孩子的德行而忽略了对孩子才能方面的培养。知识的学习和德行的提升要做到"双管齐下"，在学习知识的同时，孩子自然会对德行有更深的理解与感悟。

孩子的德行培养与才能发展是相辅相成的。一个有礼貌、懂得尊敬长辈的孩子容易获得学习才艺、展示才能的机会，从这个角度讲，孩子的道德修养为其才华展现提供平台。但是，孩子学习才艺不是仅仅为了展现，还要借助才艺利益大众。比如，孩子才能的学习、提升、展示、利用是一个不断持续发展的过程，在这个过程中，孩子要向老师请教，要和同学切磋，要指导学弟学妹……这时，孩子就无形中通过才艺体现了修养。而孩子的修养越高，利用才艺造福的人群就越广，才华展现的面就越大。这应该是任何一个重视才能教育的父母都想看到的结果。

有个女孩正在上初中一年级，从小学二年级开始，妈妈就尊重她的音乐爱好，为她买了小提琴并开始"拜师学艺"之路。与此同时，妈妈非常注重对女儿品德的培养，总是告诉女儿要从内心深处尊敬老师，按时完成老师布置的任务。女孩很听话，老师也很喜欢她，所以教学之路非常顺畅。

几年下来，女孩的才艺已经优于同龄人。此时，妈妈引导女儿一定要谦逊，要乐于帮助他人。每次几个同学一起学习切磋，女孩都会虚心接受他人的意见，也很高兴为其他同学提供指导。女孩每次的学习分享都让其他同学非常受益。久而久之，女孩成为这个群体中最受欢迎、专业最强的人。如此

发展下去，女孩不仅会在小提琴方面有所造诣，更会用她的个人魅力影响更多喜欢音乐的人。

想想看，哪个重视才能教育的父母不希望自己的孩子成为这方面的人才？而这个金字塔爬行的过程不仅要靠技能专业，更要靠德行和修养。因此，要重德重智，把孩子培养成德才兼备的人才。

我听过一个强调健康很重要的说法：你的妻子是0、孩子是0、票子是0、房子是0、车子是0、位子是0、面子是0……如果前面没有健康这个1作保证，那一切都是0，有了健康作保证，才是真正的财富——1 000 000 000……以前对这个说法我深信不疑，但现在我倒是非常想在这个大大的数字前面再加上一个"±"，"＋"代表有德行，"－"代表没有德行。怎么讲？如果一个人非常健康、非常强壮，但没有德行，他对社会的危害会比那个身体不健康也没有德行的人更大。是不是这个理？

教育启示

俗话说："家财万贯，不如一技在身。"但是，父母不能因此而忽略了承载孩子技能的载体——道德教育。中华民族历来重视教育孩子不仅要学会知识，更要学会如何做人。家庭教育的职责就是为孩子的道德修养打基础，学校教育才是知识与技能的教育。父母一定要重视对孩子的德行教育，把孩子培养成为德才兼备的人。

6

权威姿态
——不给孩子摆权威的架子，
因为那是伪权威

　　一提到"权威"二字，大部分人都会想到高高在上的君王，因为那是权力和威严的象征。一国之君必然要有一些权力和威严，否则如何治理国家？那么，一家之主的父母是不是也应该在家庭中自封为王，以便更好地教育孩子和经营家庭呢？

　　年幼的孩子需要父母的引领才能成长，换句话说，父母在家庭中的很多方面的确比孩子更有权力，但这种权力一定不是用来控制孩子的。孩子犯错的时候，父母的确要用威严加以警示，但这种威严不是用来压倒孩子的。如果父母常常用控制和压倒性的权威对待孩子，总有一天孩子会叛逆。

　　有个男孩，就叫他晓文吧！他正读小学六年级，在一次数学竞赛中他的成绩不太理想。父亲得知后责备晓文对待考试态度不端正。对于父亲的批评，晓文一脸不服气。看着儿子的样子父亲越加生气，说道："自己没考好，还一副不耐烦的样子，要是不爱听，就给我滚！"晓文虽然没吭声，但也没有改变脸色。父亲越加生气："再跟我这个样子，你就滚！"边说还边推了儿子一把。没想到晓文转身推开门就跑了，父亲看到自己的权威失效之后，生气地追了上去……

当今社会，父母的权威好像一而再、再而三地失效，是不是孩子都被标上了"叛逆"的标签？古时候那些恭敬顺从父母、不敢和父母顶撞的孩子都到哪里去了？是时代不同了吗？其实，古代也有忤逆子孙，现代也有孝顺儿女。不是时代的问题，归根结底还是父母的问题。

为什么这么说？先看看晓文的父亲平时是如何做的。

晓文的父亲平时虽然工作不忙，但很少和晓文沟通。晓文在学习上有问题请教父亲时，如果遇上心情好，父亲会给晓文指导一下，但大多数情况都是不耐烦地支开晓文。而且，父亲平时很少关心晓文，更是很少过问他的学习情况。晓文对父亲并不害怕或厌烦，但只要父亲以权威的姿态批评他，就异常反感。因为晓文内心深处觉得因为父亲平时不关心自己，出问题的时候就没有资格骂自己。所以，父亲在晓文面前的权威逐渐失去了。

古代思想家荀子曾说："威有三：有道德之威者，有暴察之威者，有狂妄之威者……此三威者，不可不孰察也。道德之威成乎安强，暴察之威成乎危弱，狂妄之威成乎灭亡也。"而晓文父亲的威，更多的是暴察之威甚至是狂妄之威，而不是道德之威。如此，孩子当然不能信服。可见，要想让孩子信服，让自己真正具备权威姿态，还是需要道德之威，而不是摆出一副高高在上、洋洋自得、颐指气使、不可一世的样子。

父母对孩子展现权威的目的是什么？是希望孩子服从。而让孩子服从的唯一途径是以成年人的姿态去批评孩子、责备孩子、呵斥孩子吗？如果这些都有效的话，怎么会出现叛逆的孩子？这一切都说明，父母权威的实施并不是简单地站在比孩子高的地方，对着孩子怒吼。

一个耳熟能详的故事是：列宁小时候在姑妈家玩耍时不小心打破了花瓶，被姑妈询问时列宁没有承认是自己所为。但这一切被母亲看穿了。母亲并没有大声责骂列宁不诚实，而是在接下来的一段日子里对列宁有些冷漠，还时常给他讲诚实的故事。终于有一天，列宁主动向母亲承认了错误，还给姑妈写信认错。当然，列宁也得到了姑妈和母亲的谅解。

当这位伟人的母亲发现儿子撒谎时，并没有兴师动众地拷问孩子，以示自己的权威姿态。反而默不作声，用较为冷漠的态度和讲故事的方式让孩子自己反省。这种无声的权威轻而易举地使孩子主动投降。这不就是父母动用权威的最终目的吗？

父母应该明白：权威实施的形式并不重要。父母可以对孩子严厉地批评，也可以用冷漠让孩子自己反省，更可以用柔和的语调给孩子讲道理……各种各样的形式可以用于各种各样的情形，但是，管不管用其实不在权威显示的那一刹那，而在平时。平时，父母的言行举止让孩子敬佩，父母的关爱让孩子温暖，父母的态度让孩子感到被尊重，如此，无论父母在必要时用哪一种权威，都会起到警示孩子的作用。因此，父母在显示权威之前，应该做到以下几点。

关心孩子的衣食住行与心灵成长，让彼此的心贴得更近

父母对孩子关爱多少，孩子就对父母依赖多少。如果父母对孩子照顾有加，不仅关心孩子的身体发育，更关心孩子的心灵成长，孩子自然会与父母亲近，喜欢父母，愿意听父母的话。如果父母生气，孩子会敏锐地察觉到，并立刻调整自己的状态，以博得父母的欢心。

一位妈妈很会关心人。8岁的女儿在妈妈那里感到了无尽的温暖，平时也很听话、乖巧。一次，女儿不知从哪里学来了一句骂人的话，话刚一出口妈妈就变了脸色，严肃地说："孩子，这话是骂人的，以后不可以说！听到了吗？"女孩小心翼翼地点点头，以后再也不说脏话了。

父母和孩子的交流其实是心与心的交流，父母关爱孩子的同时，孩子的心也更靠近父母的心。当父母表现出威严时，孩子立刻就能感受到，也知道自己该怎么做。父母的这种权威不需要语言，只要一个眼神、一个表情甚至一种无声的气氛都会震慑孩子。因为，父母平时用无私的温暖为权威的展现打下了基础。

要做诚实守信、说话算话的父母

父母的威信不仅建立在对孩子的贴心照顾上，还包含在言行举止中。把威信二字拆开看，威严的前提是信任，就是孩子要信任、尊重、佩服父母。没有信任的基础，父母的威严就是徒劳的。所以，父母在建立威信之前要先规范自己的行为，努力成为孩子心目中的榜样。

只有父母对待孩子诚实守信、说话算话，才能最大限度地树立威信。父母一定不能对孩子撒谎，也不能当着孩子的面对别人撒谎。再者，不要随便

给孩子许诺，不确定是否能做到就不要答应孩子，答应了就一定要做到。如果因为不可抗力而食言，则要诚恳地道歉。父母如果能做到这些，在孩子面前自然会树立威信。

除此之外，父母的言行举止孩子都会看在眼里，记在心上。所以，父母要想树立真正的威信，就要在行为上不断规范自己，不断提升道德修养。因为，父母的文化水平和社会地位并不是孩子佩服的主要因素，只有父母完美的人格才最能感染孩子。

教导孩子时要恩威并施，言语要得当

俗话说："威不足则多怒；信不足则多言。"字面意思是：威信不足的人比较容易发怒，信心不足的人话比较多。那么，反过来想想，如果一个人经常发怒，总有一天会失去威严；如果一个人总是爱讲道理，总有一天他的话会被当成耳旁风。那么，父母该如何树立威信？方法就是不要孩子一犯错就对孩子发火，一开始孩子可能会害怕，但时间久了，孩子就"皮"了，任由你如何发怒，他还是我行我素。

所以，要做恩威并施的父母。平时多给孩子一些恩德，关键时刻流露一些威严，肯定会起到震慑孩子的作用。

另外，父母不要养成没事就给孩子讲道理的习惯。孩子需要的是有效的帮助，也就是说，孩子在迷茫、彷徨、无助时，需要父母用语言去开导他。但如果没事就说两句，整天给孩子讲大道理，孩子肯定会听腻。等到关键时刻，父母再用这招就不灵了。因此，请父母储备好道理，等到孩子需要的时候再用。

夫妻双方不要互相拆台，而要相互搭台

在对孩子的教育中，父母代表一个整体，既然是整体就要态度一致，和谐相处。如果父母在孩子面前互相诋毁、互相拆台，无形中就降低了对方和自己的威信，以后再想在孩子面前树立威信就难上加难了。

所以，父母一定不能当着孩子的面数落对方，更不能当着亲友的面给对方难看。孩子会记住父母互相攻击的语言，并把这个语言逐个与父母的行为相配对，这就增加了孩子看到父母缺点的机会。孩子注意到的父母的缺点越

多，父母在孩子那里的威信就越弱。

父母在教育方面不要当着孩子的面表现出不一致。比如，妈妈让孩子赶快写作业，爸爸说休息一会儿再写。这时，孩子听谁的？一方发号施令后，只要不是很离谱，另一方就不要说出相反的话，完全可以私下沟通，下次改观。

所以，父母之间彼此尊重，缓和地化解矛盾就是在为对方和自己树立威信。再进一步说，父母还应该为对方搭台，让孩子看到父母的教育意见是一致的，这样他就没有空子可钻，会最大限度地听从父母的教诲。

教育启示

父母在孩子面前树立威信是非常有必要的，但是，这种威信一定要建立在孩子口服心服的基础上。如何让孩子心悦诚服？父母要从基础的关爱做起，以身作则地规范自己的言行举止，用个人魅力感染孩子。同时，对孩子的教育要注意恩威并施，如果双方能珠联璧合地保持教育的协调和统一，那么，父母的一个严厉眼神也会成为震慑孩子的真权威。

7

赚钱养家

——再忙也要陪孩子，
千万别让赚钱养家成为借口

从新婚夫妇组建家庭开始，经济就成为这个家庭正常运转的核心。在当今社会，一个家庭的正常开支是一个不小的数目，房贷、车贷、水、电、燃气支出，衣食住行的保障和人际往来都需要用钱。于是，夫妻俩不得不疲于奔命，赚钱养家。如果再有一个小宝宝，他的基本生活和教育项目又是一大笔开支。父母就像被套上缰绳的马匹，家庭的支出就像一个皮鞭，父母只有不断地奔跑，家庭经济才不至于捉襟见肘。

这是不是父母不能陪伴孩子的原因？那些持有"因为要赚钱养家，所以没时间陪孩子"观点的父母都会这样认为：如果把时间用来陪伴孩子，就没有时间赚钱，家庭运转就会出问题，甚至濒临破裂，这样又何谈对孩子的教育？所以，赚钱比陪孩子更重要。

真的是这样吗？陈先生有一个 10 岁的女儿，他和妻子都认为经济是家庭运转和子女教育的基础。白天夫妻俩工作，孩子上学。晚上陈先生一般在外陪客户；妻子在网上开着小店，忙着打理生意；孩子有写不完的作业。每天，一家三口待在一起的时间很短，更别说互相陪伴或交流了。

但是，真正走进陈先生家你会发现，夫妻俩往往不是为家庭的必要开支赚钱，很多时候是为多余开支奔波。为什么？除去应还的房贷和车贷，大家都没有节俭意识。只要家里有人，走廊里的灯总是开着，各自房间也都开着大灯。妻子每天晚上都开动洗衣机，而不是把衣服积攒几天，然后分类清洗。家人洗漱时一直开着很大的水龙头。餐桌上的袋装食品几乎一半是已过期准备扔掉的，而新食品还在不断增加。陈先生经常陪客户吃饭，妻子也经常带着女儿在外面吃大餐，因为嫌在家做饭麻烦。周末，女儿要用一天半的时间上三种课外班，其中两个班是孩子不感兴趣的。同时，陈先生要利用周六加班，而妻子一般会去超市和商场购物，但是购买回来的物品有 2/3 属于不必要消费品……

陈先生和妻子的确是在赚钱养家，没时间陪孩子也"实属无奈"。如果陈先生一家换一种生活方式，比如，一家人都注意节约用水用电，减少在外用餐的次数，购买食品和商品时减少非必要消费品的数量，暂停孩子不感兴趣的两个课外班，家庭开支就会大大减少，陈先生不用在周末加班，孩子也不用在周末上课。一家人可以去公园，去博物馆，去野营，去享受难得的三人世界，在这个世界里孩子会比上课外班收获更多，更有意义。

在中国，有类似生活方式的家庭太多太多，不是孩子或家庭给父母套上了缰绳，而是父母自己亲手把缰绳套在了脖子上。只要换个思路、换种生活方式，父母一定有陪孩子的时间。所以，重点还看父母如何选择。

当然，有的父母是为得到更好的生活条件和为孩子创造更好的教育条件而赚钱。他们认为，如果没有很多钱，孩子以后上大学、出国留学、找工作、创业、结婚、买房等事项都不能顺利进行。为了家人和孩子能够过上舒适的生活，一定要赚钱再赚钱。有这种思路的父母完全是本末倒置。其实，在满足必要的物质需求后，决定一个人是否幸福的因素是精神需求而非物质需求。

丈夫是一家大型企业的主管，郑女士自己经营一家服装店，两人的经济状况很好。夫妻俩从年轻时就都各忙各的事业，疏于对儿子的陪伴和管教。儿子从小不喜欢读书，初中时就辍学在家，后来有过几次打工的经历，但直至 22 岁也未能找到自己的人生方向。如今，儿子走到哪里都自卑，父母走到哪里都不愿提起儿子。而儿子这几年的折腾让郑女士和丈夫清楚地认识到当初的失职。再想亡羊补牢，真的为时已晚。

当今社会，这样的家庭有很多。父母因为忙所谓的事业，疏于对孩子的管教，长大后孩子逐渐暴露出性格和习惯上的各种缺陷，辍学在家的还是乖孩子，惹是生非、游手好闲的孩子也不在少数。当初父母赚了大把的钱，但是忽略了对孩子的教育；如今孩子花掉大把的钱，同时用自己的现状折磨父母，以"回报"父母曾经的忽略。这是有果必有因。

父母在给孩子提供必要的物质生活的同时，还要花大量的时间陪伴他、教育他，在无助的时候引导他、鼓励他，在感兴趣的方面培养他、支持他。这样孩子长大后不仅能够自食其力，而且会像父母曾给予他的一样，给予父母精神上的温暖和安慰。一家人始终互相支持，互相关怀，其乐融融。这同样是有果必有因。父母想要哪种结果呢？想要好结果，就种下好因；想要坏结果，就种下……

以赚钱养家作为无法陪伴孩子借口的父母赶紧醒醒吧，别再犯迷糊了，否则后悔莫及！赚钱养家与陪伴孩子在本质上不冲突，如果一定要说哪个更重要，当然是教育孩子更重要！那么，为人父母该如何做呢？

在思想上明确陪伴孩子的重要性

父亲是孩子的天，母亲是孩子的地。当父母常常陪在孩子身边时，孩子就有脚踩大地、头顶蓝天的安全感。安全感对于孩子的成长实在是太重要了！试想，一个人身处不安全的环境中，会用什么眼光看待周围的人？还能不能勇敢自然地去做事？愿不愿意与他人沟通？没有父母陪伴下长大的孩子，则时刻生活在没有安全感的世界里。孩子内心是害怕和多疑的，他自卑、反叛。如果从小心灵就不健康，那孩子很难体验到幸福感。因为无论遇到什么人、什么事，他都会认为那是坏人、坏事。如此这般，人生何谈快乐！

相反，一个有父母关爱和陪伴的孩子，很少会有不安全感。这样的孩子往往敢说、敢做、敢想、敢尝试，自信、大胆、敢于创新、敢于面对。这样的孩子会积极面对生活、学习、工作。即使人生有风雨，对他而言也是短暂的，因为内心的阳光会照耀他的人生。

因此，从孩子身心发展和终身幸福的角度来讲，父母陪伴孩子是绝对重要的事情。而从父母的感受来说，只有常常陪伴孩子，父母才能谈及了解和关爱孩子。而孩子小时候感受父母的爱，是父母年老后感受孩子的爱、接受孩子的孝的前提条件。如果父母希望自己轻松而幸福地度过中老年生活，就一定要在年轻时种下陪伴孩子的种子。

适度降低物质享受，把赚钱的时间还给孩子

当今社会，为吃饱穿暖而赚钱的父母已经不多了。父母之所以拼命赚钱，大部分是为了满足自己和家人的物质享受。正如前述事例中陈先生一家一样，看似他们没有享受，但是，在他们看来，开大灯一定比开小灯亮堂，洗漱时出水量大一定比出水量小舒服，在饭店吃饭一定比在家吃饭省事，常常有零食吃、常常有新衣服穿肯定是好事。享受是无底洞，欲是深渊，人的福分就在生活的点滴浪费中不知不觉地折损掉了。

再者，如果父母明白物质享受是短暂的、孩子的健康成长才最长久，就不会为了追求高标准的物质生活，而用赚钱换取陪伴孩子成长。因此，父母完全可以降低物质标准，在生活中厉行节俭，多充实自己的精神世界，把赚钱的时间省下来去陪伴孩子成长。这才是人生的大事与正事。

一人主外，一人主内，经济与教育两不误

自古以来，中国社会就是"男主外，女主内"，也就是父亲在外赚钱，用经济支撑家庭的物质需求；母亲在家教育孩子，为孩子的成长和家庭的兴旺打下基础。今天虽然跟古代不一样了，男女都需要外出工作，但在某种意义上，男女所扮演的个人角色还是没有太大变化，赚钱打拼的重任一般落在男士身上，而相夫教子的重任则由女士担起。而且，在当今，确实有一些女士是在家专心陪伴教育孩子的，如此男士也可以专心在外打拼而不必太担心孩子的教育问题。当然，这并不是父亲不陪伴、不教育孩子的理由。在后面的章节中，我们会专门讲述。

经济和教育是家庭中的两件大事，经济是硬件，教育是软件，缺一不可。即使是"男主外，女主内"，也不存在两个人谁赚钱养活谁的问题，因为虽然彼此的分工不同，扮演的角色不同，但归根结底都是互相支持、互相辅助的关系。只要夫妻双方分配好各自的职责，重视对孩子的教育，家庭兴旺就是必然的结果。

教育启示

古人常说"至要莫若教子",对于父母而言,教育好下一代是最重要的事情。而父母常常以赚钱养家为借口,忽视了这个重要的责任——陪伴孩子。其实,赚钱养家和陪伴孩子是夫妻共同承担的家庭职责,可以分工,也可以通力合作。完美合作的成果是:培养出一个身心健康、孝顺恭敬、对家庭和社会都有用的人才。

8

遗产＝金钱

——金钱并不是最好的遗产，
最好的遗产是家风

现在来思考这样一个问题：最好的遗产是什么？是金钱吗？是房产吗？先不着急回答，来看一下比尔·盖茨的故事。

2008年6月27日，《财富》杂志富人榜名列第三的比尔·盖茨结束了他在微软的最后一个全职工作日。离职一周前，他告诉英国广播电台晚间新闻的主持人，要把580亿美元的财产全部捐给他与妻子名下的慈善基金——比尔及梅琳达·盖茨基金会。当时，比尔·盖茨说："我们决定不留给我们的孩子，全部捐出去，以最能够产生正面影响的方法回馈社会。"

如果说金钱是留给孩子的最好遗产，比尔·盖茨为什么不这样做？他认为，对于一个将要在人生阶段扬帆起航的孩子而言，拥有很多不劳而获的财产并不是什么好事，因为一个孩子的潜力与他出生的贵贱和贫富没有关系。孩子如果因为过多的财富而过上衣食无忧的生活，反而会消磨意志和斗志。如果再染上恶习，即使有一座金山也会坐吃山空。

盖茨的举动很值得为孩子留金钱遗产的父母反思。当今社会，很多父母为子女留下财富之后撒手人寰，而子女们在父母尸骨未寒之时，就开始为分遗产而争得面红耳赤、恶语相向，甚至走上法庭；有多少父母活着的时候甘愿让子女啃老，担心自己走后孩子无处可啃，就为孩子存钱以备以后不会饿死街头；有多少富贵的父母为孩子留下了大笔金钱，孩子吃喝玩乐，尽情享受，最终还是落魄潦倒。

如果父母没有为孩子留下钱财，那兄弟姐妹之间还会因为分遗产而冷面相对吗？如果父母不为啃老的孩子留下钱罐，孩子是不是会在被逼无奈之下走上自力更生的道路？如果父母没有用金钱为孩子的贪婪做铺垫，孩子会不会斗志昂扬地为自己的人生努力奋斗，最后幸福快乐而非贫穷落魄？

当然，不是所有拿到金钱遗产的儿女都走上了纷争、贪婪、享受的道路。也有很多兄弟姐妹感谢父母的恩德，用金钱帮助困难的手足，或者创业，或者合理规划、从长计议。从这一点可以看出，金钱并没有好坏之分，要看儿女如何去利用。如果父母希望孩子们不要因为获得钱财而打闹纷争、吃喝玩乐、堕落迷失，就要把最好的家风、德风留给孩子。而家风、德风是什么？是孝悌忠厚、勤劳节俭、团结友爱、坚忍不拔……如果孩子具备了高尚的道德品质，就不会让金钱成为兄弟反目成仇、自己享乐堕落的元凶。

明朝著名学者管东溟曾这样劝谏世人："积金遗于子孙，子孙未必能守；积书于子孙，子孙未必能读。不如积阴德于冥冥之中，此乃万世传家之宝训也。"是啊，父母为孩子留下金钱，孩子未必能好好利用；父母为孩子留下书籍，孩子也不一定能好好研读；不如留下好的家风、德风，孩子一定能够传承。那么，父母如何做才算把最好的遗产留下了呢？

让孝悌之风代代相传

一个家庭得以兴旺的根本不是拥有万贯家产，而是家庭成员懂得孝敬父母、友爱兄弟。如果孩子明白父母为我留下钱财，是希望我能好好利用，念在父母的一片恩德，就不会拿着钱去享乐挥霍。

《弟子规》中言："兄弟睦，孝在中。财物轻，怨何生？"意思是，兄弟之间的和睦本身就是孝顺父母的表现，没有哪个父母愿意看到兄弟反目；同时，如果能把钱财物品看轻一点，少计较一些，兄弟之间就不会因为钱财产生怨恨。如果父母把这个孝悌的教育教给孩子，孩子就算继承了千万家产，也不会因此落得悲惨境地。

在家风传承方面，曾国藩可谓中国历史上最有影响的人物之一。他谆谆告诫儿子：孝敬父母、友好兄弟是一个家庭的吉祥之兆。如果兄弟之间和睦相处，孝顺父母，虽是贫穷无名的人家，以后也会兴盛；如果兄弟不和，不孝顺父母，纵然是名门贵族，也有衰败的一天。

因此，父母在考虑给孩子留遗产前，先要把孝敬父母、友爱兄弟的德行做出来，教给他。因为，孝悌之风才是一个家族可以代代相传的宝贵遗产，甚至可以说，孝道才是一个家庭最大的不动产。

让勤俭成为良好的家风、德风

勤劳和节俭是一个家庭创造财富和守住财富的根本保障。一个家庭纵使有一座金山，如果后代不懂得用勤劳去换取财富，或者一味地奢靡浪费，迟早会挥霍一空。这正应了一句古话："历览前贤国与家，成由勤俭破由奢。"

殷纣王是历史上有名的暴君，他的奢侈作风可谓"流传至今"。继位后不久他就让工匠做了一双象牙筷子。他的大臣箕子看到后就预见到国家将亡。因为配得上象牙筷子的器皿绝对不是泥土烧制的，只有犀牛角制成的碗和白玉制成的杯子才能与之相配；玉杯肯定不能盛野菜粗粮，只能盛山珍海味；吃山珍海味的时候不可能穿粗布短衣、住茅草陋屋，而要衣锦绣、乘华车、住高楼……如此下去，国家将因君主的奢靡而亡。结果的确如箕子所料。

我们也常常听到一句话：富不过三代。这句话完整的表达是："道德传家，十代以上；耕读传家次之；诗书传家又次之；富贵传家，不过三代。"而当今社会基本上是富不过二代，甚至连富一代都保不住。为什么？根本原因就是不懂得勤俭。当孩子尚未养成勤劳节俭的习惯时，过多的金钱会使孩子变得懒惰，更会使孩子陷入奢华而不能自拔。

因此，父母要以身作则，厉行节俭，不要认为买一个昂贵的商品没关系，殷纣王不就是从一双象牙筷子开始进入奢靡的吗？人的欲望就是个无底洞，只要进入这个洞，下面就不会见底。父母平时在衣食住行方面要注意培养自己的节俭意识，在工作事业中要勤奋努力，也要让孩子从小就传承勤俭的家风。

提高教育意识、培养自力更生的孩子

有一位男士35岁，在家啃老已足足15年。他的父母现在不断存钱作为

他们百年之后留给儿子的遗产。其实，这对父母都懂得孝敬老人，友爱兄弟，不但勤劳而且节俭。但是，他们能为儿子留下的最好遗产只有钱财。因为儿子多次尝试打工，多次退缩，久而久之，干脆以身体不适为由在家啃老。这对父母尽管做到了孝悌勤俭，但是这么好的家风在儿子身上毫无用处。原因在哪里？

回顾这位35岁男士20岁之前的经历，可谓生活在温室里。父母很少给他锻炼的机会，从不让他干家务，更不放心让儿子独自出门办事。只要儿子在外遇到不顺，父母就认为是社会环境太差，从不在儿子身上找原因。渐渐地，儿子不但好吃懒做，而且一在外面碰壁就埋怨社会太乱。如今，他不但没有把父母勤劳节俭的优秀品质学到手，消极抱怨反而学了不少。于是，只能在家啃老。

这对勤劳的父母怎么会教育出好吃懒做的孩子？就是因为对孩子的教育意识较差，没有认识到家庭教育的重要性，只顾着把他在身体上养大成人，而没有注意到在精神上他也需要长大。而精神的成长跟生活的实践是分不开的。所以，父母除了以身作则，一定要让孩子在实践中养成勤劳的习惯，让孩子从小懂得自力更生的重要。同时，培养孩子用积极的心态对待生活的各种境遇。这样，孩子能够用双手创造财富，就不至于让父母无奈地把钱财作为遗产了。

教育启示

"把良好的家风、德风传给孩子"这句话好像在这个经济型的时代已经不时兴了。但是，父母要冷静下来想想，纵使给孩子留下万贯家财，孩子也要有能力守住。而这个能力靠什么支撑？靠家风、德风。因此，父母要把孝顺父母、友爱兄弟、勤劳节俭的道德品质传给孩子。同时，父母除了以身作则，还要有意识地培养孩子，让孩子真正用自己的行为传承家风。

第二章
PART2

你爱孩子的行为，可能是有毒的

父爱缺失、隔代抚养、脸谱式教育、盲目照搬别人的教育经验、溺爱孩子、对孩子进行大量的物质奖励、干涉孩子过多、袒护孩子过甚、保护孩子过度，这些情形是否全部或部分地发生在你身上？你是否说一套做一套，给孩子做出了"最好的榜样"？你是否对孩子进行过或正在进行"棍棒教育"的硬暴力抑或"精神折磨"的软暴力？你的行为也许是想表达对孩子的爱，但这些"爱"却可能是有毒的。

9

父爱

—— 每位父亲都爱孩子，
但很多时候却爱偏了

父亲不仅是一个称呼，更是一个神圣教育者的角色。不可否认，每一位父亲都爱自己的孩子，可很多时候，父亲的爱是偏颇的，甚至是错的。

有的父亲认为，爱孩子就是给他创造好的生活条件，在物质上尽量满足他，于是就用金钱和物质作为没有陪伴他的补偿；有的父亲认为，孩子需要教育，但那是母亲的事，父亲的事就是养活他，让他吃好喝好……

其实，父爱并非生养孩子这么简单，父爱更多应该体现在对他的教育上，体现在对他的关爱上。父亲的这份关爱首先应该真正地付出，其次应该让孩子感觉到。孩子感觉不到父爱就是父亲的失职，也是父亲的过错。

一对母女间有这样一段对话：四五岁的小女孩问："妈妈，我是您生的吗？"妈妈回答说："当然是啊，宝贝儿！"小女孩又问："那哥哥是谁生的呢？"妈妈笑着说："傻孩子，哥哥当然也是我生的啊！"小女孩有点不懂了，她眨眨明亮的大眼睛，有点失望地说："哥哥也是妈妈生的，那要爸爸还有什么用呢？"

看罢这个可笑的小故事，很多父亲可能很冤枉：我这么辛苦、这么努力为孩子的物质生活提供最好的保障，在孩子的眼里却是没有用的。

其实，这个小女孩是在质疑父亲的作用。在她看来，父亲是没用的，因为她感觉不到父亲为家庭做了什么，为自己做了什么。尽管父亲对孩子有爱，但这种爱孩子感受不到。

是的，很多父亲很忙，天天要应酬，想陪陪孩子也没有时间。可能很多父亲都会有这样的说辞，但如果一个父亲真想见证孩子的成长，真想给孩子最好的父爱，陪孩子的时间应该还是有的。只是，做父亲的对父爱理解得不深刻，没有意识到父爱对孩子的重要作用。

那么，父亲在孩子的成长过程中到底是一个怎样的角色呢？

一项针对北京3~6岁幼儿的父亲的调查发现：80%的父亲认为自己工作忙，没时间跟孩子相处。而对天津市1 054人的调查显示：一半以上的家庭存在父亲缺位于子女教育的情形，母亲成了教育孩子的绝对主角。

但教育孩子，绝不仅仅是母亲单方面的责任，父亲也应该积极参与其中。

英国牛津大学曾以1958年出生的17 000名孩子为对象，对他们的成长发育全过程跟踪调查了33年。结果发现，在父亲积极参与孩子发展和教育的家庭长大的孩子，无论学习成绩还是社会生活和婚姻生活都比其他孩子更胜一筹。

父亲在育儿这件事上的参与程度越高，对孩子的人格形成以及脑发育就越有益，孩子就越能获得最健康的心理素质和最高效的脑发育。孩子的性格、体格和情感的形成与发展也会受父亲的影响。

研究表明，如果孩子很少与父亲在一起，就很容易患上"父爱缺乏综合征"，体重、身高、动作等的发育就会迟缓，而且可能会存在情感或性格障碍，如焦虑、懦弱、胆小、孤僻、自卑、自控力差等。

孩子的成长既需要母爱，也需要父爱。母爱不能替代父爱，父爱也不能替代母爱。父亲如果能够走近孩子，给孩子爱，就会让孩子的智力、体格、情感、性格等向好的方面发展，也会让孩子变得独立、理性、坚强。

父爱对孩子的成长是非常关键的。父亲不能正确地爱孩子，孩子就好像是一个孤儿。如果父爱缺失，孩子还容易产生恋母情结，而且比较难以转变。

耶鲁大学所做的一项调查，对从刚出生到十几岁这个年龄段的孩子进行了12年的跟踪研究。结果显示：得到父爱的孩子智商更高，学习成绩更好，走向社会后更出色。可见，由父亲参与的教育会让孩子变得更优秀。

父亲对孩子的爱，绝不仅仅是让他吃好喝好，给他足够的金钱和物质。

如果只是拼命为事业打拼，积下一份家业，却忽略对孩子的教育，孩子可能会在一夜之间把家业败光。俗语说的"富不过三代"不无道理。

前些年有媒体报道，浙江义乌一位72岁的老企业家怒告儿子。他留给44岁儿子的价值千万元的企业、6辆汽车都被儿子卖了，还在他不知情的情况下把他价值500万元的房子卖了，而且只卖了206万元。结果，他和老伴连栖身的地方都没有了。

这位72岁的老人还打算写一本书，想把失败的育儿经历告诉天下的父母，让他们引以为戒。在记者截稿时，老人的书稿已经完成了13万字。

不能否认，老人一定是爱儿子的，但却因为过于娇惯孩子，过于满足孩子的物质生活要求，而没有对孩子进行很好的教育。结果，这样的父爱严重地伤害了孩子，伤害了自己，更伤害了全家人。

类似这样的案例还有很多。做父亲的千万不要认为这样的事情离自己很远，如果不好好教育下一代，不抽点时间陪伴他，跟他沟通交流，说不定自己也会像那位老人一样，遭遇儿子败家的惨景。

赢了事业，赚了家业，输了教育，儿子败家，最终满盘皆输。只有赢了教育，培育了良好的下一代，家庭的荣光才会尽显，"父亲"这个称呼才真的伟大。

父亲也是教育者，父亲这个角色任重而道远。那么，父亲应该怎样爱孩子呢？

每一位父亲都应该把"父亲"当成终身事业

蔡笑晚是一位成功的父亲。他有六个孩子，五个是美国博士，一个是中国硕士。他以当父亲为事业，把这个事业做得很精彩。蔡笑晚说："我的事业是'父亲'。'父亲'就是我的终身事业和人生理想，子女就是我的最大荣耀。""对于男人来说，做父亲也应该是事业的一部分。"把"父亲"当事业做的蔡笑晚对孩子永远也不会有愧疚感。

那我们呢？作为一个父亲，还有什么比把孩子培养成才更伟大的事情呢？所以，父亲要永远把孩子的利益放在第一位，不要因职场奋斗、生意买卖而耽误。英国著名文学家哈伯特说："1个父亲胜过100个校长。"还有一位叫乔治·格尔贝的诗人说:"1个父亲胜过100个教师。"胜过校长也好,胜过教师也罢,足见父亲的重要。

其实,做父亲的就应该把"父亲"当成自己的终身职业,当成最重要的事业,正如音乐家贝多芬所说的:"我不知道还有什么比教养一个孩子成人更神圣的职责。"所以说,"父亲"这个称号最值得骄傲,如果父亲能带着"永远把孩子的利益放在第一位"的信念出发,就一定能成为一个好父亲、一个真正成功的人。

教育孩子,父亲有责,不要再让自己"边缘化"

有些父亲认为教育孩子是母亲的事,自己只要挣钱养家就可以了。其实,父亲教育与母亲教育同样不可缺少。父亲不要把自己"边缘化",不要再做教育孩子的"二线"辅助者,而应该从母亲背后走到前面来,迅速投身到"一线",把自己锻炼成为最有魅力的老师。这样,感受到父爱的孩子才能传承家业。

没有人天生就是会教孩子的父亲,"会教"都是学习出来的。古人用"良知好向孩提看,天下无如父子亲"描述父子关系的亲密程度,并给父亲的责任定义了一个字——教。"父子者,何谓也?父者矩也,以法度教子,子者,孳孳无已也。"(《白虎通义·三纲六纪》)"父当以教为事",也就是要求父亲教好孩子,使他的行为规范合乎社会道义的要求;儿子犯恶不止,必须老老实实地接受父亲的管教。如果父亲不教子,会被指责未尽"父兄之责"。

今天,父亲应该怎样教育孩子?其实很简单,父亲要在做人方面教孩子,在做事方面教孩子,在学习方面教孩子,在与人交往方面教孩子。

但现实生活中,很多父亲还在以一种粗线条的方式教育孩子,非打即骂,严厉斥责。这种以所谓的权威去管教孩子的方式是不会有什么成效的,甚至会让孩子反感,父亲很可能会成为孩子心中不想要的坏爸爸。

父亲一定要给孩子做最好的表率

最好的"教"就是"不教",也就是做出正确的榜样,孩子自然会受到熏陶,自然会去效仿。当然,如果父亲言行不端,孩子想不学也难。

一位父亲特别爱喝酒，每天都去小酒馆喝几杯，喝完醉醺醺地回家躺倒就睡。一天，外面下着雪，他又去喝酒。在去往小酒馆的路上，隐约听到后面有响声，他回头一看，原来是儿子正踏着脚印跟着他。他一下子醒悟了，突然明白自己所有的行为都在影响着孩子。于是，他对儿子说："儿子，咱们回家吧！"儿子说："爸爸今天不去喝酒了吗？"他说："爸爸以后再也不喝酒了。"从此，那个酒馆里再也没有这位父亲的身影了。

类似的生活场景还有很多，父亲一定要时时在做人、做事、学习与交往等方面为孩子做好表率，做他最好的人生导师，做他精神世界最优秀的"建筑师"，把他培养成一个好人。

父亲要会表达自己的爱，不要刻意掩饰

每一位父亲肯定都是爱孩子的，可孩子有时却感觉不到。所以，我们一方面要学会给孩子传递有理智的爱，另一方面也不要刻意掩饰对孩子的爱，要勇于去表达，让他感受到父爱的深沉与伟大。

拥抱可以表达对孩子的爱，可以及时缓解他的消极情绪。当孩子伤心时，不要逼问孩子，只要在身边默默地陪伴他、拥抱他，就能给他很大的心理安慰。平时也应该多给孩子一些拥抱，比如每天拥抱孩子三次，分别是早上出门前、晚上回家后，以及睡前。这种非语言的沟通方式，教育效果有时胜过千言万语。

再比如，孩子早晨晚起，父亲可以催促他；孩子上学前，父亲可以叮咛他；孩子晚上做作业，父亲可以陪伴他；孩子被评为三好学生，父亲可以赞扬他；孩子考试成绩不理想，父亲可以鼓励他、帮助他；孩子做游戏，父亲可以做他的伙伴；孩子吃晚饭，父亲可以靠他近一点；孩子说"爸爸，我爱你"，父亲可以大方地说"孩子，爸爸也爱你！"当然，父亲也可以通过其他方式表达对孩子的爱，比如睡前给他一个拥抱，或亲吻一下他的额头，或轻轻地告诉他："孩子，与你在一起，爸爸真开心。"

在生活的点滴中，我们都可以表现对孩子的爱。这样，孩子会因为父亲的爱乐而忘忧。在孩子眼里，这样的父亲就像神的化身，而父亲的爱就似神的光芒，让他陶醉其中。

教育启示

在孩子心中，母亲是水，父亲是山，山水相依，缺一不可。作为父亲，要给孩子正确的爱，不要掩饰对孩子的爱。每一位做父亲的，都应该放松一点，把对孩子的爱毫不掩饰地表现出来。一旦这样做了，我们就会发现，自己与孩子的关系会与以前大不一样，改善颇多。哪个孩子不渴望获得父亲的陪伴？所以，我们一定要多抽空陪孩子玩耍，多与他交流。平时如果父亲能回家吃晚饭，孩子就会感觉到踏实和安全，也会吃得更香。这就是陪伴的力量！

10

隔代抚养

——把孩子丢给老人带弊端多，
隔代教育做好不容易

很多年轻的父母因为工作忙、养育经验不足等各种原因，把自己的孩子交给老人来带，也就是所谓的隔代抚养。

在一些年轻父母看来，隔代抚养自然是"好处多多"。比如，从时间和精力上"解放"了年轻的父母；多和孩子在一起，有利于老年人的身心健康；祖辈人的个性特点有利于孩子形成良好的品质；更重要的是，还可以缓解年轻父母的家庭经济压力等。

表面看来，这对于年轻父母来说似乎是件好事。我们先来看两个调查。

《中国妇女》杂志社编辑部和全国妇联华坤女性生活调查中心曾联合进行一次"双独生子女婚姻"问卷调查，结果显示：超过70%的双独生子女年轻父母是"只生不养"，将孩子抛给双方父母去养育。其中，孩子主要由爷爷奶奶照顾的占42.1%，由外公外婆照顾的占29.8%，由妈妈自己照顾的仅占15.8%，还有一部分孩子是全家一起照顾。

前几年，《文汇报》刊载了一篇题为《隔代教养比例不断攀升，家庭教育进入"独二代"时代》的文章，文章中提到了一项全国范围内隔代抚养的调查。调查显示：在北京，有70%的孩子接受隔代教育；在上海，0～6岁的孩子中有88.9%由祖辈来教养；在广州，接受隔代教育的孩子也占总数的近一半。

不知道年轻父母们看到这两组数字后会有什么感觉。教育子女明明是父母的分内之事，现在看来，似乎是孩子的祖辈承担得更多一些，年轻的父母反倒丢下了本该自己承担的责任。

再来看看年轻父母这样做的结果。

一位年轻的妈妈最近一直为儿子的事情头疼。当初，她和丈夫由于工作繁忙，儿子出生后就一直是爷爷奶奶带，直到临上小学才接回身边。

现在儿子已经7岁了，非常调皮，经常打架，还总是耍无赖。有一次，儿子又和邻居的孩子扭打在一起，她连忙跑过去拉开，一问原因，原来是儿子抢了人家的东西。这位妈妈将儿子拽回家，好好训斥了他一顿，但儿子很不服气，还冲她大声嚷嚷。母亲一气之下一巴掌打了过去。

儿子哭着给爷爷打电话，第二天爷爷竟然坐车从另一个城市赶了过来。爷爷护着宝贝孙子，虎着脸冲自己的儿媳吼道："你以后再敢打我孙子，我就打你！我说到做到！"

这位妈妈一听，委屈地哭了起来……

很明显，这位妈妈就遇到了隔代抚养最为典型的一个弊病——孩子和父母不亲，却和祖辈人亲。祖辈人更是一心护着孩子，直接导致孩子的个性变得娇纵，父母的教育听不进去。由此可见，隔代抚养往往会导致溺爱，有时也会出现许多矛盾：养育不科学、两代人教育理念存在差异等。这些矛盾使得原本和谐的家庭反而变成了总会"爆发战争的战场"。

中国青少年研究中心家庭教育首席专家孙云晓老师通过调查发现，有近70%的隔代抚养都是不成功的，比如有的爷爷奶奶做的饭菜并不符合孩子的营养需求，有些祖辈人教孩子说话、做事的方法不恰当，等等。也有研究表明，如果孩子在6岁之前不能和父母建立起亲密的亲子情感，将有可能会为他今后的心理成长埋下隐患。

所以，对年轻父母来说，应尽量自己去抚养孩子、教育孩子，尽量避免隔代抚养。那么，究竟该怎样看待隔代抚养的问题？

年轻父母要有做父母的责任感

曾经有人发出这样的劝告："年轻的父母们，如果你们还没确定自己有能力、有耐力、有耐心、有恒心抚养教育孩子，请不要生孩子。"这不能不说是一句让人震惊的话。孩子降生应该是家庭的喜悦，将孩子抚养长大、教育成才应该是父母的责任，但现在看来，许多孩子似乎变成了年轻父母的累赘。

在我所住的小区里，有很多老人帮着儿女带孩子。他们的儿女不带孩子有的是因为去工作，也有个别的不是因为去工作而没时间看孩子，而是在家里一天到晚玩电脑。有一次我就听到一位老人很无奈地跟她的老伙伴们说："我那闺女，成天在家上网玩游戏，就是不看孩子，这孩子就是给我生的。说她也不听，还跟你顶嘴。真是没辙啊！"

所以，就如上面这个劝告所说的，年轻父母在生孩子之前，首先要确定自己是不是具有足够的抚养能力，是不是已经具备了做父母的责任感，否则就不要生。

有些年轻人说了："父母哪个不是想早些抱孙子的？我们能有什么办法？"还是那句话，年轻人不要将这个责任丢给父母，不要用这样的话来为自己做掩护，孩子绝对不是年轻人拿来哄父母开心的玩具。孩子降生前，父母就要做好心理准备；而一旦孩子降生，父母就应当正视自己的位置，背负起抚养、教育他的责任，让他感觉到亲子之爱，要教他爱父母，爱姥姥姥爷，爱爷爷奶奶。

不要让祖辈人给孩子当保姆

有一对夫妇有两个孩子，但他们工作繁忙，家庭经济负担比较重。所以他们就将大儿子留在身边，将小儿子送到外地由爷爷奶奶代为抚养，长到7岁才重新回到自己身边。

自从小儿子回家后，这对夫妇总觉得他与家人不亲，他的很多做法也让人看不惯，比如经常不洗手就抓饭吃，上完厕所从来不冲水，说话也没有礼貌。小儿子也觉得父母比较偏爱哥哥，他在家中没什么地位，对父母没太多感情，而且非常想念爷爷奶奶。

于是，这对夫妇和小儿子之间总是发生或大或小的冲突。等到进入了青春期，他更是经常和父母吵架，动不动就离家出走，对家人表现得更加冷漠。这种紧张的亲子关系让一家人痛苦不堪。

这就是让祖辈人给孩子当保姆的弊端之一。孩子的祖辈很多时候对孩子只养不教。许多老人都认为"好不容易抱上了孙子，谁还舍得让他受苦"？于是，他们对孩子有求必应，把他宠上天，任他由着性子自由发展，溺爱、过度照顾、过度担心，孩子看似被保护得很好，却早已出现了不和谐的枝杈。

尽管如此，年轻父母面对双方的老人，还是要有一颗感恩的心，感恩老人一生的辛劳，养儿育女，有苦劳，更有功劳。

要多与自己的父母沟通，形成教育合力

其实，老一辈人的养育经也不全是错的，年轻父母应该多与自己的父母进行沟通。无论是给孩子补充营养，还是对他进行知识教育，两代人都可以互相交流。毕竟，长辈们都希望孩子能健康成长，所以年轻父母要带着虚心的态度向自己的父母求教，对于确实正确的教育方法可以完全采纳，而对于一些存在分歧的教育理念可以通过沟通来尽量做到让大家都接受。

这个时候，年轻人要切记，不能和父母顶撞，也不要一味地说父母的想法过时了，或者直接批驳父母的做法和思想。如果家庭关系因此而产生矛盾，对孩子的成长也是没有好处的。要懂得言语轻柔、和颜悦色地劝谏父母，正如《弟子规》中所讲的，"亲有过，谏使更，怡吾色，柔吾声。"

年轻父母要提防教育中的一些误区

年轻父母自己抚养孩子，也容易陷入一些教育的误区。比如，过于宠爱，凡事都为孩子包办代替，对他百依百顺；严格教育，才上幼儿园的孩子就被要求学会高难度的知识，上各种辅导班，父母恨不得让他立刻变成神童；过度约束，不能做这个，不能做那个，错一点就批评甚至打骂，学不会就直接被贴上"笨标签"等。

其实，教育也是需要智慧的，而教育和学习也不是等同的。教育应该包括对孩子的心理、情绪、精神、思维方式、各项能力、语言学习等各个方面。年轻父母要教给孩子的，应该是良好的做人品德以及各种良好的习惯，而不应该只将目光放在他的学习上，应该全面发展。

教育启示

在"妈妈生,姥姥养,爷爷奶奶来欣赏"的当今时代,隔代抚养已经是不能回避的现实,而年轻父母也不要轻视这个问题。新一代的父母千万不要对孩子放手,因为亲子教育的缺失将是父母教育孩子方面最大的失败。年轻父母要综合老一辈人的教育方法和经验,重视自身的责任,并与老一辈人的教育互为支持与补充,这样才能让孩子更好地成长。

11

榜样示范

——父母说一套，做一套，两面派，孩子想不学都难

俗话说，榜样的力量是无穷的。每个人的行为在展现出来的同时就在影响着周围其他人。这种影响是无声的、无形的，也许当时看不出什么效果，但就如同一颗种子种下去一样，总有生根、发芽的一天。

父母是否常从孩子身边罗列出一些值得学习的榜样，并提醒孩子说："你要向某某学习，你看人家多懂礼貌，学习成绩多好。"或者，父母是否总是从书店为孩子买一些励志书籍或名人传记，并对孩子说："你一定要从这些成功人士里找到榜样，向他们看齐。"

父母的这种做法无可厚非。但是，你有没有想过，孩子的生活中始终有两个人的行为在时时刻刻影响着他。这两个人对孩子的影响是孩子逃不开、躲不及的，而这两个人的行为是孩子想不学都不行的。这两个具有最大力量的榜样是谁呢？是父母。

而父母有没有察觉到，自己的状态本身就是在教育孩子。比如，父母走路的样子、睡觉的姿势、说话的语气和表情、为人处世的态度、价值观和人生观等，无不在告诉孩子：我这样做是合理的。

有位妈妈是个心直口快的人，平时说话嗓门很大，语速很快，还有动不

动就反驳他人的毛病。这些特点在儿子身上完全展现出来。所以，母子俩说话的感觉就像吵架，要是哪个观点不一致，更容易产生口角。在外人看来，这个儿子真不像话。殊不知，这位妈妈也是用同样的态度对待自己的母亲的，而儿子的"继承"完全是不知不觉的。

一天，妈妈在儿子的桌子上看到一本《弟子规》，其中有一句是："父母教，须敬听，父母责，须顺承。"意思是：父母教导子女时，子女应该耳提面命。突然间，她以为有了治儿子的法宝。当儿子又一次大声对她讲话时，她突然说："《弟子规》里怎么说的？'父母教，须敬听'。你是怎么做的？"儿子一听，毫不客气地回了一句："你对外婆做到这些了吗？我都是跟你学的。"接下来，这位妈妈就对儿子来了一通语言上的"狂轰滥炸"，以挽回自己的面子。

再就这个问题多说几句。的确，有的妈妈在教孩子学了《弟子规》后，就认为其是万能的，动辄就拿《弟子规》里的规矩来要求孩子。比如，有的妈妈就认为"父母呼，应勿缓"这六个字孩子要无条件做到。其实，如果没有彻底读懂这六个字，做妈妈的很难应用好它，它也就不能成为教育孩子的"灵丹妙药"。

说得再明白一些就是，妈妈一定要关注到"父母呼"这个"呼"的内涵，这是给做父母的提的要求。我们要把握这个核心：注意"呼"的语气语调和时机。比如，如果"呼"明显高八度，甚至是以气势压倒、命令孩子，那他在内心是反感的，是不想配合去"应勿缓"的。再如，"呼"的时机也很重要，孩子正在埋头专注地做一件他认为很重要的事情，而我们又没有非得必须"呼"他做别的更为重要的事，就不应该去随意打扰他。想想看，如果我们随意打扰孩子，还要求他"应勿缓"，还有道理吗？

当孩子暂时还没有做到"应勿缓"的时候，要给他适应与成长的时间，而不要试图以"父母呼，应勿缓"（包括《弟子规》中的其他内容）这句话去控制孩子，不要硬给他扣上一顶"不听话"的大帽子，甚至因此去否定孩子。"父母呼，应勿缓"这句话在某种程度上对父母和孩子都有约束，体现了父母与孩子之间的相互尊重、信任与理解，而不是父母单方面拿来去衡量孩子的，更不是让父母用这句话或整部《弟子规》跟孩子去对立的。这一点在学习《弟子规》的一开始就要铭记在心，不然就给别人做了"坏榜样"。

生活中，很多父母没有反省的能力，无法从孩子的言行举止中看到自己的影子，这是一件很遗憾的事。上面这位妈妈就不明白《弟子规》上的字字经典都是用来提醒自己、要求自己的，而不是拿来对照孩子行为的标准。

如果父母要求孩子的标准与自己做事的标准不一致，与说一套、做一套的"两面派"有什么区别？上面这位妈妈要求儿子对自己的态度要温和，自己的行为却与温和相差甚远。对儿子说了一套，而自己又做了另外一套，这是不是"两面派"？当今的父母有没有清楚地检讨自己，是不是早都加入了"两面派"的行列而不自知呢？

而且，当父母的榜样力量影响孩子时，孩子也会以"反作用力"来影响父母，那时，父母只能无奈地承受，但还不知道这其实是"自作自受"。不仅如此，孩子从父母那里继承的行为会随着孩子的为人处世影响到他的朋友、同事、领导、伴侣、子女等，从而引发孩子工作、生活中的各种悲欢离合。而这个现象的源头就在父母那里。你信也罢，不信也罢，但这就是事实。

因此，父母千万不要小看自己的言行举止，因为所有行为都会通过孩子，横向波及他的人际圈，纵向传播给他的子孙后代。这也许从根本上解释了榜样的力量为什么是无穷的。

那么，父母要给孩子做怎样的榜样？该如何落实？

不做说一套、做一套的"两面派"

如果能细细观察，90%以上的父母都在毫无知觉地扮演着"两面派"的角色。为什么呢？因为孩子的行为是从父母那里学来的，学会之后，展现出来的同时却被父母不断否定。

比如，父母没有随手把物品归于原位的习惯，等孩子找不到东西时却教育孩子说"谁叫你不放好？"是啊，谁教会孩子的？是父母！父母都没有做到，还怎么要求孩子？父母之所以会责备孩子，根本原因就是没有看到自己的不足之处！

因此，请父母把目光完完全全收回来，收回到自己身上，看看自己哪里还没有做好，哪里还需要改进。如果检查自己的确存在太大难度，有一面真实不虚的镜子时时刻刻照着你，这面镜子就是孩子。

当孩子表现出任何一样让自己不满意的行为时，不要着急训他，因为教训的同时父母很可能就扮演了"两面派"的角色。先仔细回想自己有没有这个不好的习惯，如果反省不到，可以问问自己的另一半、父母等亲近的人。如果依然没有明确的回应，那么恭喜你，因为你从现在开始就有了一项重要的事情：在生活中发现自己，真正了解自己。

所以，父母在生活中要先学会"关紧教训孩子的嘴巴"，以免为孩子做"言行不一致"的榜样。父母在不训斥孩子的同时，还要抓紧时间反观自省。等真正发现孩子一身的优缺点都是父母原型的再现后，父母就不会成为说一套、做一套的"两面派"了。

要立志成为孩子最好的榜样

既然父母无法摆脱榜样的角色，就要立志成为孩子最好的榜样。什么是"最好"呢？父母自身皆是不完美的人，有很多优点，也有很多缺点。优点无形之中会被孩子吸收，这不用父母刻意展现，同时，孩子继承父母的缺点也是自然而然的事。那么，父母的存在本身就不可能成为最好，又如何成为孩子最好的榜样呢？唯一的答案就是：父母赶快改正缺点，修正不足。

这样一来，父母的努力被孩子看在眼里，孩子不但继承不到父母的缺点，反而吸收了父母另一个重要的优点——努力改过。想想看，父母要为孩子做的榜样，还有什么比改正缺点更好呢？孩子在一生中能够从外面的人、事、物中时刻看到自己的不足，并且努力改正，人性的光芒就会一直不断地放射出来，照耀在孩子所到之处，而这个光芒的原点就是父母。

所以，请父母立志成为孩子发光的源头，孩子的人生将不再会有黑暗。

把自己的言行通过"润物细无声"的力量渗透给孩子

有位妈妈非常勤快、爱干净，每天都把家收拾得很利索。当然，她对女儿的要求也很严格，一看到女儿的屋子不是很整齐，就会提醒她。一开始，女儿还比较听话，时间一长，就对妈妈的催促不耐烦了，总是一句话："等一会儿我会收拾的。"有时被妈妈说多了，她反而不收拾了，还对妈妈说："你看不惯，你来收拾吧。"妈妈就真的无奈地去收拾了。

这位妈妈很纳闷：我这么好的榜样，女儿怎么就没有继承呢？其实，是妈妈太过着急了。女儿在学校寄宿，妈妈去过她的宿舍后才发现，女儿完全继承了自己爱干净的优点。为什么在家里没有展现？因为还没等到她要展现的时候妈妈就急于替代了。在大学宿舍，女儿还有一个问题，就是总嫌弃室友不爱干净，而且喜欢催促她们打扫宿舍。这一点和妈妈太像了。

从中我们可以体会到："润物细无声"的教育力量是没有弊端的，但是，"要求孩子"的弊端就是孩子也学会了要求别人。因此，父母尽管去做，默默地、静静地，这种无声的力量不但最大，而且最好。要管住嘴巴，做一个悄无声息的好榜样。要注意的是，这不是让我们走极端，以为说教不管用就不说了，不是这样。而是说不要总是唠唠叨叨，孩子不听了，一边抱怨他，一边又把该他干的都干了。所谓"正己而不求于人，则无怨"（《礼记·中庸》），即端正自己的行为，规规矩矩做事，不苛求别人（孩子），这样别人就不会有怨恨对立的心。实际上，这就要求父母很有德行，就像春风一样，所到之处万物滋长，难道还不能让孩子如沐春风吗？他一定会被感化的。

父母和孩子都要懂得从各自的角度寻找问题的原因

中国文化是内求学问，每个人都永远向内求。正如孟子所说："行有不得者，皆反求诸己。"（《孟子·离娄上》）遇到了困难、不如意、不顺心、阻碍等情形，一定要从自身找原因，而不要从外界和他人身上找原因，否则永远找不到真正的原因。其实，出现这些不顺都是由自己造成的。这一点我们可以认真思考，看对照自己经历的种种能否得出这个结论。

无论是孩子还是成人，为人处世都离不开自省，也就是自我反省。父母不要抱怨孩子，天下没有完美的孩子。无论是父母还是孩子，都要学会从自己的角度寻找问题的原因，而对对方要做到相互理解。

我们用什么方式对待孩子，孩子也会用什么方式对待我们，因为这个过程就是一个"教"与"学"的过程。我们"教"得不知不觉，孩子自然"学"得也不知不觉，根源还是我们"教"错了。

如果孩子的言行举止让我们觉得不妥当，让我们感到不被尊重，先不要急着大声责骂他，而是要想一想，自己的言行是不是和孩子很相似？如果答案是肯定的，我们就要意识到，平时种的种子现在开始结果了。种瓜得瓜，种豆得豆，我们又怨得了谁？

我们该怎么办？唯一的办法就是，赶快改变自己。

> **教育启示**
>
> "榜样"是父母无法推卸的角色，不但无法推卸，以后还要承受来自孩子的反作用力。父母既然注定要承担"自作自受"的后果，那就做孩子最好的榜样，承受孩子最幸福的回报。如何做？第一，从孩子身上发现自己的缺点；第二，努力改正自己的缺点；第三，在不要求孩子的前提下，默默发挥自己的优点，对孩子产生"润物细无声"的教育效果。如果能做到以上三点，幸福将与己常相随。

12

脸谱式教育

—— 一个唱红脸一个唱白脸，
这条"教育路"很危险

　　红脸和白脸原本是中国传统戏剧京剧中的脸谱扮相，不同的色彩分别代表不同的人物性格。白脸一般指不以真面目示人的角色，暗含奸诈之意，比如曹操；而红脸一般指忠勇正直的角色，比如关羽。

　　而这两种脸谱不知从什么时候起，被借用到父母对孩子的教育中。于是，就总能听到这样的经验之谈："在家教育孩子，一定要有一个唱白脸（代表严肃），一个唱红脸（代表慈爱）。都唱白脸的话，孩子感觉不到父母的亲切；都唱红脸的话，孩子就越来越难管。"乍一听，还挺有道理，教育孩子的确要恩威并施，何况严父慈母原本就是中国式教育的老方法。

　　但是，家庭教育真的如同唱大戏吗？导演是谁？台词在哪？演员如何出场？是不是父亲一定要固定为白脸的角色，妈妈一定要固定为红脸的扮相？如果角色可以固定，台词是不是也要编排？父亲该说哪句话，母亲该做哪个动作，而孩子该有什么样的反应都是安排好的吗？显然不是！既然家庭成员的互动都是随机随性的，又怎么能把某一个成员的表情脸谱化？脸谱化的结果就是，孩子总是疏远白脸，却在红脸面前没大没小；孩子总是讨厌与白脸接触，总是黏着红脸。如果真是这样，谁愿意当这个白脸？

一对父母从儿子一出生就约定了脸谱。父亲固定当白脸，母亲固定当红脸。儿子取得了好成绩，父亲要板起脸提醒他不许骄傲，而母亲则要笑着拥抱他以示鼓励。当儿子犯错误时，父亲会毫不客气地批评他一顿，看到父亲的戏演得差不多了，母亲要立刻出场说："好了，好了，少说两句！"然后把儿子拉开，安慰道："没事，没事，以后改正就是了。"

在儿子眼中，父亲冰冷得难以接近，而母亲却特别善解人意。当父亲发现孩子很疏远自己的时候，却这样安慰自己：为了孩子，一定要把白脸扮演下去。父亲甚至还很得意自己的演技，认为这是为儿子的健康成长做出的必要牺牲。

真的是这样吗？当孩子取得成绩时，父亲完全可以和蔼可亲地告诉孩子："不要骄傲啊，再接再厉！"当孩子犯错时，父亲依然可以摸摸孩子的头说："想想看，你错在哪里？今后如何改正？"这样，既不影响对孩子的教育，又不影响和孩子的感情。而作为母亲，当孩子在自己面前没大没小、霸道妄为时，依然可以严肃地说他几句。而这样，孩子会不会疏远母亲？不会，因为母亲平时给孩子的关爱和温暖，足以让他敬畏。

所以，如果你想让孩子做真实的自己、更听话，也想让自己的生活更轻松、更真实，就要懂得放弃这种脸谱式的教育方式，不要让自己和孩子都过得那么假、那么累！

事实上，父母在与孩子的相处中，没有谁代表固定的脸相，大家都是千变万化的脸相，随着环境、随着心情、随着感受呈现出各种各样的脸相，有时平和、有时温暖、有时严肃、有时冷峻……无论父母的脸相如何改变，只要和孩子心与心的距离不变就是成功的教育。

那么，父母如何把随心所欲的脸相应用在与孩子的相处中？

要做有原则的红脸

任何一个孩子都渴望生活在温暖、轻松的家庭气氛中，谁也不想每天都面对一张冷冰冰的脸。因此，无论是父亲还是母亲，都要用慈爱去关心孩子，照顾孩子，与孩子交流，与孩子沟通。

当然，这种红脸般的慈爱不是一味地顺着孩子，任凭孩子如何发展都始终微笑。而是父母要做有原则的红脸。也就是说，当孩子出现各种各样需要纠正的状况时，父母不用一上来就呵斥、责备，而是要耐心、温和地给孩子讲清道理，让孩子心服口服地接受教导。

这样，父母既没有失去与孩子的亲切感，也及时导正了他的错误行为。如此一来，就打破了多年来被传授的"两个都当红脸的话，孩子会越来越难管"的教育经验。

所以，这句教育经验应该改成——"做有原则的红脸，孩子会越来越听话。"

白脸要用在关键时刻

一位爸爸平时和儿子关系很好。儿子很信赖爸爸，遇到拿不准的事情都会向爸爸请教。所以，爸爸很少对儿子呈现白脸。

但有一次，儿子破天荒地和爸爸顶嘴，爸爸稍有严肃地说："怎么可以和爸爸这样说话？"没想到，儿子好像很有理由地大声嚷道："我就这样说！"儿子的话音刚落，爸爸就毫不客气、非常严肃地对儿子说："你再顶一句试试！"儿子看爸爸动火了，没有继续说下去。爸爸异常严厉地说："这是第一次，我希望也是最后一次。"

此后，儿子并没有因为爸爸的严肃而与其疏远，反而因害怕爸爸疏远自己而主动给爸爸道歉，爸爸也借机给儿子讲了道理。

这位父亲的白脸既管用又没有副作用。为什么效果这么好？因为父亲平时和孩子以"有原则的红脸"相处，孩子对父亲十分信赖和喜爱，进而产生一种敬畏感。当父亲在关键时刻使用白脸时，孩子自然顺从，而且还会担心父亲以后不再爱自己了。

因此，父母要常常让孩子感到爱的温暖。这样，父母在关键时刻的冰冷，会使孩子因担心失去温暖而乖乖顺从。这样的教育效果远比固定脸谱好得多。

特殊情况下，可以分角色唱红脸白脸

一天，儿子犯了错误，父亲火冒三丈、大声训斥。儿子听到父亲的训斥，忍不住抽泣起来，整个房间被父亲的严厉笼罩，气氛如同凝结的冰块。

这时，母亲走过来，并没有袒护儿子，而是说："孩子，爸爸说的有没有道理？"儿子一边抽泣一边点头。"那你说说自己错在哪里，如何改正？"母亲

紧接着问。儿子小声复述了一遍父亲训斥自己的话,并说以后一定会改。

到此,母亲又说了一句:"行,妈妈希望你记住爸爸的话。好了,去洗漱一下,准备睡觉了。"

这个过程中,父母的角色很明确,但绝不是预先排练好的,而是生活的默契和教育意识的一致让彼此知道该如何去做。

母亲虽然唱红脸,但并没有让孩子感觉到母亲站在自己一边。所以,父母在教育孩子的过程中,分角色唱红白脸的目的是更好地树立彼此的威信,让孩子明白父母的一致性。这样,孩子不会对谁疏远、对谁亲近,而是把注意力关注在自己的错误上。

类似这样的分角色教育,做父母的不可不学!

教育启示

"危险的脸谱式教育"是指父母在与孩子的相处中固定自己的角色,从而让孩子不自觉地害怕疏远一方,而在另一方面前没大没小。父母的"红白脸式教育"促使孩子成了"两面派",这样的教育十分危险。如果父母不拘于固定的角色,以"有原则的红脸"对待成长中的孩子,关键时刻使用一下白脸,孩子就会在父母真实温暖的爱中感受教育的力量。

13

棍棒教育

——适度惩戒很必要，
关键是棍棒要有"含金量"

自古以来，父母对孩子的教育似乎都奉行一句"经典理论"——棍棒底下出孝子。追寻其出处的话，据说法家著名代表人物韩非子曾说过一句"严家无悍虏，而慈母有败子"（《韩非子·显学》），后来，被民间通用为"棍棒底下出孝子"。

这个家庭教育理论到底适不适合这个时代的孩子？这个时代有多少父母能把握好使用的尺度？当今社会有多少孝子真正出于棍棒之下？这个棍棒到底指什么，是单纯的打骂，还是有效的惩罚？如果能够找到这些问题的答案，相信父母一定会游刃有余地使用这个棍棒。

但是，很多奉行"棍棒底下出孝子"的父母不但没有把孩子打出息，反而把孩子打出问题来，轻者满身是伤，重者因此毙命。

河南省淮滨县张庄乡有一位母亲，一直奉行"棍棒底下出孝子"的教育观念。只要孩子不听话，就打两下。一天，她命令7岁的女儿把屋子扫一扫，女儿没有理会，只顾着做自己手中的事情。一气之下，她顺手用扫帚朝女儿头上敲了两下。女儿大哭不止，哭着哭着昏迷过去。母亲见状慌了手脚，赶紧把孩子送到医院。最后医生确诊孩子颅脑出血，虽然及时实行了开颅手术，但女儿还是不治身亡了。后来,这位母亲神情恍惚地说:"都说孩子不打不孝顺,我只是想教训教训孩子,现在却阴阳两隔。"

这件事情引起了民众的关注,一位教育局的干部说:"真是后怕啊!我也常常打孩子,以为打得越狠,对孩子的成长越好。幸亏没铸成大错!"这起悲剧强烈地震撼了那些"棍棒底下出孝子"的信奉者。更多的父母开始反思:这个棍棒对孩子的成长到底起到积极作用,还是消极作用?

其实,棍棒只要用对了地方、用对了时机、用对了力度,当然能起到积极作用。但是,父母如果过分依赖棍棒教育孩子,只能说明父母没有其他能力,孩子并不会被无能的父母培养成孝顺的人。

这里举一个不一定恰当的例子。警察对付匪徒的时候,一枪使其毙命是很简单的事情。这种果断而简单的处理手段消灭了"敌人",但也不利于对案件的继续侦查。为此,很多警务人员都希望有一种武器,既能够最小程度地伤害匪徒,又能够起到成功捕获的作用。如果把警察比作父母,把匪徒比作孩子的坏毛病,把枪比作棍棒,相信大多数父母也希望能有比棍棒更有效的教育方法,既最小程度地伤害孩子,又能够使孩子改正缺点。

至此,父母应该明白了,棍棒不是常用的教育手段,也不是最好的教育方法,更不是唯一能对孩子的错误行为起警示作用的工具。所以,父母不要迷信"棍棒底下出孝子",而是要根据孩子的情况进行最有效的教育。那生活中该如何做呢?

没有惩戒的教育是不完整的

著名教育专家林格老师曾说:"在教育的十八般武艺中,惩罚是很必要的。因为人的发展是'先痛苦后快乐'式的不断自我更新。但这里所说的惩罚不是教条,更不是单纯的打骂,而是以民主为内核精神的自我惩罚。"可见,教育不能没有惩戒,但前提是适度。

关于适度惩戒这件事,青岛市人民政府发布的《青岛市中小学校管理办法》规定,中小学校对影响教育教学秩序的学生,应当进行批评教育或者适当惩戒;情节严重的,视情节给予处分。该办法还要求,学校的惩戒规定"应当向学生公开"。这是我国第一个以学校为主体的地方性政府规章,它的出台意味着青岛中小学和教师在行使惩戒权时将有法律依据。

这不能说是教育的尝试，而是教育的大势所趋，或者说是回归教育的本质。没有惩戒的教育是不完整的教育，古代几千年的教育中都有惩戒一说，而且教师还有教鞭、戒尺。《学记》中就写道："夏楚二物，收其威也。""夏楚"就是教鞭，用来警惕鞭策孩子，以收到整肃威仪的效果。

父母正确对待孩子的过失、孩子也理解父母为什么这样做时，他就不会感到委屈、不公平，而是会有一种被尊重、被信任的感受，会更加尊重父母，更加愿意与父母合作，进而接受父母的教导。而且，孩子也会在无形中学会正确对待他人的过失。

落下的棍棒要有一定的"含金量"

很多成功的人都非常感谢父母对他们的责打，没有一点怨恨，因为父母的责打有"含金量"，他知道为什么挨打、如何改正。

如果孩子被打了而不知道为什么，也没有来自父母后续的抚慰，那么这样的打并不会让孩子反省自己，只会徒增对父母的恨。有一天翅膀硬了，他就会反抗，甚至伤及父母。这不是在吓唬父母，只是想引起父母的反思。因棒打孩子导致孩子谋害父母的事情已经不是三五件了，应该引起大家足够的重视。

父母一棒子打下去，如果没有起到彻底警示孩子的作用，还是慎用为好。

但是，父母也应该明白一点：教育孩子不是不能打，也不是一定就得打。不是打不打的问题，而是怎么打的问题。其中的道理值得每一位父母深思。

（1）什么时候惩戒？这要看孩子的年龄。一两岁的孩子最好不要惩戒，因为很多时候他是在探索这个世界。3岁以后就可以适当地惩戒了。

（2）惩戒不等于武力，不等于暴力，而是要适度。"教"字的小篆体中，右边手拿小木棍，代表对孩子的适度惩戒；也表明惩戒要借助一定的工具，而不是直接用手打孩子。因为我们经常会伸手抚摸孩子，拥抱孩子，所以手是用来爱孩子的。不然，我们一伸手、一挠头，孩子以为又要挨打，就会害怕甚至哆嗦，那就不好了。

（3）惩戒孩子要适度，不能对孩子的身体造成伤害。比如，可以拍打屁股、手心，而不能打脸、扇耳光、打脑袋。

（4）不能随便惩戒。要事先跟孩子有约定："如果做得不好，或者屡次犯同样的错误，妈妈就要管教你了"，而不是一上来不问青红皂白就打孩子一顿。要跟孩子事先有沟通，不要让他仅仅记住了惩戒这件事本身，而是要让他知道为什么会受惩戒，并做出总结反思。

（5）不能让孩子感觉惩戒他是父母的一种情绪发泄。也就是说，惩戒孩子的时候父母不能失控，要情绪平和，要有理性。有的父母心情好的时候孩子怎样做都行，心情不好拉过来就打，这样是非常错误的。父母的反复无常会让孩子无所适从，会让他的心灵受到折磨和伤害，不但起不到教育的效果，还会起到相反的效果。

（6）不能"秋后算账""新账旧账"一起"打"。

（7）惩戒不是最终的目的，而是一种管教的方法，或者说是一种教育的手段；要让孩子敬畏规矩，而不是害怕父母。惩戒是手段，是为了不惩戒。惩戒是为了让孩子自动自发，无论是做人、做事还是学习，都能够自动自发。

（8）不用担心惩戒带给孩子的负面效果。只要生活在一个时时处处充满爱的家庭里，孩子就不会对一次应该承受的惩戒产生怨恨，该阳光还是阳光，该快乐依旧快乐！

（9）惩戒这个动作在孩子上小学后应该逐渐减少，青春期时就应该停止了。因为青春期的孩子非常希望别人把他当成年人来看，如果这个时候还被责打，就会认为是一种耻辱，反而更不听从管教。

（10）惩戒对少数孩子可能不管用。个别性格比较刚烈的孩子，可能会因体罚而更加叛逆和难以管教；以前受过虐待的孩子也会非常排斥爱的管教；对非常敏感的孩子也要区别对待……总之，惩戒不是万能的，要因人因事而异。如果讲一些道理孩子就改正的话，就没有必要再使用惩戒的手段了。

（11）对于不适用惩戒手段的孩子，可以更换惩戒方式，比如，让他去面壁或静坐反省，剥夺他一段看电视、上网的时间……

（12）惩戒不是无原则的，而是讲求智慧与方法的。惩戒只是手段，最终要达到的目的只有一个：让孩子养成良好的行为习惯，让他知对错，有自我约束能力。

举棍棒前先问自己对孩子的关爱够不够

在听到"棍棒底下出孝子"这一说法的同时，我们也常常听到"被打皮了"的言论。这里暗含了棍棒对孩子已经无效的意味，相信这并不是父母奉行棍棒教育的目的。而"被打皮了"的根本原因是父母动不动就拿出棍棒教育孩子。

如果使用棍棒时父母并没有跟孩子建立起基本的亲切感，出问题就暴打，孩子当然不能接受。想想看，那些崇尚"棍棒底下出孝子"的父母是不是平时的确很少关心孩子，而且更不懂得如何用温和的语言、平和的语气开导孩子？

即使父母和孩子有一定的亲切感，也不能动不动就"家法伺候"。父母第一次打孩子的时候，孩子会因为害怕而心存警惕；第二次打孩子的时候，孩子会为了避免下次被打而努力改过；第三次打孩子的时候，孩子开始有点明白这是父母惯用的手段；等到第四次、第五次、第六次的时候，孩子彻底明白这是父母教育自己的唯一方式。

等到这时，孩子就完全没有了对父母的敬畏和对自己犯错的警惕，因为孩子会心存这样的想法：犯了天大的错，不就是挨一顿打吗？于是，孩子像橡皮筋一样不可调教，父母歇斯底里的吼骂只能成为"无人捧场的独角戏"。

因此，父母在举起棍棒之前要先问问自己对孩子的关爱够不够。

让犯错的孩子学会承担

孩子在成长过程中不可避免地会犯这样那样的错误，不犯错误的孩子长不大。父母一定要帮助孩子建立一种思维：勇敢为自己的错误承担后果，必要时要接受惩罚。这样长大的孩子，不但不会故意犯错，而且学会了承担责任。

杭州一个小区的几十辆私家车被一个12岁的男孩用小刀划坏。当这件事情传遍小区的时候，一封道歉信贴在了小区门口。道歉信是肇事者的父母写的，坦言是自己的儿子调皮无知给大家造成了损失，并承诺会带着儿子挨家道歉，承担所有的维修费用。果然，道歉信贴出后，男孩的父母带着孩子挨家给造成损失的家庭道歉，并当面再次表示要赔偿损失。父母的行为不但使大家不再埋怨小男孩，还纷纷赞许父母教导有方。父亲被记者采访的时候只说了一句话："我希望孩子从小能够学会对自己的行为负责。"

这对父母没有使用棍棒，而小男孩一定会受益终生。小男孩挨家道歉并接受对方的指责和教育，就是在接受惩罚，相信他以后不会再轻易做出无知的错事。同时，父母给他的教导让他更加明白什么叫责任。

所以，孩子犯错的时候，内疚感和惊恐感就是在惩罚孩子；而当父母一定让孩子承担后果时，孩子就更明白了自己的责任。这样的教育就如同警察找到了对匪徒伤害最小而又能成功捕获匪徒的武器。因此，父母不要着急去寻找教育的方法和工具，而是要先问问自己：我有没有能力引导孩子勇敢承担，有没有胆量和孩子一起面对责任？

教育启示

奉行"棍棒底下出孝子"的父母只是希望借助棍棒，对犯错的孩子起到警示作用。这说明，父母真正关注的是孩子有没有吸取教训，而不是棍棒本身。既然如此，父母完全可以选择副作用较小的教育方式警示孩子。这种教育不拘形式，不一定是用棍棒惩戒孩子，但父母要把握一个核心原则：让孩子深刻认识到自己的不足、缺点与错误，从内心深处愿意改正。

14

软暴力

——无形的暴力，对孩子是精神上的
折磨和心理上的虐待

所谓软暴力，就是区别于肉体暴力的精神暴力，一般指由于语言、表情、情绪的不友善对他人造成的伤害。家庭教育中的软暴力通常是指，父母经常对孩子说否定性的话，或者常常给孩子脸色看，让孩子总是处于紧张、恐慌、烦躁、压抑等状态。时间一长，孩子不但会心生消极情绪，甚至会产生心理疾病。

近些年来，不知是什么原因，越来越多的父母对孩子实施着软暴力，越来越多的孩子脸上不再洋溢童年的快乐，抑郁症、狂躁症等精神疾病的患者也出现低龄化趋势。到底是哪里出了问题？是现在的父母要求越来越高，还是现在的孩子的确不争气？父母为什么不说一些让孩子轻松的话，而总是要用自己的坏情绪和语言刺激孩子？

仔细观察可以发现，软暴力的实施不外乎以下几种情况：

第一，孩子达不到父母的要求时，父母就用语言刺激孩子，潜意识里希望孩子还能进一步努力，父母把这种做法称为"激将法"。

第二，父母工作生活压力较大，自身情绪常常不稳定，又不懂得克制情绪或自我化解，于是就把自己的坏情绪传染给自己的配偶和孩子。

第三，父母从小生活在软暴力的家庭，习惯说讽刺、贬低、埋怨、挑剔的话，自身也没有什么底蕴，常常把情绪肆意喷向孩子。

这三种情况的共同点就是父母本身涵养有限、修养不高，自己不知不觉地对孩子实施软暴力。

现在这个时代，遭受软暴力的孩子不在少数。有的孩子因为学习成绩不好，经常听到父母贬低的语言："你怎么这么笨啊？人家能考90分，你就不能？""你怎么回事？我真怀疑你智商够不够！""你还有脸让我给你买零食，先看看自己考好了没有。"有的孩子莫名其妙地就会遭到父母的语言攻击，听到类似"去去去，走开，我烦着呢！别在这儿烦我！"的话；有的孩子还常常听到父母说"你要是这次考不了90分，看我怎么收拾你"，"你要是再不听话，就别怪我不客气"等威胁的话。

父母请问问自己，有没有对孩子说过这样的话？次数多不多？如果这些否定性的语言已经成为父母与孩子交流的主要方式，那么孩子就正在遭受软暴力。而当这些"不中听"的语言频频在孩子耳边响起时，孩子就会得到消极的心理暗示，并把这些评价不加识别地内化到自己的意识里，进而不自觉地表现到行动中。最终，孩子会成为名副其实的"笨蛋""弱智""没出息的人"。

所以，父母要警惕自己的语言和情绪对孩子的伤害，不要用这种软暴力对孩子进行精神折磨和心理虐待。父母在教育孩子的时候应尽量做到以下几点。

学会控制自己的坏情绪

每个人都会在生活中遇到种种不顺，引发情绪的不稳定。如果一个人不懂得控制情绪，坏情绪就会立刻传染给别人，而对方也会反射回来更坏的情绪。最后，随着情绪的来回波及形成了矛盾，然后再升级成"战争"，最终导致两败俱伤。所以，父母要做一个有能力控制自己情绪的人。这样，孩子就不会因为父母的不理智而受伤害。

一位父亲是某大型企业的主管，工作事务繁忙，压力很大。但是，他坚守要给妻儿轻松的家庭生活。所以，每天离开办公室的时候，他都对自己说："好了，就把今天的工作留在这吧，明天见！"在开车回家的路上，他会听听轻音乐，并一直保持微笑，在微笑的一瞬间他感觉轻松了很多。走到家门口的时候，他会深深地呼吸一下，暗示自己要给妻儿开心的脸。

每次儿子看到父亲回来，都会高兴地跑向他，他也会一下子把儿子抱起来。有时实在太累，或者有尚未处理完的公务，他就会少陪儿子一会儿，回书房前会对儿子温和地说："孩子，爸爸今天有点工作还没做完，你先和妈妈玩一会儿吧！"

能温和地对待自己的儿女，说明父母很有涵养，而有涵养的父母一定会养育出一个身心健康的孩子。为了孩子的一生，父母要从控制情绪开始，提升自己的修养。只有掌控情绪，才能掌握未来。掌控的是自己的情绪，掌握的却是自己和孩子甚至家庭的未来，不可不努力认真对待。

要转变自己的语言模式

一位智者曾说："少说抱怨的话，多说宽容的话，抱怨带来记恨，宽容乃是智慧；少说讽刺的话，多说尊重的话，讽刺显得轻视，尊重增加了解；少说伤害的话，多说关怀的话，伤害形成对立，关怀获得友谊；少说命令的话，多说商量的话，命令只是接受，商量才是领导；少说批评的话，多说鼓励的话，批评造成隔阂，鼓励激发潜能。"还有人这样说："太阳能比风更快地脱掉你的大衣，而仁厚和友善的方式比任何暴力更容易改变别人的心意。"这些话都非常有道理。

当孩子做错事时，父母应该用宽容的态度帮助孩子改正，而不是时时抱怨，抱怨只会让孩子反感；当父母希望孩子做一件事的时候，不是强硬地命令，而是温和地表述，相信孩子一定会更愿意接受；当孩子成绩退步时，父母的激励远比没完没了的批评更能激发孩子的努力之心。

有智慧的父母对孩子说话时，常常会用肯定词代替否定词，比如"红红，来给妈妈帮个忙"，而不是"红红，你不要再玩了，赶紧过来给我帮个忙"。聪明的父母面对孩子的错误会"纠正"，而不是"纠错"，会说"莉莉，来，妈妈给你示范一下，这个鞋应该这样洗"，而不是"莉莉，这个鞋不是这样洗的，你怎么连鞋都不会洗"。懂得扶持孩子的父母，在孩子完成一项任务后首先会肯定孩子的行动力，而不是立刻挑出不足埋怨孩子一通……

因此，请父母用智慧说出真正帮助孩子成长的语言，这样孩子才不会让父母失望。

教育启示

　　软暴力往往要比肉体暴力更伤害人，那是直击心灵和精神的武器，会使人变得懦弱、狂躁、无助和自卑。父母如果对孩子实施软暴力，无疑是对孩子的折磨和虐待。父母要尽快提升自己的修养，转变自己的语言模式，让自己的语言和情绪成为有利于孩子成长的工具，而不是让孩子在父母不良的语言和情绪中紧张和彷徨。

15

溺爱

——不要有求必应，别以爱的名义亲手给孩子挖陷阱

任何一个教育工作者都呼吁父母不要溺爱孩子，而任何一个父母也都不希望自己溺爱孩子。但是，为什么还有很多父母溺爱着孩子却还不自知呢？根本原因是父母不知道如何做是溺爱，如何做是理智的爱。

英国著名教育家洛克说过："一般人教育子女有个重大的错误，就是没有使儿童的精神在最纤弱、最容易支配的时候，习惯于遵守约束和服从理智。"由此可以看出，父母如果能让孩子学会"遵守约束和服从理智"，就能远离溺爱了。

那么，父母如何做才是让孩子遵守约束，如何爱才是理智的爱？是不是拒绝孩子所有的请求，就是对孩子的约束？是不是每天给孩子冷脸，相对就是理智？当然不是。但是，如果父母无限制地满足孩子的所有要求，在与孩子的相处中从来没有露过"严肃"之相，那一定是溺爱了。

有个男孩从小特别被宠爱，父母不断满足他的要求。他喜欢吃什么就使劲吃，不够了父母再出去买；他要什么玩具，父母会毫不犹豫地买下来；他一不高兴，全家都跟着着急。父母始终用自己的能力不断满足着爱子的需求。

男孩上初中时，一天母亲买了一些草莓回来，洗干净给正在复习的他端

过去，顺手拿了一个放进自己嘴里。男孩见状，对母亲吼道："谁让你先吃的，我还没吃呢，你就先吃！"母亲一愣，心凉了一半，回头擦了擦眼泪。然而这件事情并没有引起母亲的警惕。

男孩大学毕业后，父母托人找关系为他安排了工作。他不但没有感谢父母，还总是埋怨父母没本事，没有给他安排更好的工作。男孩开始谈恋爱时，更是天天埋怨父母没钱给自己买更大的房子等，有时还放肆地对父母恶语相向。

这种事情发生得多了，父母也开始琢磨：自己对儿子这么好，要什么给什么，现在不但落了一身的埋怨，连基本的尊重都没有了。

这对父母是应该琢磨，但琢磨得太晚了！

是啊，父母这么爱孩子，最后却换不回孩子的心，问题到底出在哪里？

其实是源于父母对孩子的溺爱，因为"爱之不以道，适所以害之也"（《资治通鉴》），如果父母一味地溺爱和娇惯孩子，满足他的任性要求，他就会变得精神堕落、意志薄弱、自私自利……而且他还可能认为父母对他的有求必应是一种软弱，由此也会对父母有歧视、嘲笑甚至是厌恶情绪。

可见，对孩子的爱不应该是盲目的，孩子真正需要的是父母对他的理性之爱，而他也会认为这样的父母是坚强的、果断的、自重的……当然，他也会从内心深处尊重父母。

当父母果断地对孩子说"不"的时候，孩子虽然一脸不满，但是对父母的敬畏开始萌生。同样，孩子要什么父母就给什么，孩子就会认为父母应该"伺候自己"，如此一来，孩子对父母还会有什么尊重可言。

生活在溺爱环境中的孩子，看似要什么有什么，但是不会快乐，也不会幸福。因为一个人感到幸福的前提是感恩和满足。孩子无休止地索取，逐渐就会习惯别人的给予，也慢慢地认为这是他们应该做的。有了这种思想，孩子一旦获取不到，就会怨天尤地，埋怨别人对自己不够好。这样的孩子因为贪婪而不懂得满足，因为不曾付出而不懂得感恩，他会快乐吗？谁会愿意和这样的孩子共事、共同生活？相信连父母自己都不愿意。

父母千万不要用这种盲目的爱做害人害己的事情，要用理智的爱做利人利己的事情。

对孩子的要求，不能有求必应

应该让孩子从小就明白：必要的需求可以表达，不必要的需求即使表达出来也不会得到回应。如果父母能把握好，将来还会被孩子的无情伤害吗？

当然，孩子在逐渐长大的过程中，不会只有食物是必要需求，衣服、学习用品、生活用品、零用钱都会成为必需品，父母何时该拒绝，何时该答应，何时该延迟满足呢？只要是孩子缺乏、必须更新的物品，是合理的需求，父母就不要吝啬。如果是孩子特别想要的非必需品，父母可以酌情（看孩子是否经常有类似需求）延迟满足，比如，利用生日、儿童节、春节等节日满足孩子，但这种次数一定不能多。如果孩子常常为了满足自己多余的欲望或出于攀比的心理而向父母提出要求，父母一定要拒绝。但是，要把道理给孩子讲清楚，以免孩子因不理解而心生怨恨。

当孩子无理任性时，父母绝不"顺从"

有这样一个对孩子严加管教的场景：一天，6岁的女儿随意把东西丢在地上，妈妈走过去严肃地说："捡起来"。女儿没有听从，妈妈站在那里继续严肃地说："捡起来。"女儿依然没有听从之意，还任性倔强地看着妈妈。

妈妈毫不客气地把女儿关进"小黑屋"，直到她认错。后来，女儿认错了，妈妈把她从"小黑屋"放出来，并把她带到刚才的地方，又说了一句："捡起来。"这时，女儿乖乖地把东西捡了起来。

对于孩子的任性、无理取闹，父母应该坚持原则，不要一边抱怨孩子不好，一边又帮他收拾烂摊子。这其实还是在溺爱他。有人说，溺爱是世界上最毒的毒药，这是有一定道理的。所以，教育孩子有礼貌，讲规矩，听从父母的正确教导，都是需要坚持原则的。

自古以来，中国人教育孩子就是这么做的。遗憾的是，今天很多父母面对孩子的任性、霸道，为了省事都"从"了孩子。其实，孩子是在用自己的情绪要求父母，要求父母"顺从"。而父母这一"从"，就"从"出了一身坏毛病的孩子，还把尊严"从"了进去。

面对孩子无理的霸道任性，父母绝不能"顺从"。只要父母"不服从"孩子，孩子就一定会"服从"父母，因为正义是父母坚定的后盾。

掌握理智爱孩子的原则与智慧

苏联著名作家高尔基曾说："爱孩子，这是老母鸡都会做的事，而真正教育他们则是一件大事。"爱孩子看似很简单，但没有教育原则与智慧的爱，就是偏离正确轨道的爱。法国思想家卢梭也说："你知道运用什么方法一定可以使你的孩子成为不幸的人吗？这个方法就是对他百依百顺。"要爱孩子，但是不要爱错，要爱对，爱错了就会害了孩子。

过度宠爱，就是溺爱。很多人的初衷不是害孩子，但结果是以爱的名义伤害了孩子。溺爱就是以爱的名义给孩子挖的一个陷阱。古语讲，惯子如杀子，最终还要父母自食其果，这实在是非常令人遗憾的一件事。

爱孩子，就要让他成为孩子，而不是老子。我们真的爱孩子吗？孩子的位置不能错。爱孩子就要让孩子成为孩子，爱孩子就不能让孩子当老子。家庭中每个人都不要越位，妈妈做好妈妈的角色，爸爸做好爸爸的角色，孩子做好孩子的角色。

怎样爱？"父母之爱子，则为之计深远"（出自《战国策》中的名篇《触龙说赵太后》）。如果真的爱孩子，就要为孩子做长远打算，不要急功近利。不能只看表面，要深入扎实地去学。要慎思、明辨、笃行。爱孩子需要有一个度，需要很好地拿捏。

教育启示

溺爱是世界上最毒的毒药，这种毒药贴着爱的标签，却实实在在地伤害着孩子。要知道，不是满足了孩子就是爱，也不是拒绝了孩子就是不爱。真正理智的爱是帮助孩子提升感恩心的爱，是让孩子知道满足的爱；爱孩子，就要关心他的成长、培养他的独立性，还要跟他一起成长，跟上他成长的脚步；如果真爱孩子，第一筷子菜不要夹给他，要夹给长辈……

16

物质奖励

——慎用，否则孩子就变得功利，
只会为物质奖励而做事

随着社会的发展和生活水平的提高，物质奖励逐渐走进了越来越多的家庭。父母普遍认为，给孩子一些物质上的奖励，既不会花费多少钱，又会调动孩子的积极性，何乐而不为？有的父母认为，只要能让孩子好好学习，多花点钱给孩子一些物质奖励也是值得的。事实果真如此吗？

有个小女孩刚上幼儿园，每当能够按照妈妈的要求做事时，妈妈就会给她一点物质奖励。比如：当她有礼貌地主动向他人问好时，妈妈就会奖励她一个小玩具或者一本书。此时，小女孩就会非常开心，而且下次做得更好。

有个男孩的妈妈也认为对孩子的物质奖励是不可缺少的。当儿子在幼儿园表演节目很棒时，妈妈就会奖励他一个喜欢的小玩具——托马斯小火车。妈妈感觉到这些物质奖励可以迅速、直接地激励孩子做得更好。但是，有一次妈妈叫儿子刷牙，儿子说："妈妈，我刷牙你就奖励我玩具，好吗？"母亲一愣，说："不行，因为刷牙是为了保护牙齿，不让牙齿变坏。"

有个上小学三年级的女孩，非常希望有一台属于自己的电脑，于是和爸爸约定，只要期末考试能得 95 分以上，爸爸就给她买台电脑。后来，她得了98分，爸爸也给她买了5 000多元的电脑。爸爸认为，物质奖励的确会成为孩子的学习动力。而女孩也盘算着，如果下次考好了，该问爸爸要件什么东西呢？

这三个孩子的父母都不约而同地认为：物质奖励可以激发孩子做事的积极性，而且事实确实如此。但是，那个幼儿园小女孩的妈妈有没有想过：有礼貌是孩子应该具备的良好品质，需要外界刺激吗？那个男孩作为小演员，在展现自己才能的同时又为班级争光，这不是一个班级成员该尽的义务吗？而努力学习就是一个学生的本分，需要用电脑换取自己的分内之事吗？如果父母认为现在的孩子哪里知道什么义务和本分，那只能怪父母没有把这一基本的人生观传递给孩子。

有一个有趣的故事，可能会对父母有所启发：

一位老人在一个小乡村休养，附近住着一些十分顽皮的孩子，他们天天互相追逐打闹，喧哗吵闹声使老人无法好好休息。在屡禁不止的情况下，老人想出了一个办法：他把孩子们叫到一起，告诉他们谁叫得声音最大就能得到10美分，次之是8美分、5美分、3美分不等。而老人每次都根据孩子们吵闹的情况给不同的美分。

到孩子们已经习惯于获取美分的时候，老人开始逐渐减少给的数目，最后无论孩子们怎么吵，老人一美分也不给。结果，孩子们认为"不给钱了，谁还给你叫"，就再也不到老人附近大声吵闹了。

在这个故事中，老人将孩子们的内部动机"为自己快乐而玩"变成了外部动机"为得到美分而玩"，而他操纵着美分这个外部因素，于是就操纵了孩子们的行为。老人的做法与著名的德西效应相吻合。

美国心理学家爱德华·德西进行过一次著名的实验：

他随机抽调一些学生单独解一些有趣的智力难题。在实验的第一阶段，无论学生做得如何都没有奖励；在实验的第二阶段，他把学生分成两组，一组学生每完成一个难题就得到一美元的奖励，而另外一组学生仍像原来那样解题，并不获得任何奖励；在实验的第三阶段，他给所有学生一些自由休息时间，在这个时间内研究人员观察学生是否仍在做题，以此作为判断学生对解题兴趣的指标。结果发现，无奖励组的学生比奖励组的学生花更多的休息时间去解题。这说明：奖励组对解题的兴趣衰减很快，而无奖励组在进入第三阶段后,仍对解题保持了较大的兴趣。

这个结果表明,当一个人进行一项愉快的活动时,给他提供奖励反而会减少这项活动对他的内在吸引力,这就是德西效应。在德西看来,中止奖金供应,学生显然不会再积极努力。因为一旦停止奖励计划,学生会比实施计划之前更没有学习动力。

而父母利用物质奖励的做法就是德西效应在生活中的表现。久而久之,这种不当的奖励机制不仅不会提高孩子做事的积极性,还会使其兴趣一点点减弱。而且,孩子不再会为了提升自己的能力而做事,反而会为了获得物质奖励而做事。

因此,父母不要只看孩子眼前积极性的提高。作为教育者,父母一定要把眼光放长远一些,不是看3天,不是看10年,而是要看30年。毕竟孩子的成长是长久的。父母要想到30年以后孩子将是什么样,才会真正提高教育的敏感度。

为了避免孩子把分内的事情作为交易向父母提条件,父母一定要慎用物质奖励。那么,父母在生活中应该如何去做呢?

不给孩子做物质奖励的许诺

当父母明白物质奖励的弊端后,就要避免对孩子说:"如果你能做到……我就给你买……"良好习惯的形成是在父母以身作则的基础上,通过孩子不断自我约束达到的。之后,孩子都能感受到良好习惯所带来的益处。孩子感受到这些益处,就是最好的自我奖励。好好学习是他应该做到的,何况知识量的扩大和学习能力的提升本身就足够让他感受到快乐。

一般情况下,没有父母的提醒,孩子是不会把自己要做的事情与物质奖励联系在一起的。当然,孩子的同学和朋友也许会不断地接受其父母的物质奖励,当孩子主动提出物质奖励的时候,父母首先要问:"你为什么会有这个想法?"如果孩子坦白告诉父母原因,父母就要让孩子明白以下几点:第一,如果生活上和学习上有什么物质需求,父母一定会视情况满足他,这与他是否做到了分内的事情没有任何关联;第二,学习好是学生的本分,学习能力的提升、老师父母的肯定、同学的赞许就是做到本分后的自然回报,没有条件可言;第三,不要羡慕其他同学获得的物质奖励,父母不同,教育方法也不同，感受成长的快乐才最重要。

重视精神奖励，及时给予孩子这种奖励

除了物质需求，孩子还有多方面的精神需求，如被人尊重、被人爱、被人理解、被社会认可等。因此，父母在选择激励方式的时候，不妨多给孩子一些精神方面的奖励。

孩子蹒跚学步的时候，大部分父母绝不会对孩子说："孩子，如果你现在能跑起来，我就给你 100 元钱。"这个时候，相信父母都会无条件地为孩子加油。当孩子做到时，父母会毫不吝啬地说："嗯，你真棒！"孩子一定能感受到父母的鼓励。

对孩子的鼓励可以从物质奖励转化成精神奖励。精神激励的方法有语言和行为两种。除了对孩子及时、有针对性地说"不错，做得很好"，还可以给孩子一个满意的微笑、一个赏识的眼神、一个亲切的拥抱、一次有力的握手，或者拍拍孩子的肩、摸摸孩子的头。此时，孩子感受到的奖励一定不比物质奖励弱，甚至更强烈。

父母要引导孩子树立崇高的理想：做有修养、有能力、勤奋好学、令人尊敬的人。这样，孩子更会积极向上地生活和学习，这比为得到一两件物品而劳作要有意义得多。

把物质奖励和礼尚往来区分开

我们不提倡物质奖励，并不是完全杜绝家庭成员间的礼尚往来。礼尚往来对一个孩子的成长是非常重要的。因为礼物本身无论贵贱都是对一个人的祝福，人人都需要祝福，也会在祝福中感受幸福、感受恩德。因此，当孩子过生日、逢年过节将要远行、走入另一个人生阶段时，父母一定要送上自己的一份祝福。而父母表达祝福的重要媒介就是礼物，礼物不在贵贱，重在一份心意。

一个孩子从小在礼尚往来的家庭中长大，就一定会把这个重要的礼节应用在自己的生活中。此时，周围的人也会因为孩子的祝福而感受到幸福。

教育启示

物质奖励虽然能够暂时提升孩子做事的积极性，但从长远来看弊大于利。一旦使用不当，孩子就会把自己的任何行为与"功利"挂钩，表现为对父母提条件、做交易。因此，父母要慎用物质奖励，同时学会使用精神奖励，进而把礼尚往来适当地应用于家庭中。这样，孩子不但没有被物质奖励的弊病污染，也会从礼尚往来中学会感恩父母、祝福他人。

17

干涉过多

——不修剪会长歪，
修剪过度会限制发展

古语云："不在其位，不谋其政。"意思是说，不在某个职位，就不要去插手那个职位的政务，而过度干涉往往会遭到对方的反感。

在家庭教育中，父母的"政事"就是做好父母该做的事情，如果原本孩子该做的事情被父母包揽，或者父母过多地干涉，孩子会反感。所以，很多父母勤勤恳恳地为孩子"劳作"，从来没有休息过，最后的回报却是儿女一句"你少管我的事！"

某女孩刚刚大学毕业，准备考一个职业资格证。备考的过程中，妈妈问了一句："孩子，你什么时候考试啊？"没想到女孩没好气地说："你少管！"妈妈被顶了个莫名其妙，也生气地说："我少管？我是关心你，关心还成错了！"

很多父母都遭遇到同样的"待遇"，是父母该"下岗"了，还是儿女太无情？女孩为什么要对妈妈这样讲话？原来，平时妈妈对她的大事小情都要过问，不但问得详细，而且总加上自己的评价。有时，自己和同学闹了矛盾，妈妈居然背着女儿给同学打电话，搞得女儿和同学的关系越加紧张。类似的事非常多。女孩后来总结出一个经验：以后自己的所有事都不让妈妈知道。

这位妈妈明显是干涉过多，而她干涉孩子的根本原因是对女儿不放心，总是不相信女儿能够独立完成，总觉得只有自己伸手相助，事情才能办圆满。显然，她不知道教育的最终目的是什么。是"不教"，也就是说父母对子女目前的"教"是为了以后的"不教"。

父母干涉过度的弊端不会在孩子小的时候体现出来，随着孩子年龄的增大，才显出父母某些行为的多余。与其说呈现这种局面的原因是父母不懂得及时放手，不如说父母根本就没有教会孩子如何去做，所以才不敢放手。

一位部门主管个人能力特别强。就职之后不但尽职尽责地做自己的工作，对于下属的很多工作都涉足很多。在勤勤恳恳工作的过程中，他逐渐发现这个部门越来越离不开他。有时他外出一两天，不是电话不断，就是回来后麻烦事一堆。他也总是埋怨下属没有能力。几年下来，自己累了一身病，下属进步异常慢。最后，这位主管在一次连续加班中突然晕厥，再也没有醒来。

这个事例应该对父母有所启示：如果把部门比作家庭，主管比作父母，下属不就是孩子吗？主管最大的职责是发挥管理能力，扶持下属，让每个下属成为能独当一面的员工，而不是对下属的工作事务干涉过度，限制下属的自我成长，最后一个人替代所有人工作，出现"自己累死、别人闲死"的局面。

那些在父母过度干涉下成长的孩子，往往缺少自信心，心理压力大，做事缩手缩脚，苛求完美；同时，孩子与同伴很难建立起友好信任的关系，导致个人体验丰富，敢于幻想，但总是逃避现实，最后成为"思想上的巨人，行动上的矮子"。

因此，父母不要因自己的干涉限制孩子的成长。为了孩子长大后真正成为能够自力更生、自强不息的人，请父母这样去做。

与其着急干涉，不如耐心等待

一位妈妈非常勤快。一天，妈妈对儿子说："去把你的内裤洗干净。"儿子说："我不会。"妈妈说："怎么不会？你都上初中了，洗个内裤都不会啊？用肥皂洗。"于是，儿子慢慢地开始洗。妈妈看到儿子慢慢吞吞的样子，勃然大怒："有这么洗内裤的吗？去去去，你能干什么？让开让开。"一边说一边把内裤从儿子手中抢过来……

直到儿子结婚前,这位妈妈还担负着给儿子洗内裤的职责。

从这个事例中可以看出,儿子一点小事还没有做完,妈妈就急于插手。久而久之,儿子也不愿意主动做事,妈妈也只能"干涉到底"。如果当时能耐心地等待孩子把内裤洗完,做得好不好都说上几句鼓励的话,再把正确的方法教给孩子,妈妈以后就彻底不用干涉这项事情了。

教育是"三分教,七分等"。孩子的成长就像焖米饭一样,只要把适当的米和水放好,火候到位,剩下的就是等待。如果总担心米饭会不熟,时不时揭开盖子看看,米饭就会夹生。所以,孩子很多时候可以自己调整和成长,父母动不动就指教和干涉,就像时不时看看正在焖的米饭一样,孩子长大后也是"夹生"的。

当然,父母耐心等待的前提是要把"米、水、火候"都放好和掌握好,这个步骤放在家庭教育中,就是先教会孩子如何去做,剩下的就是让孩子自己锻炼和摸索。父母要想不再干涉孩子的事情,就要培养孩子的各种能力,不去埋怨孩子的过失,孩子会自己在摸爬滚打中长大。

把隐私权还给孩子

很多父母不太认同孩子有所谓的隐私权。对父母而言,孩子由父母所生,由父母带大,身上有几颗痣一清二楚,哪里还有什么隐私是不能让父母知道的?但事实是,随着不断成长,孩子真的会有些事情不想让父母知道。所以,只要是不违背伦理道德原则、不触犯法律、不影响身心健康的事,如果孩子想保密,那就随他。

有个上小学四年级的男孩一直怀疑妈妈偷看自己的日记,但是没有证据。一天,男孩写了一篇日记:"妈妈,今天早上我看到您有白头发了,您这是为我累的啊!妈妈,您一定要爱护自己!为了表达我对您的爱,我把您的白头发珍藏在这个日记本里。"

当天,妈妈又去偷看儿子的日记,非常感动。看到最后一句"我把您的白头发珍藏在这个日记本里",她找了半天没看到白头发,以为是自己弄丢了,就从头上拔了一根白头发,夹在儿子的日记本里,但又不确定夹的地方对不对,一直惴惴不安。

晚上，儿子打开日记本，看到了白头发，就对妈妈说："妈，您又偷看我的日记了！"妈妈说："我没看，那根白头发不是好好地夹在里面吗！"儿子笑了："您的'狐狸尾巴'露出来了吧？您怎么知道白头发？再说，我根本就没搁白头发，那根白头发是您搁的吧！"

看似有趣的家庭事件反映出当今父母越来越不懂得尊重孩子，干涉面越来越大。和这位妈妈相似的父母不在少数，都打着"关心孩子、了解孩子内心变化"的旗号侵犯着孩子的隐私权。发现父母偷看自己日记的时候，有几个孩子能像这个孩子那样可爱？父母的这种干涉不但可能会使孩子恼羞成怒，甚至会破坏亲子关系。

父母真想了解孩子的内心世界，不是靠侵犯孩子的隐私就能做到的。而是要多关心孩子，在获得孩子的信任后多与孩子沟通，从中了解孩子的内心、了解孩子的动向。这样彼此尊重、彼此了解、互不过多干涉的关系才是良好的亲子关系。

不要过度地监管孩子

孩子的成长是需要空间的，父母对孩子不能监管过度。即使对孩子进行引导和提醒，也要有一定的限度。如果父母时时刻刻都看到孩子的不足，喋喋不休地提醒和指导，孩子必然会感到厌烦，认为自己生活在"挑剔专家"的眼皮底下。这样过度的精神干涉，孩子肯定受不了。

一位母亲看到孩子一边听音乐一边写作业，就提醒孩子这样会分心，但孩子没有理会。此时，母亲想：如果我强行关掉音乐，孩子不仅会分心，而且会因为生气而无心学习。想到这里，母亲就没有再干涉，独自去做自己的事情了。过了一会儿，孩子出来倒了杯水，进屋后顺手把音乐关掉了。

有时，父母提醒到了就可以了，孩子会不会去做、什么时候去做，自己会调整。父母过多地干涉会让孩子生起逆反之心。如此一来，孩子就执拗在这件事情上，反而会阻碍孩子对其他事情的关注。因此，父母要学会放下一只手、闭上一只眼。只有这样，孩子才会睁大眼睛、手舞足蹈地走向自己的生活。

教育启示

父母对孩子进行监管是天经地义的事情，不然，孩子如何知道是非对错、如何懂得成长法则？但是，父母在监管过程中过度干涉，只会限制孩子的成长。因此，父母要把握好监管的度，在尊重孩子人格、隐私权的情况下，适当地进行监管，孩子会自由、健康地成长。

18

过度保护

——接受温室教育的孩子
无法经受室外的风雨

在孩子年幼时，父母需要为他提供一个相对安全的环境，使孩子的身心免受外来伤害。但是，随着孩子的成长，父母的保护也要做出相应的调整。如果对孩子保护过度，就会对其能力的发展造成限制。

因为身心尚未成熟，能力十分有限，孩子在生活中遭遇困难和挫折是难免的。适当的挫折和磨难不但不会让孩子受到伤害，反而能够锻炼他的独立意识和心理承受能力。但有些父母对孩子保护过度，总喜欢为孩子扫除生活中一切可预见的障碍，生怕他吃一点苦、受一点委屈。

其实，孩子就像小草，父母好比大树。父母希望为孩子遮挡人生中的风雨，让他在自己的保护下茁壮成长。但殊不知，父母这棵树的枝丫伸得太长了，不但为小草遮挡风雨，也遮挡了小草成长所必需的阳光。

现实生活中，父母对孩子的保护和伤害往往只有非常细微的界限。在父母的庇护下孩子失去了独立行事的机会，但孩子的独立与创新能力恰恰来自大量的实践。因此，孩子失去了做事的机会，独立与创新能力也会逐渐萎缩、退化。就这样，本来旨在保护孩子的父母无形中却伤害了孩子。所以，保护和伤害从字面意思来看相差巨大，但落实到生活中，其细微的差别只能由孩子亲自度量。

我们常见到这样的情景：孩子初学走路摔倒时，父母会迫不及待地跑过去把孩子抱起来，哄孩子说："宝宝乖，不疼的，不哭哦。"其实，孩子在第一次摔倒后并不会马上感觉到疼，更不会马上哭起来，只有当父母提示他"不疼、不哭"的时候，他才从父母的态度中觉得摔倒是件很严重的事情，才会大声哭起来。

不但幼儿如此，孩子长大后也会受父母态度的影响，并常常以父母对事情的态度作为衡量事情严重性的标准。

有个女孩，每当感冒时妈妈就特别紧张，拿来体温计量体温，然后问"嗓子疼不疼？头晕吗？"并带她去医院输液，还嘱咐她不能出去玩耍，要躺在床上休息。

受妈妈的影响，这个女孩经常说自己体质弱，而且稍有不适就请假不去上学，在家躺着不起床。久而久之，女孩的体质真的越来越差，感冒发烧竟成了常事。

其实，每个人都有免疫力，一生病就输液等于剥夺了孩子身体自愈的能力。再者，父母若经常说孩子身体不好，孩子也会认为自己的身体真的不好，从而形成消极的心态，逐渐影响到身体健康。

所以，父母对孩子保护过度，无形中是在向孩子暗示他的某些能力很差，不足以承受压力和挫折。在父母这种消极的暗示中，孩子很难成长为一个坚强、独立的人。

也许父母会说，现在处处保护他，是因为他还没有长大，等他长大就可以放手了。这种想法不但不现实，而且极其不负责任。如果在孩子成长时父母没有教会他如何面对问题、解决困难，更没有给孩子直面挫折的机会，他在长大后何以就能突然拥有面对困难的勇气和解决问题的能力？

放眼当今社会，从幼儿园到小学、中学、大学，孩子早已对父母的照顾习以为常。甚至连升学、择校、就业等问题也需要父母为其操劳。长大后又要为他操办婚事、购买房屋，进而为其抚养子女。在父母强大的保护伞下，孩子想早点成熟起来却没有太多的锻炼机会。

有的父母可能认为，我们有这个能力，为什么不帮孩子？但父母有能力不等于孩子有能力，给孩子过于舒适的生活，等把孩子的手、脑束缚了起来，他会因此懒于奋斗，更谈不上吃苦。最终，孩子这也不会，那也不愿意做，但他在生活中总会遇到父母解决不了的问题。当父母无力再给予他帮助的时候，孩子可能就会因为一次失败再也爬不起来。

同为父母，鹰妈妈的教子方法也许可以给我们一些启示。

据说，老鹰总是把巢筑在悬崖上，它教小鹰扇动翅膀飞，但是小鹰最初是不敢飞远的。为了能让小鹰飞得更远，它会把小鹰从悬崖上推下去，为了生存小鹰只能使劲挥舞翅膀，便学会了飞翔。同样，狐狸妈妈也会故意遗弃小狐狸，让它早早学会在大自然中生存。

也许"爱"在每个人心里都是个温暖的字眼，所以父母才会对孩子关爱有加。但爱的方式有很多种，一切对孩子的成长及其未来的人生有益的方式都是父母对他的爱。

孩子年幼时心灵和肩膀都比较稚嫩，但也正因为如此，他才需要历练，而不应被父母用爱"囚禁"于温室中。可是，父母对孩子的保护哪些是应该的？哪些是不当的？如何才能让孩子得到锻炼？

保护孩子的心灵，而非情绪

一个6岁的小女孩和妈妈及保姆一起上街，中途保姆去了趟洗手间，女孩跟丢了，吓得大哭起来。妈妈回头找到孩子，这时保姆也回来了。看着保姆紧张的神情，妈妈说："宝贝儿别哭了，阿姨找不到你都着急了，你去亲亲阿姨，告诉她不要怕，你已经回来了。"这个女孩止住哭泣，亲了亲保姆，说："阿姨别怕，我回来了。"

更多的父母遇到类似的事情只会去哄孩子、责怪保姆。这位妈妈却非常清楚，如果此时责怪保姆，孩子今后再遇到困难就会去埋怨他人。所以，她不但没有责怪保姆，反而让孩子去安慰保姆，让孩子学会了克制自己的情绪和宽容他人。

孩子的心灵远比他的心情重要得多，有时即使孩子已经哭了，父母也不要一时心软而做出妥协，而是应该坚持原则，不要以违背原则为代价去哄孩子。

教孩子学会自我保护

父母不可能时时刻刻都在孩子身边，因此也就不能时刻保护孩子，无法保证他每时每刻都安全。孩子最好的保镖是自己，而不是父母。父母能做的只是教给孩子一些自我保护的方式，提高他的自我保护能力。

孩子与人打架时，父母要问清孩子打架的原因，教给他如何处理人际关系，避免发生冲突；孩子遭遇失败时，父母要教给他以平常心面对失败，不要气馁，同时要告诉他一些可能遭遇的危险境况以及应对方式。

孩子的自我保护能力提升后，父母就可以相对放心许多。

适当放手，让孩子自然成长

随着孩子年龄的增长，父母一定要适当地放手让他做一些分内的事，让他学会处理与老师、同学之间的关系，试着解决生活和学习中遇到的各种困难。也许孩子最初做得并不好，但只要父母耐心指导、鼓励和等待，孩子处理事情就会越来越熟练，父母的急躁与对他的"保护"只会害了他。

有的父母总是过分担心孩子，天气稍微变冷就给他多加衣服，太阳光线强就不让孩子出去晒太阳，下一点小雨就开车去接送孩子……孩子在父母的过度呵护下很难有自己的抵抗力，更无法学会自己照顾自己。

其实，每个孩子都有无穷的潜力。父母偶尔会发现，即使某些事情自己没有想到，孩子也能处理得很好。所以，父母应该放心地让孩子自然成长。

让孩子尝试一些小的失败

有个孩子看到生饺子很想吃，父母告诉他，生饺子不能吃。孩子不听，还是吃了一口，随即吐了出来，从此再也不吃生饺子了。

很多时候，父母即使百般叮嘱，孩子也不一定听得进去，小小的失败却可以让他记住教训。所以，在孩子不受伤害的情况下，不妨让他大胆尝试，即使遭遇了失败，对孩子来说也是一次宝贵的经验。

让孩子偶尔经历失败还可以锻炼他的心理承受能力，当他长大后不至于被困难吓倒，也不会因一次失败而一蹶不振。

教育启示

父母对孩子过度保护并不是真正在爱孩子，而是因为怕孩子受到伤害而采取过分的限制和保护措施，这样会影响孩子身心的健康发育，还会压制孩子的求知欲和学习积极性。孩子没有失败的机会，就不知道如何去避免失败，今后失败的可能性就更大。因此，父母一定要学会敢于放手，不要时时处处保护他，要让孩子自己去成长。

第三章
PART3

孩子的学习，可能被你引入误区

  天下的所有父母都希望孩子能学习好，通过学习而出人头地，过上悠然自得的成功生活。于是，学习就成了孩子的全部。父母不惜重金对孩子进行早期教育，让奥数、珠心算、才艺等走进孩子的生活；让家庭教师走进自己的家庭；希望提升孩子的分数，盲信"多元智能"；希望培养出一代神童……还有，父母盲从所谓的"教育趋势"，帮孩子择校，让孩子出国留学，追逐所谓的"热门专业"；有的父母还为教育的"潜规则"贡献力量……殊不知，这一切都表明父母正在把孩子引入学习的误区。

19

早期教育

——到底多早算早期？
教育到底该怎么做？

时代在发展，父母的教育观念也开始进化。为了能让孩子接受良好的启蒙教育，父母开始重视所谓的"早期教育"，以至于各式各样的早教机构如雨后春笋般兴起。于是，幼小的孩子们开始在众多的早教机构奔走。对此，父母下了血本。

一位私营企业的老板为了让 4 岁的儿子接受较好的早期教育，不惜以每年 5 万元的代价将儿子送进一所著名幼儿园。当被周围的朋友质疑这样的代价是否有必要时，这位老板以不容置疑的口气说："我一定要让儿子从小就接受全面的素质教育。"别人问他："全面的素质教育到底指的是什么？"这位老板回答："应该是琴棋书画吧！"

相信有类似观点的父母不在少数，否则，当今的儿童兴趣班也不会那样火爆。

而这样的早期教育对孩子有什么好处吗？

几年前，韩国刮起早期教育之风，很多早教机构给周岁的婴幼儿提供英语、算术、瑜伽、哲学等学习内容，更有甚者，给不到 3 周岁的孩子提供写作课程，目的是提早训练孩子的思考能力。但是，这股早期教育热潮没几年就出现了明显的副作用——不少婴幼儿得了自闭症。

韩国首尔感性认知研究所精神科医生孙升恩表示,"韩国婴幼儿的精神病患者已占精神病患总数的30%～40%。这些婴儿患病的主要原因是受到家长强迫性早期教育的压力,其症状为情绪不安、注意力障碍、认知发达不均衡等。"

如果说这是韩国的国情,实际上中国已经"不甘示弱"了。调查显示,中国3～6岁的孩子中,70%以上参加过各种培训班。中国有80%以上的家庭,在孩子6岁之前不同程度地对孩子进行以识字、算术、背唐诗、练钢琴、学画画等为主的早期教育。中国以"批量生产神童"的架势赶超韩国。然而,韩国早期教育的副作用是不是也值得中国父母深思?

早期教育的弊端还远不止这些。有调查表明,孩子在经受过特殊早期教育以后会变得没有爱心,不再懂得去包容别人。因为父母会有意无意地把一些成年人的竞争观念强加于孩子,久而久之,互相竞争、互相争宠的观念就在孩子心中生根发芽,造成孩子爱心减弱、心胸狭隘。这样,孩子在品质方面已经不够全面了,还何谈素质教育的全面发展?

早期教育到底是什么样的教育?如何对孩子进行早期教育?

如果一定要下一个定义的话,早期教育应该是,针对0～6岁婴幼儿及其父母、婴幼儿与父母或养育者之间开展的有助于身体、情感、智力、人格、精神等多方面协调发展与健康成长的互动式活动。也就是说,早期教育的主要对象不仅包括婴幼儿,还包括父母;而主要内容绝对不是父母所认为的孩子对专业知识或专门技能的学习,而是更注重孩子情感、精神、性格、人格、品质等方面的发展。而早期教育的主要形式也不是由父母或者老师单纯对孩子进行刺激或灌输,而是通过父母与孩子的互动进一步影响孩子的身心发展。

既然如此,父母不用急于让孩子过早接触所谓的知识与技能,而应该在孩子幼儿时期为其素质的全面发展打好基础。

那么,父母应该如何去做呢?

注重对孩子品德和习惯的培养

被称为"中国式管理之父"的曾仕强教授在其代表作《家庭教育》中讲到:"一个孩子数学不好没关系,英文不好也没有关系,因为世界上太多的工作不需要数学或英文，但是所有的工作都需要你品德良好。"这说明良好的品德是一个孩子发展的基础，父母对孩子早期教育的重点就要放在德行教育上。

其实，婴幼儿比成年人更有爱心、平等心和真诚心，就是说孩子比成年人更有高尚的品德和单纯的心灵，父母不要用自己的缺点去污染孩子。如何才能不污染？这要靠父母高度的自我约束力和反省能力。

再说明白一些，如果父母能够每天在与人交往、做事的过程中意识到自己的品质缺陷，并且把人生的重点放在努力改过上，对孩子的污染就会少一点，而正面的德行就会多一些。父母愿意这样去做，才是真正领会了早期教育的真谛。

同时，孩子生活习惯、学习习惯、卫生习惯的养成都要靠父母的身教。俗话说："少成若天性，习惯成自然。"孩子7岁之前甚至更早的时间内，父母如果没有帮孩子养成较好的行为习惯，以后再培养就难上加难了。

那么，培养方式是什么？依然是以身作则。比如，父母的生活作息很有规律，休闲方式以看书为主，而且家庭干净整洁。这样，孩子也不会晚睡晚起，或者赖在电视机前不走，或者把东西乱扔乱丢（孩子处于敏感期时除外）。即使有苗头，父母也会很敏锐地察觉并及时纠正。如果父母没有这方面的好习惯，自然没有洞察力，就谈不上培养孩子了。

因此，与其说早期教育的对象是婴幼儿，不如说是父母。父母如何"表演"，孩子就将如何学。要想抓住早期教育的时机培养有高尚品德和良好行为习惯的孩子，父母首先要把前面说的这些都"表演"给孩子看，这样孩子才能在潜移默化中受益、成长。

早期教育要随时随地进行

如果说早期教育的内容是对孩子的运动、语言、认知、思维、情感、与人交往、分析问题、解决问题、动手操作、逻辑思维等方面进行培养，那么培养的形式可谓多种多样，培养的时间也是随时随地。也就是说，早期教育是随时随地进行的。

某女士有个2岁的女儿，她很重视和女儿的互动，随时随地对她进行教育。比如，她和女儿玩积木时，常常会说这样的话："这个三角形的积木是红色的，这个呢？它是长方形，是白色的。""这个房子有几个窗户啊？有4个，

1，2，3，4，一共 4 个窗户，对不对？"此时，女儿可能会若无其事地回应，也可能没什么反应。但是时间一长，孩子通过玩积木学会了识别形状、颜色和数数，而且词汇量大大增加，从中还学会了如何提问。

带女儿散步时，如果看到女儿盯着一个牌子看，她就会指着牌子上的字读给孩子听，并解释意思。遇到上楼下楼时，她都会刻意数数来给孩子"贯耳音"。慢慢地，她的女儿 3 岁时就能读出小区每个警示牌上的字，并且能轻松地数 100 以内的数字。

这位女士并没有刻意让孩子安静下来数数、认字或认颜色，对于一个两三岁的婴幼儿来说，刻意让其学习是一件很困难的事情。而这种自然的、随时随地的、看似无意识甚至是游戏式的教育是孩子最能够接受的，也是最有效的教育。

著名教育家陈鹤琴先生曾说："孩子以游戏为生命，在游戏中学习，在游戏中工作，在游戏中身心获得充分健康的发展。"因此，父母要珍惜和孩子每次接触的机会，哪怕跟他一起做做游戏也很好，因为其中蕴含着太多的教育内容。只要父母好好利用，就一定比让孩子去上他不感兴趣的兴趣班更有意义。

让读诵经典成为开发孩子智能的好方法

每位父母都很重视对孩子早期智能的开发，这也是当今父母重视早期教育的原因。智能开发的本质就是让孩子更聪明、记忆力更好、专注度更持久等。而中国传统的教育方式——读诵经典，就是最好的智能开发方式。

为什么这么说？读诵经典时，孩子只要耳朵听、嘴里放松跟着念就可以。这种直觉的学习方法能让大脑的压力得到缓解，身心达到安定和平衡，智力潜能得到开发。在一段时间内孩子反复读诵一篇文章，不但能提高他的识字率，而且会明显提升其专注度。孩子的专注度一旦增强，学习效率就会明显增强，学习能力也会明显提高。

另外，经典经过了几千年的流传，是人类自然科学和社会科学的伟大结晶。孩子读诵自然会对他起到陶冶性情、涵养气质、开发智能、培养人格的作用。

因此，父母应该在孩子 1 岁左右时就为其读诵经典做准备。这里的经典主要是指《弟子规》《三字经》《论语》《大学》《中庸》《孟子》《易经》《道德经》等。父母可以先让孩子听读诵录音，这个灌耳音的过程就是为读诵做前期准备，等到孩子耳朵很熟悉其内容时，再拿起书本来读就会容易很多。当孩子2岁左右可以看书的时候，就让他跟着父母或录音读。所以，父母最好能每天抽出15～30分钟和孩子一起读诵经典，长此以往，孩子的潜能一定会不断被激发出来。如此轻松的早期教育，何乐而不为？只要父母能坚持做，教育孩子将会变成一件超级简单的事情。

教育启示

对于孩子的教育而言，6岁以前的确是至关重要的时期。这个时期，父母对孩子的教育决定了孩子以后的脾气性格、道德品质和行为习惯。但是，这并不代表孩子要在这个时期学习很多知识和技能。父母应该把高尚的人格、良好的行为习惯示范给孩子，并抓住和孩子接触的每一次机会，自然而然地对孩子进行教育和引导。父母明白什么是真正的教育，才能为孩子的人生起步打好基础。

20

奥数、珠心算

——潜能开发有误解，
这是在透支孩子的潜能

奥数是奥林匹克数学竞赛的简称。国际数学奥林匹克竞赛作为一项国际性赛事，由国际数学教育专家命题，出题难度超出了所有国家的义务教育水平，对参赛者的要求较高。然而，通过这样高水平的比赛可以及早发现数学人才，进行培养使其能够成为数学领域的专门人才。

奥数进入中国，原本是想激发学生学习数学的兴趣，培养创新能力，发现优秀的数学特长生。但最近几年，很多学校把奥数竞赛成绩作为升学的一个条件。于是，父母纷纷把孩子送进奥数班，希望能在未来的升学中占有优势。有的父母希望孩子通过学习奥数达到开发智力潜能的目的；有的父母则是盲目跟风让孩子学习奥数。

是不是每个孩子都适合学奥数？奥数真的能开发孩子的潜能吗？现今市面上的奥数班是否能够起到激发孩子学习兴趣的目的？

早在 2002 年北京举行的国际数学家大会上，国内一些数学家就对低龄化奥数热现象提出了批评。王元、杨乐等数学家认为，奥数本是一项很好的培养学生学数学兴趣的课外活动，但奥数班只教给学生技巧性的东西，而这些技巧性的东西有时并不是青少年必须具备的，更不能提高数学能力，有时甚至会导致孩子钻牛角尖。高中阶段年龄稍大的同学,如果对数学有兴趣,进而阅读相关书籍并参加比赛,是自然的、正常的。但现在许多地方从小学、初中就开始办班,结果使相当一部分学生感到枯燥,甚至对数学失去兴趣。

中国青少年研究中心家庭教育首席专家孙云晓老师曾一针见血地指出:学习奥数的过程,就是一个反复证明自己是个傻瓜的过程,只有5%的数学天才爱好者才适合去学奥数。现在很多地方奥数已经成为一个选拔学生的工具,这就是一种摧残。一位数学专家也表达过类似的观点:"在同龄儿童的范围内,一般只有5%的智力超常儿童适合学奥数,而能一路过关斩将冲到国际数学奥林匹克顶峰的人更是凤毛麟角。"试问父母,您的孩子属于这5%的范围吗?而现实的情况却是,有60%的父母都希望自己的孩子能够学习奥数,这远远超出了适合的比例。

父母不能只看到升学这个近期目标,毕竟孩子的成长是一个长远的、发展的过程。对于那些不适合、不喜欢学习奥数的孩子而言,奥数不但不能对他们起到潜能开发的作用,反而会透支他们的潜能。即使孩子因为奥数成绩好进入了期待的中学,谁又能保证孩子会以所谓的"良好状态"持续发展?当孩子的潜能被透支得差不多时,父母面临的恐怕就是孩子的大幅退步了。

再来看一下近几年市面上异常火爆的珠心算。什么是珠心算?就是在孩子心里建立起一个算盘,把抽象的计算数字和算盘上的珠子联系起来,在心里用"拨算盘珠子"的方式把答案计算出来。孩子掌握了一定的计算技巧,会很快地把多个数字的多种运算结果准确地脱口而出。珠心算的倡导者纷纷向父母介绍其好处:通过培养孩子的心算能力,可以促进孩子的情商发展,既能提高孩子的自制力、注意力、记忆力,又能促进智力发展。

珠心算有没有弊端呢?

一位妈妈介绍说:孩子4岁左右对10以内的加法口算算得很好,但对于减法一直不理解。她4岁半开始学珠心算,大概是一个由指算到珠算再过渡到心算的过程。在学习的前两个月,老师提供给孩子很多有趣的手指游戏,孩子也很有兴趣,对减法很快开窍了。但是孩子6岁时,妈妈发现她完全忘记了应用简单的思维计算加法,就连算3+5也要用手指比画一下。妈妈让她停了珠心算课,孩子才逐渐恢复了常用的计算思维方式,不再惦记心里的那个算盘。

当然，这个孩子的情况并不能代表所有学习珠心算的孩子。

也有一些父母认为，在这个计算机时代，孩子根本不用具备那么强的计算能力，而且提高孩子注意力和记忆能力的方法有很多，并不一定要选择枯燥的珠心算。

有专家指出：学习珠心算对于锻炼手指和大脑会有一定的效果，而且算得快对孩子自信心的提高有好处。珠心算对孩子智力的开发到底有多大作用，国内研究者正在进行相关研究；珠心算能在多大程度上提高孩子的数学智慧、在哪个年龄开始学更合适，也有待研究。

《中国教育报》曾刊载一篇题为《幼儿园不宜开展珠心算教育》的文章，指出：研究表明，珠心算教育对于3~6岁的幼儿在注意力、思维力、自我调节能力等方面的促进效果并不显著，对提高幼儿加减运算得分和幼儿策略选择水平等方面的效果也不明显。对于数的概念发展并不完善的幼儿来说，如果在对加减运算的实际意义甚至是一些数字的实际意义都没有正确理解的基础上，就被过早地灌输这种抽象的计算法则，反而会使幼儿出现概念混乱的情况，对幼儿数学学习的兴趣也会造成负面的影响。从事实层面来看，许多小学教师和学生家长反映，如果儿童在幼儿园阶段接受珠心算训练，进入小学以后不但在数学学习中没有优势，反而会产生不良影响。学过珠心算的儿童在小学数学计算时，总是会先想到算盘然后再算题，很容易混淆珠心算和小学数学中对数的表达，难以建立对数的理解和形成基本的数理逻辑能力，从而产生数学学习方面的障碍。总的来说，珠心算学习对幼儿发展的影响弊大于利，其积极作用没有得到科学有效的论证，其负面影响倒是有很多理论和事实层面的证据。

既然如此，父母在孩子是否要学习珠心算的问题上，还是慎重为好。

针对奥数和珠心算，父母应该持有怎样的态度呢？

不把奥数学习当成孩子升学的筹码

奥数开展的意义和作用绝对不是为了让小学生顺利进入理想的中学，而是通过竞赛的交流发现数学发面的人才，并加以培养。奥数题目难度很大，如果有一位优秀的老师借助这些题目帮助孩子提高数学兴趣、探索数学奥秘固然很好，但是又有几位老师如此优秀？

因此，如果不是特别爱好，过早学习奥数只能抑制孩子的潜能发挥。如果一个长跑运动员一开始就冲刺，他肯定不是最后的成功者。如果把孩子看作这个长跑运动员，进入中学学习只是长跑的前半阶段，在这个阶段领先并不代表能一直领先，是否能够持续发展，关键看孩子的潜力。

因此，父母不要盲目地为了孩子阶段性的成长，把孩子足以持续长跑的潜力透支光。否则，孩子学得很累，最后还没有得到相应的回报，得不偿失！

根据孩子的情况，让孩子自主选择

小卢是一个学习奥数多年的女生。谈到奥数学习，她说："我曾在父母的竭力要求下学习奥数，但是对奥数没有什么兴趣。学习不久之后，我遇到一位很有经验的奥数老师，在他的指点下，我完全被那些巧妙的方法吸引，不知不觉地领悟着其中的规律，品尝到求知欲得到满足的莫大快乐。听到别人出去玩儿时，我有一种'独上高楼，望尽天涯路'的感觉。一个人静静地陷入某个题的思考、不停地演算时，我并不感到寂寞。当我拿到奖牌时，连自己都很惊讶：我竟是获奖者中唯一的女生。这与天赋无关，只是兴趣的力量。"

这位女生的感受并不是每个学习奥数的孩子都有的，她也是遇到了一位难得的老师启发之后才有了学习奥数的兴趣。所以，父母不要强迫孩子学习奥数，把选择权交给孩子，他会知道自己喜不喜欢。如果不喜欢还不得不去学习，那只会摧残孩子的身心。当然，如果孩子如同小卢这样幸运，父母支持孩子责无旁贷。

用平和的心态看待珠心算的学习

有个小女孩，上幼儿园之前爷爷教给她一些珠心算的方法，教学过程偏重于"寓教于乐"。妈妈从女儿上幼儿园后的表现看出，学珠心算的确有一定作用。因为女儿能够独自计算 5 以内的加减法，不需要父母辅导。但是，妈妈也知道，如果孩子把珠心算学习得太深入，上小学后学习数学就不会太顺利。因此，妈妈只是把女儿学习珠心算当成一次新尝试。

可见，这位妈妈的心态比较平和，但更多的父母却特别希望孩子通过学习珠心算达到某种程度。其实，这是没有必要的。因为开发孩子智能的方法有很多，不一定要借助这个时代根本用不上的珠心算。因此，父母要有一个正确的态度看待珠心算，可以让孩子去尝试、去了解。即使孩子喜欢，父母也不要让孩子学习得过于深入。如果孩子因此而痛苦，放弃一定是件好事。

正如中国教育科学研究院副研究员易凌云所指出的，珠心算只是一种快速的计算方式，这种快是机械记忆的结果，会导致幼儿对数的概念和关系的认识不全面，并影响后续的数学学习。本质上，珠心算和数学本身基本没有关系，数学是一门理解世界的学问，而珠心算更多是一种技巧，熟能生巧而已。相信这段话会让我们做父母的有所思考。

教育启示

无论是奥数还是珠心算，都并不适合每一个适龄儿童。父母在对待类似开发潜能的课程上，要有清醒的认识。过早、过度、过多地让孩子去学习这些内容不但不会激发反而会透支孩子的潜能。因此，父母要因材施教，如果孩子每天都痛苦地计算奥数题目，或者费力地在心里拨着"算盘珠子"，那还是请父母高抬贵手，放过孩子吧！

21

才艺

——全面发展并非必须靠才艺支撑，
不要让孩子为才艺所累

不知从什么时候起，培养"综合素质高的复合型人才"成为父母教育子女的目标。很多教育工作者提出，单一型人才很难适应这个多元化社会的发展，一个人如果想在这个社会生存或者生存得有保障，就必须成为一个全面发展的人。父母收到这一信号后，纷纷为孩子的全面发展做计划。为了能让孩子全面发展，父母都把目光投向了才艺培训，似乎才艺就代表着全面发展。

调查发现，中国83.9%的父母认为要对孩子进行才艺培养，近80%的父母希望让孩子参加不止一项才艺训练。这些父母把让孩子学习才艺的原因归结为希望孩子能够全面发展，而那些让孩子学习多种才艺的父母则认为学的越多越全面。

然而，孩子的全面发展能与才艺培训画等号吗？提到全面发展，父母和教育工作者一定都会想到"德、智、体、美、劳"五个字，因为这是全面发展的表现。而才艺应该只代表"美育"，而无法代替"德、智、体、劳"四个科目。不但无法代替，才艺最多只是占全面发展的1/5而已。而一个孩子只有拥有良好的道德和健康的心智，才谈得上其他特长方面的发展。如果父母在忽略孩子身心健康的情况下让孩子超负荷地学习才艺，孩子最终会因为压力过大无处发泄而走上抑郁或自杀的道路。也就是说，一条原本"发展的路"最后成为"绝路"。这不是耸人听闻，类似的教训太多了。

一个孩子的全面发展并非一定需要才艺来支撑。如果重新审视，相信孩子的品德、性格、行为习惯、语言表达、学习能力、思维方式和做事能力等可以共同撑起这个"全面"。而教育工作者所提到的"单一型"也许恰恰指的就是才艺很强但其他能力很弱的人。因此，父母要重新界定才艺和全面之间的关系，不要最后丢了西瓜，捡了芝麻。

对于孩子的才艺发展，父母应该持什么态度，又应该如何保护孩子对才艺的喜好，如何让才艺成为孩子全面发展的助力呢？

对于孩子学习才艺，父母要有正确的态度

对于孩子学习才艺，父母不要抱有让孩子"成名成家"的想法，而是要让孩子通过艺术方面的熏陶提升素养，增加快乐指数。既然学习才艺是为了让孩子过上更快乐、更幸福的生活，那么才艺就不应该成为让孩子痛苦的罪魁祸首。如果孩子从学习才艺中感受到压力和苦楚，那还不如不学！

很多父母一开始是顺从孩子的喜好，希望孩子在接触才艺的过程中丰富生活。但是，随着学习的深入，父母开始对孩子抱有各种各样的期望。于是，父母之前顺其自然的态度就变了，开始监督和催促孩子学习。此时，孩子的态度也会随之变化，以前对才艺的喜好逐渐减退，自觉学习的场景逐渐减少，取而代之的是父母的催促和自己的无奈。父母对此现象做了总结：这孩子没常性，干什么都只有三分钟热度。是啊，当孩子的热度可以持续的时候，父母的强迫就像凉水一样不断地浇灭孩子的热情。

试想，孩子如果真的很喜欢某项事务，他会自己安排时间、主动学习，何须等到父母督促？而父母的督促声只会让孩子认为自己的喜好已经不能再自由支配了。如此一来，孩子对父母的抵触心理就会转嫁到才艺的学习上，表现出没有主动性就很正常了。

因此，对于孩子学习才艺，父母一定要尊重孩子的意愿，顺其自然。孩子喜欢学、要求学，就让他学，什么时候学、学多长时间都让他自己掌握，父母不用过度操心，最好表现出若无其事的样子。孩子自由自在地去摸索自己的喜好，才会体会其中的乐趣。

孩子有了兴趣，父母再有针对性地培养

16岁的田英人从小爱好广泛，喜欢踢足球、画画、学英语、摄影，特别喜欢看书和写作。他小学毕业时出版了《灿烂童年》一书，书中收集了他的绘画和摄影作品，一些著名作家还提笔为其寄语。

田英人的才艺之路是如何走的呢？田英人小的时候，父母并没有刻意培养他的兴趣，基本是放任自流。但是，他特别爱看书。对他来说，写作不是一件枯燥苦恼的事，而是充满快乐。关于画画，他没有上过培训班，就是自己总在白纸上乱涂鸦，父母发现他喜欢了，才慢慢地领他接受较正规的训练。英语方面，田英人没有提前学习，只是跟着小学的课程学习，当他感到学校的知识不能满足需求了，父母才带他上了专为儿童开办的英语班。他自己学得很起劲，小学毕业时就能够自如地和外国人进行日常交流了。

田英人的故事应该引起众多父母的反思。事实上，6~8岁的孩子处于尝试期，喜欢尝试新事物，父母可以在这个时期让孩子多接触一些才艺内容，发现孩子的确很感兴趣时，就可以有针对性地培养。这时，父母给孩子创造的学习机会，孩子会充分利用，并从中吸收营养。所以，对于一开始学习才艺的孩子而言，父母一定要以观察为主，要有耐心等待孩子去体验，而不要操之过急。对孩子而言，只有以兴趣为基础的培养才是最有意义的。

孩子徘徊，父母应引导其做出正确选择

孩子在度过尝试期后，就会对某方面表现出明显的兴趣，或者明显不感兴趣，或者犹豫、徘徊其中。对于孩子明显不感兴趣的，父母可以不再特意要求孩子学习；对于徘徊的孩子，父母不用立刻做出坚持或放弃的决定。即使孩子坚持放弃，父母也不要仓促决定。

孩子之所以徘徊，可能是学习遇到了瓶颈；孩子坚持放弃，也许是瓶颈一时无法突破。此时，父母要帮助孩子突破瓶颈，而不是随意放弃。父母可以鼓励孩子再尝试一两个月，说不定很快就会"柳暗花明又一村"。孩子的自信心一旦再次建立，就又会找到学习的乐趣。

当然，如果孩子持续感到痛苦不堪，那就不是瓶颈的问题，这时，放弃学习也不可惜。因为此时的才艺已经无法起到陶冶情操、提升素养的作用，

放弃才是正确的选择。

教育启示

孩子学习才艺原本是从中体会乐趣、陶冶性情、丰富人生感受。但是，很多孩子在父母的强迫下，原本的兴趣成为负担，又何谈感受快乐？所以，对于孩子的才艺发展，父母一定要尊重孩子的意愿，要抱着顺其自然的态度，耐心等待孩子自主选择。在孩子兴趣基础上的培养才会为全面发展提供助力，而没有兴趣的被迫学习不但不会快乐，反而会阻碍心智的健康发展。因此，请父母把主动权交给孩子，让他自由选择，体会乐趣。

22

教育趋势

——盲从所谓的"教育趋势",
实际上就是跟风教育

最近二十年来,早期教育、奥数、少儿英语、各类兴趣班已经形成了庞大的教育市场,甚至被当成这个时代的"教育趋势"。这股教育风越刮越猛,刮得父母心里直痒痒,刮得孩子忙忙忙。

这种教育模式之所以能够形成风气和趋势,跟父母的盲目选择有很大关系。一开始,少数父母为了充实孩子的课余生活,帮孩子选择一两个科目以丰富他的生活;也有个别孩子从小就在某方面展现出天赋,父母为了培养他,支持他参加课外班或拜师学艺。

但是,不是所有的父母都认为孩子的课余生活要用其他学习方式去填补,也不是所有孩子在小时候就能显现出对某方面的特殊爱好。可为什么这些少数父母对孩子的教育引导,现在却成了一股不可抵挡的教育风气?为什么技能方面的拜师学艺,现今却通过教育机构演变成了"批量生产"?

以奥数班为例,如果说市面上第一家奥数班的开办是为一些有数学天赋的孩子提供进一步学习的机会的话,无可厚非。但是,当这些孩子开始学习的时候,就牵动了其他孩子父母的心弦。这些父母不顾孩子是不是数学天才,也试图让孩子去学他不感兴趣的奥数。当一些有商业敏感度的人嗅到了这股

"教育需求风"的气息时，奥数班就如雨后春笋般兴起。当这些机构满足了那些父母的需求后，其他尚且没有让孩子参与的父母，为了不让孩子有异于其他同学，为了不让孩子"落下"，纷纷跟随这股风气，把孩子送入了这条"生产线"。

这些校外教育机构成立的时候，有几家是真正为孩子的未来着想？所以，父母一定要擦亮眼睛去观察，开动大脑理智去判断，而不是人家做什么我就做什么，人家的孩子学什么我的孩子就学什么。要从孩子的真正需要出发，而不是盲从这股歪风。

当然，当这股教育歪风来势凶猛，又有几个父母能够清醒而理智地做出判断呢？

一位妈妈原本不太赞成女儿参加课外班，但女儿在班里的几次尴尬经历让妈妈开始犹豫。班级里的大部分同学都参加了课外剑桥少儿英语的学习，有时同学们凑在一起会谈论两位英语老师教学方式的不同，她的女儿就插不上话。

这还不算什么。

有一次，英语老师上课问了一个问题，大部分同学异口同声的回答让她女儿不知所措。虽然老师继续讲解了这个问题，但是，大部分同学表示自己已会，不用再讲，老师也就蜻蜓点水地过去了。而且，参加过英语课外班的同学总是会在学校的英语考试中获得高分，听力和口语也比其他同学强。当女儿感到跟他们之间有差距时，对妈妈说出了想上课外班的想法。

相信很多孩子都因为类似的经历才去上了课外班。这位妈妈从最初的坚持到后来的徘徊，再到最后的顺从，实属无奈。一位教育官员对跟风教育做了这样的比喻：大地震的时候你身处尚未有震感的城市的一幢大楼中，你确定这个楼不会倒。但是，除你以外的所有人都提着包往楼下跑，你一个人能不能淡定地坐在那里不动？这就跟别人家的孩子都在上课外班，而你家的孩子不上一样。另一位教育官员也说："我不支持孩子上奥数，孩子也听话，没去上。但是，过了不久，孩子就熬不住似的来问我：'爸爸，你不让我上奥数，会不会害我？'"

是啊，当今社会，有很多父母让孩子一定要跟风；而有的父母明知那是跟风，却不得不跟；还有的父母淡定地坚持："我希望孩子能快乐，不需要他多有成就。"对此，父母到底该如何面对？

父母应正确面对社会大环境

如果既不希望孩子随波逐流，又不希望这个不正常的教育趋势把孩子甩在后面，父母就更应该了解自然教育的重要性。就是说，孩子在学龄前有潜能认识很多汉字，有潜能学会简单的数学计算，也有潜能记住数量不小的英文单词。但是，这种潜能的挖掘一定不是以报班学习的方式进行的。

比如，父母可以在学龄前教孩子诵读中华传统经典。孩子在读经典的练习中不知不觉地就能认识很多汉字。关于数字的概念，妈妈在摆放碗筷的时候可以让孩子数数几个人、几双筷子。诸如此类的练习和接触多了，孩子自然就会了。即使孩子在这件事上看上去没那么灵巧，父母也不要着急，因为这只是暂时的，要耐心等待他成长，学会、熟练是一个自然而然的过程。

当然，孩子上小学、初中之后所面对的情况并不仅是几个汉字和几道数学题那么简单。父母首先要鼓励孩子把课堂知识学扎实、学透彻。如果孩子觉得这些知识不能满足自己的胃口，而且事实确实如此，在孩子愿意的情况下，父母可以给孩子提供更多的学习机会。如果孩子本身连课堂知识都不能消化，再盲目地跟风报班学习，对孩子又有什么好处？

因此，自己的孩子是否要像其他孩子那样学这学那，不是由周围参与类似学习孩子的数量决定的，而是由孩子自身的需要和意愿决定的。

不要从一个极端走向另一个极端

当前，大部分父母盲目地服从着所谓的"教育趋势"。一大批教育专家呼吁"不要跟风教育、不要让课外班累死孩子"之后，父母会不会又跟向另外一股教育风潮——绝不让孩子上课外班？

有个女孩和班里的大部分同学一起参加一个英语课外班。一个假期，英语班的王老师说要给学生报名参加比赛。女孩的妈妈是一个很有主见、不爱跟风的人，虽然很多同学都报名了，但是她并不希望女儿参赛。她不希望孩子小小年龄就面对比赛的压力，甚至为排名所累。

当她把想法告诉女儿时，女儿却说："我喜欢上王老师的课，而且王老师说了，我们大家都能在赛前培训中受益，同学都参加了，我也想参加。"妈妈一听,感觉两难了。本来她就对上课外班不支持,但这次女儿喜欢学。她考虑后最终还是尊重了女儿的选择。

这位妈妈是不是拗不过女儿最后跟了风?当然不是。我们不提倡父母跟风地教育孩子,但是,这并不代表父母就一定不能让孩子上课外班。不是给孩子报班就是"跟风",不给孩子报班就是"不跟风",是不是"跟风",主要看父母做出选择是盲目的,还是理智的。

父母既不能看人家孩子学什么,就追在后面要求自己的孩子学什么;也不能为了表示自己不跟风,就一定不让孩子学什么。当一股风刮过来的时候,父母首先要看适不适合自己的孩子。如果拿捏不准,就问问孩子的意见,也许,孩子的回答会让父母如梦初醒,理智选择。

再多说几句,不是所有的课外班都值得上,也不是所有的课外班都不值得上。至于上不上,一定要根据孩子的实际情况,而不要一提课外班就一棒子打死,也不要因为别的孩子一股脑儿地报了某个课外班,就让自己的孩子也去报。只有适合的,才是最好的。这个适合,不是符合父母的功利心,而是基于孩子真正的身心健康成长来说的。

教育启示

所谓跟风,就是没有主心骨地跟着别人的选择而选择,跟着别人的放弃而放弃。有的父母听到教育专家说"课外班对孩子的成长弊大于利",就马上给孩子停掉课外班的学习,这样的父母是不是又跟风了?因此,在这个众说纷纭的社会中,父母不要按着别人说的去做,别人说的也许没错,但不一定适合自己的孩子。父母的选择一定要以孩子的自身情况为基准,这样做出的选择就不会是跟风的。

23

择校

——择校肯定是择名校，但名校有时
未必能把孩子培养成才

择校就是在教育资源不够均衡的情况下，选择上一所好的学校，这种现象在"小升初"中尤其突出。21 世纪初，我国大中型城市掀起了一股择校热，从此一发不可收拾。择校热波及中小城市，择校费也暴涨到漫无边际。但是，高额的择校费并未削弱父母的热情，越来越多的父母加入择校的行列中。

在很多父母眼中，"小升初"是孩子求学路上的关键一步，这不仅关系到孩子的初中生活，还关系到进入什么样的高中，考进什么样的大学。很多父母认为，孩子成绩尚可，但是对口初中实在"不入流"，为了能让孩子上一所"入流"的学校，不得不择校。

父母的心理导致了另一个现象：很多重点学校的报名人数远远超过招收人数。比如，北京一些著名中学，各个学校原本招生都在几百人，但报名的就有两三千人。而父母们也不辞辛劳地带着孩子奔波在各个重点中学的测试点。还有的父母甚至花费巨额择校费，或者不惜通过买学区房等非常规手段让孩子上到心仪的学校。对于每天花费很长时间来回接送孩子，父母更是毫无怨言。

择校之所以这么热，最根本的原因在于义务教育资源配置不均衡。在教育资源配置尚不均衡的背景下，父母要思考一个重要的问题：是不是只有进入名校的孩子才会有更好的前途？

2009年8月，一位记者专门对某市的一所高中做了调查。这所高中有一个尖子班，该班在高考前已有26名保送生。这批保送生中除了5个学生来自有名的中小学，其余学生就读的均是名不见经传的普通小学和初中。其中，6名已被北京大学等知名学校招收的尖子生中，有4人不是出自受家长追捧的名校，其余的20名学生中，17人来自很普通的小学或初中。

这些出自普通学校的学生表示：从小就是就近入学，父母没有在择校方面花功夫，但是，他们普遍认为父母对自己学习和心灵上的帮助，比起在哪个学校上学更重要。看来，父母是否能够给孩子必要的关爱和帮助，是孩子能否成才的根本因素。

同时，在大部分父母纷纷加入择校队伍时，恰恰有一些父母不愿意择校。也许这部分父母的想法、做法能给疲于择校的父母一些借鉴。

父母应该怎样正确认识名校和择校呢？

名校可能会滋长孩子的傲慢心理

林先生是某高校的宣传部负责人。对于择校，他比那些不从事教育工作的父母更有优势，选择一所名校更不是难事。但是，当女儿小雨到了入学年龄时，他并没有去择校。为什么？

他说："多年来，我从身边的学生中越来越发现，环境太好未必能真正成才。"林先生看到自己大学里有一些从名校毕业的学生，一身傲气，能力上却没有从普通学校毕业的学生好。所以，林先生在女儿的择校问题上并不注重名校，更不想让名校的头衔增加孩子骄纵的心理。林先生更注重孩子良好习惯和修养的培养，他还语出惊人地说了一句："我就是想试验下，不上重点小学，女儿能否读好书。"

的确，父母在看中名校的教育软硬件时是否考虑到：名校这么大的头衔，是不是无形中增长了孩子的傲慢心理？如果是，这对孩子的长远发展有什么好处呢？

名校的孩子更容易相互攀比

在一个知名小学门口，每天上下学时各种各样的名车就在校门口堵着。

10岁的男孩对奔驰、宝马、奥迪等名车的标志很熟悉，因为他的同学很多是坐着各种名车上下学的。

有一天，男孩对来接他的妈妈说："我不喜欢你这辆车，我要坐爸爸的车。"原来，妈妈有一辆宝来，而爸爸有一辆宝马。男孩觉得妈妈的车不够气派，一直希望宝马来接送自己。

这个小男孩的择车故事真是让不少父母瞠目结舌。

王女士和丈夫原本有能力为孩子挑一所重点初中，而且孩子的很多同学都到这所名校读书。但是，她还是给孩子选择了家旁边的普通初中，理由是不想让孩子攀比。王女士说："以前就听说过名校的学生总是互相比谁家的车是名车、赈灾捐款谁捐得多等。我不想我的孩子从小就在攀比风气这么厉害的学校就读，想给他一个纯净一点的空间。"

是啊，当父母看似为了孩子在择校时，又给孩子做了什么榜样？是不是给孩子择车、择包、择穿戴打下了坚实的基础？父母在互相攀比谁家孩子上了哪个名校的同时，孩子也学会了攀比。父母的这一切行为是不是在污染孩子原本纯洁的心灵呢？

孩子在名校上学，有时会不受老师重视

择校热已经不是"小升初"的专利了，小学和幼儿园择校热也逐渐火爆起来。

李先生是某市局机关的办公室主任，他的孩子原本在一所较好的小学上学，老师一直对孩子十分关心和重视。后来，李先生通过关系把孩子转到了一所片区最好的小学。他本想给孩子最好的师资，但是结果恰恰相反。李先生说："老师都很清高，不怎么关心重视孩子。因为那里领导的小孩太多了，老师也需要权衡轻重，一般科员的看不上。"辗转之下，李先生又把孩子转回原来的小学读书。

当然，李先生的感受也许有点偏激，但是不无道理。李先生的经历也给那些自以为有权势为孩子择校的父母敲了警钟。托关系、找熟人让孩子进了名校，结果不一定会如父母想的那样，到时很可能会遭受李先生同样的尴尬。所以，还请为人父母者三思而后行。

宁做鸡头，不做凤尾

成都一所中学的校长谈到择校时指出，一所学校是不是好学校，不能一概而论。好不好是相对的，要看针对什么样的孩子而言，适合孩子自身特点、有利于孩子成长的学校就是好学校。

他的女儿中考时上了重点线，这个成绩在重点高中只能排中等。这位校长父亲的择校标准是：宁愿把孩子放在能保持鸡头位置的学校，也不把孩子送进只能当凤尾的学校。

于是，他的孩子进了一所普通高中。孩子在学业上获得了成功，找到了自信，做人方面也有了很大的进步，高二时就直接升入美国大学读本科了。

众多父母有没有想过，孩子的成绩不是很突出，却进了以精英教育为主的"淘汰率高的名校"，只会导致孩子心理压力加大，影响身心健康发展和学业进步。如果在一所普通学校，孩子也许能时刻找到自信，稳步提升。因此，宁做鸡头、不做凤尾的教育观念值得忙于择校的父母适当借鉴。

教育启示

在教育资源配置不均衡的今天，父母不惜代价地加入择校行列，也确实有些许无奈。但是，每一个有出息的孩子未必都走过择校的道路，而且选择名校对孩子的发展而言，也许还存在一些不可避免的弊病。在如此的社会环境下，父母更要理智认识名校、慎重择校。当然，如果名校就在家门口，走正常程序就能让孩子入学的话，那也不必因为各种择校弊端而故意不去读，不然就又走极端了。

24

出国留学

——远离父母的孩子就像断了线的风筝，
不知道飞往哪里

改革开放后，出国留学逐渐走入了普通老百姓的视野，一些经济条件较好的家庭开始关注出国留学，更有少数父母送孩子出国上学。几十年过去了，出国留学已经不是少数家庭的渴望，而是名副其实地成为一股热潮。同时，出国学生的年龄越来越小，有的父母甚至想把上小学或初中的孩子送出国上学。

然而，那些一门心思想让孩子出国留学的父母，又有几个是通过理智的思考做出选择的？

一位母亲想让孩子出国留学，又拿不定主意，于是就去一个留学中介机构咨询。见到留学顾问时，她第一句话就说："你帮我拿个主意，我身边很多朋友都把孩子送出去读书了，我要不要也把孩子送出去？可我又觉得送孩子留学挺划不来的，我一个亲戚很早就把孩子送到英国去读书，总共花了四五百万元，可回来工作后一个月才赚5 000多元。"

这种盲目随大流要送孩子出国，甚至需要留学顾问帮着"拍板"的父母不在少数。父母都如此盲目，孩子还会对出国上学有理智的认知吗？

这些父母为什么想着把孩子送出去呢？第一，孩子学习成绩差，没有能力通过高考进入国内大学学习，加上家庭经济条件不错，就选择去国外读书。第二，周围朋友的孩子都在国外上学，自己的孩子不出去显得不符合自己的身份和财力。第三，孩子在口头上表示对西方文化的喜爱，执意要出国，父母执拗不过，只能送孩子出去。这三种原因都显得特别盲目，不是为了逃避高考，就是为了显示身份或者随顺孩子的任性。

当然，不是所有的父母都如此盲目。

一位女士去年刚刚把儿子送到美国读高中。在打算送孩子出去之前的一年时间内，这位女士仔细考察过中外中学的教育体制：从课程设置上看，国外中学教育涉及面很广，孩子在中学阶段就能接触到自己真正感兴趣的学科；从精力分配上看，国内孩子针对考试要花费大量的时间和精力，而国外孩子除了正常学习，还有大量的课余时间参与兴趣活动；从学校设施上看，国外学校提供给孩子的活动空间很广，运动、音乐、戏剧等活动场所非常丰富。她认为：中学阶段正是孩子思维最活跃的阶段，是激发孩子创造力和个性发展的最佳阶段，所以最终选择把孩子送出去。

这位女士对于为什么要送孩子出国学习有较为理智的分析。然而，孩子会不会如她所愿利用国外开阔的教育平台，帮助自己更好地成长呢？孩子会不会像断了线的风筝，越飞越没有方向呢？的确很难讲。

一位先生的孩子在高中时成绩不好，于是他把孩子送到英国读书。孩子离开父母后并没有自律能力，也没有像父母希望的那样上完预科上大学。这个孩子在英国足足读了5年预科仍没有考上大学。之前孩子一直瞒着父母，最后实在隐瞒不下去了，才向家里坦白了情况。

这位先生和妻子当时就蒙了，这些年花的钱足有200万元，最后孩子一无所获地回来了，真是后悔莫及啊！他们这才明白：把心智不成熟、生活自理能力弱的孩子送到国外上学就是一个巨大的错误。

孩子在国外未能完成学业还不算什么，有的孩子出国之后根本无心学习，而是被国外纸醉金迷的生活吸引。孩子拿着父母的钱不是买跑车炫富，就是找男女朋友，要么频繁地参加各种各样的派对。在这个过程中，很多孩子不仅花费了大把大把的钱财，也染上了很多恶习，有的甚至染上毒瘾和生理疾病。

因此，父母对待孩子出国留学的问题，一定要理智，不可盲目随众，要根据孩子的实际情况来决定。那么，在有意送孩子出国留学之前，父母要做哪些思考和准备呢？

明确孩子留学的目的

国内某外国语学校的校长说过这样一段话："出国留学要因人而异，如果学生只对中国的传统文化感兴趣，那么就不如在国内求学。中国教育和国外教育各有所长，成才绝非只有出国一条路。"我非常认同，出国不应该是盲目的，要特别清楚出国的目的才可以。

父母首先要问自己：为什么送孩子出国，孩子出国干什么。有的父母说，孩子在国内考不上大学，不如去国外上大学。请问，孩子没有能力考上中国的大学，原因在哪里？可能说明孩子的学习能力不强。一般来说，评价孩子学习能力的要素主要有观察力、理解力、记忆力、注意力、抽象概括能力、思维力、想象力、创造力、语言表达能力、操作能力、运算能力、听觉能力、视知觉能力，还包括自信心、自律能力、耐力和毅力等。试问，这些学习能力不强的孩子面对枯燥的外国语言，有没有能力过这第一关？如果勉强过了第一关，有没有自律能力完成大学学业？千万不要打着学习的旗号，让孩子在国外放任自流，导致在学业方面没成就，西方阴暗、不入流的东西沾染了一大堆。所以，父母在确定孩子出国的目的时，要先看看孩子是否具备达到这个目的的条件。

有个女孩在大学期间学习不错。大四那年，她希望毕业后能去国外继续深造，于是就做了详细的出国留学计划。在父母的支持下，女孩考完了雅思，并向自己看好的一所国外知名大学发出了申请。经过一系列的考核，她被心中理想的大学录取，开始了研究生学习。

是不是所有出国的孩子都能像这个女孩这样有能力、有明确目标地实施出国计划呢？是不是清楚地知道自己出去做什么呢？父母千万不要一厢情愿地送孩子出国留学，而是要真正地问问自己为什么送孩子出去，孩子有没有能力达到你所期待的目标，有了明确的答案再作决定也不迟。

了解孩子有没有能力独自抵御国外生活的困苦

近年来，越来越多的中学生甚至小学生出国留学。这些孩子从小受到父母的万般呵护，根本不具备独立生活的能力，加上孩子的世界观和人生观尚且没有形成，这样到了国外，当他不得不独立面对完全陌生的世界时，身心承受能力很难抵御外来的困苦，孩子背负着巨大的心理压力，还如何完成所谓的"学业"？而且，中国留学生在国外发生惨案的新闻屡见不鲜。孩子这个被父母放飞的风筝，还没有飞翔就折断了翅膀。

因此，父母要了解孩子的自立能力、心理承受能力、与人交往能力等。如果孩子的心智尚未成熟到独自面对陌生国度的生活，父母千万不要冲着一个学习的目的送孩子出去。父母想让孩子出国之前，先要看看孩子是否具备了强健的体魄、良好的综合素质、正确的价值观、扎实的学科基础以及突出的外语水平。

有一次我参加某家庭教育高峰论坛，在发表完主题演讲后做圆桌论坛，主持人抛出了出国留学的话题，问如何看待这件事，应该注意什么。几位教育界的专家都发表了自己的观点。我的观点很简单：在孩子出国前，一定要给他在心中扎下中国根、种下民族魂，也就是先要学好我们的文化。有了中华文化这个基础，他就能有强大的辨别力，在精神上就不会被西化，不会迷失。还要鼓励他学有所成后为自己的民族、国家做贡献。所谓学贵立志，这个志就是报国志，有了这个志，一切艰难困苦他都会努力克服。可见，出国前还是要引导孩子立大志。

如果父母确信孩子有能力独自面对异国的生活，而且孩子愿意，家庭经济条件也允许，支持孩子出去学习当然不是坏事。

父母要对国外的环境有充分的了解

父母在为孩子选择学校的时候，一定要慎重。曾有些欧洲国家针对中国留学生推出大批酒店管理学校和金融管理学校。实际上，这些学校缺乏基本的教学设施和教学软件。它们颁发的所谓"文凭"既得不到当地政府的承认，也得不到中国教育机构的认可，一些留学生不得不转到第三国继续学习。

父母不要一味地听信中介机构的介绍。中介机构良莠不齐，如果盲目听信，有可能上当受骗。在为孩子做出国准备前，父母不但要咨询经验丰富的专业人士，也要和孩子认真了解即将前往国家的国情、风俗、文化、宗教、法律和教育等情况，做到心中有数。

而且，孩子除了学会英语，最好能够熟练掌握前往国家的语言。

父母还要教孩子学会保护自己。最近一段时间，频繁发生中国留学生在国外遇到各种危险甚至遇难的事件，实在令人心痛。所以，在国外一定要多一分警惕之心，切不可大意。为人父母者，还是要多教孩子一些自我保护的本领，让他懂得如何用当地的法律保护自己的合法权益，学会主动与驻外使领馆和教育机构联系，以便在遇到困难和问题时能够及时获得帮助。

教育启示

出国留学是一个人学习生涯的一次重要规划。但是，不是每个孩子都适合出国留学，也不是每个孩子都需要出国留学。对于孩子是否出国留学的问题，父母和孩子都要弄清楚以下几个问题：为什么出去？有没有能力出去？出去做什么？心和魂是中国的还是外国的？对前往国家和学校了解多少？在父母和孩子做出令自己满意的回答后再作决定也不迟。

25

神童

——可能一直会光辉下去，更可能是方仲永昙花一现

我们都知道这样一个故事：

金溪平民方仲永，长到 5 岁时还不认识笔墨纸砚。但有一天，他哭着向父亲求要这些东西，得了纸笔后竟然写下诗句，还题了自己的名字。后来，方仲永可以指物为诗，诗的内容也为人大加赞赏。人们纷纷邀请他，花钱求他的诗作。他的父亲认为这样有利可图，每天拉着他四处拜访，却不让他学习……

这几乎算是一个人人都讲得出来的故事，方仲永最后的结局是"与众人无异"。为什么无异？《伤仲永》的作者王安石指出，他最终成为一个普通人，是因为后天的教育没达到要求。

人的聪明智慧主要由大脑决定，科学研究发现，胎儿出生前 3 个月和出生后 1 岁前，是大脑发育的最高峰，这个时候如果能够为大脑提供足够的营养，人脑的智力能力发育是很惊人的。而孩子出生后，一般到 2 岁左右就开始有语言思维活动。科学家也证实，人在 4 岁的时候就会有成人智力的 50%，到了 8 岁则可能达到 80% 以上。所以，当孩子表现出异于其他孩子的天分时，父母一定要继续培养，否则就可能变成方仲永。

一个神童的发展，与先天因素与后天教育都有紧密的联系，如果仅有先天所谓的天赋，却没有后天的教育或者教育不恰当，神童也有可能沦为普通人。

1978年，中国科技大学开始设立少年班，招收了很多神童。而据说，中科大少年班几乎每年都有1~3个问题学生被退学。这些被退学的学生，有的是自控力差、贪玩、学业跟不上，有的是品行不端，有的则是出现了严重的心理问题，也有个别学生因为生活不能自理而休学。这些神童长大成人之后，有一部分的确是很有建树，有一部分却因为种种原因，只留下一些令人惋惜的故事。

可见，神童并不神，盲目追逐或培养也许会起到反效果。

一位徐姓小学校长年轻的时候因为种种原因没能到北京上大学，便将自己所有的梦想都寄托在女儿徐某某身上。他要在自己的家里制造出一个天才来。

女儿刚开始学说话，他就教她背古诗、记英语单词。而女儿也格外聪明，学过的东西几乎过目不忘。他对女儿实施高压式的教育，每天都让她做大量的习题。当然，女儿也没有辜负他的期望，7岁学完了小学6年的所有课程，8岁进入初中，10岁进入高中，13岁以优异的成绩考入南京一所大学，成为该校历史上最年轻的大学生，17岁直升为该校研究生。

这位徐校长为自己成功的教育案例欣喜不已。但是，他却没有注意到，女儿虽然被誉为神童，但却生活自理能力低下，不知道如何与周围的人交往。看到其他同学比她成绩好，就将人家的课本、笔记本偷偷丢进垃圾箱……

徐某某没有知心朋友，两次恋爱失败后精神彻底崩溃。2000年5月13日，女儿等同学们离开宿舍后，用铁丝把寝室的门窗死死地缠牢，将汽油浇到了自己的身上、地上，平静地用打火机将自己点燃，结束了18岁的生命。

如果说方仲永是因为缺少了后天教育而沦为普通人，那么这个徐某某就是因父亲不恰当的教育而造成天才沦落。

两个神童，同一种悲哀。

家有神童，的确是一件值得欢喜的事情，但是如何对待神童，如何教育他，让他尽情发挥自己的潜能也非常重要；而如何让他除了有学习能力，还具备其他各方面的素质则更为重要。天才教育既不能放任自流，也不能片面化，为了防止更多的方仲永和徐某某出现，父母应该要好好思考，寻找一条适合孩子发展的道路。

尊重成长规律，尽量让孩子有序发展

到什么年龄做什么年龄该做的事情，这是符合大自然的发展规律的。举个最简单的例子，恐怕许多人都吃过两种不同的西红柿：一种是在地里长出来的，自然成熟，粉红的沙瓤、酸甜的味道，无论生吃还是做熟，味道都非常好；另一种是在温室大棚里抹药催熟的，明显红得不正常，口感、味道、质地都比天然生长的差许多，它唯一的优点就是看着很漂亮。

本来没到成熟的时期，非要用各种手段将它催熟，自然不会有正常生长的果实那么好吃。其实，孩子的培养也是如此，童年时代就应该做童年该做的事情，尽情玩耍，在玩中学到本领；和伙伴们一起游戏，从中学会与人交往；和长辈们在一起生活，培养人品道德等。这些都是孩子必须具备的能力，父母不能因为要将他培养成神童就只让他学习知识、记忆数据，能力的缺失也就意味着神童的消失。

另外，也不是所有孩子都必须成为神童！所有父母都希望自己的孩子聪明，但聪明的孩子一定是神童吗？聪明的孩子一定能够经过培养成为神童吗？答案是否定的。

一个男孩从小就聪明伶俐，一岁多的时候会背唐诗宋词，三四岁就认识2 000个字，还会算小学才学的数学题。于是，他被人称为神童，上了报纸、电视，被人夸奖。进入小学之后，他却很不合群，性格古怪，学习成绩中等偏下，同学认为他傲慢，老师则认为他是"问题学生"。

孩子应该是活泼、聪明、天真的，但如果父母一味地将其向神童的道路上拽，要求他必须掌握多少知识内容，必须与众不同，并不停吹嘘他的聪明才智，保护他不受其他伤害与干扰，这样的孩子最终有可能变成骄傲、偏执、缺乏耐心、缺乏自立能力、有心理障碍的人。

不要只看到孩子的成绩，还要教他学会生活

每个神童的出现都伴随许许多多的光环，要么是会背多少诗词文章；要么是掌握多少汉字、单词；要么是随便辨认地图国旗；要么是脱口而出国道

路线等。可以说，神童所谓的"神技"五花八门，它们都有一个共同的特点：这些孩子在"不可思议的年龄"完成了"不可思议的事情"。

但这能说明什么？这只能说明孩子的记忆力非凡或者计算力超强，其他能力一点也体现不出来。父母应该想一想，孩子除了要背诗词，是不是还应该学习自己穿衣？除了要练习计算，是不是也要学会如何整理房间？如果只会认地图国旗，但连自己出门都做不到，他认地图有什么用？如果只知道国道路线，但连公交车都不会坐，这些路线是不是只单纯地增加了他的记忆负担？

所以，父母的眼光应该实际一些，神童不是神仙，也需要照顾自己的生活，需要在社会上行走。如果父母只让他将所有时间、精力都放在开发智力上，其他能力的培养就会被忽略，如此一来，生养一个孩子和买一台复读机又有什么区别？还是那句话，未来社会需要的是全面发展的人才，孩子必须有很强的综合素质。

要让孩子在更广阔的天地中健康成长

奥地利作曲家莫扎特被人们称为"18世纪的奇迹"，他小的时候就是一个音乐神童。3岁他就能听懂音乐，4岁就会弹翼琴和管风琴，5岁就练习作曲，6岁就能在音乐之都维也纳举行音乐会。父亲惊异于莫扎特的音乐天赋，为了让儿子开阔眼界，从莫扎特6岁开始就带着他到普鲁士、法国、英国、荷兰、意大利等地演出。同时，父亲也清楚地看到莫扎特的缺点：缺乏文化教育。于是，回到家后他积极地教莫扎特学习拉丁文、意大利文、法文、英文，并且教他文学和历史方面的知识。

什么才是广阔的天地？那就是外面的世界。孩子不能总被关在家里，他需要看看大自然，看看外面的人和事。父母要带孩子走出家门，接受自然和社会课堂的教育。见得多了，好奇心就会被调动起来，知识的渴求就会越发强烈，他也才能学得更多，学习的范围更广。

而孩子的健康成长也不只是让孩子不生病这么简单。聪明的孩子，尤其是神童，光环总会伴随他的左右，要教他学会如何应对外人的夸赞与吹捧，要教他保持一颗沉静的心。同时，也要指引孩子的聪明才智向积极健康的道路上发展，尤其是当他接触社会之后，父母要教他学会明辨是非，教他懂得做人的道理与处世的智慧，这样他才不会用错了聪明才智。

教育启示

无论孩子是不是神童，父母都要用心去教育、培养，要让聪明的孩子尽情发挥才智，并将才智运用到正道（与人为善，孝亲尊师，学习成长，而不是算计、取笑他人，自私自利，骄奢淫逸等）上；父母也应该让普通的孩子按照自然的生长规律成长，毕竟拔苗助长式的教育不是真正的教育，有害而无益。其实所有的孩子都需要身心健康地成长，无论他是神童还是凡人，都需要有一个健康快乐、丰富多彩的成长历程。

家庭教师

——教孩子学还是陪孩子玩?
是一时的还是长久的?

今天,很多家庭都热衷于给孩子请家庭教师,花费不菲。

2009年,云南一位初三学生在备战中考,父母为他请了家庭教师。这位家庭教师来自昆明某教育机构,教育目标是保证这名学生考上重点高中,费用为28万元。

还是2009年,成都一名初二学生想到英国上学,母亲也找到家教机构,聘请两名家庭教师为孩子补习英语和语文,在一年内上门提供辅导,费用为7万元。

这是前些年的行情,近年来又有所抬高。

2016年3月28日,某新闻网记者联系到了天价在线授课教师王某,对方表示,网上公布的时薪其实低了,现在他的最高时薪为25 000元,当月收入为20多万元。

....

先不说家庭教师是不是真的为孩子提供了切实有效的辅导,单看这些消费数字,就不得不让人惊叹。可以说,现在的父母为了孩子的学习成绩能提高,真是下了血本。

时下，为孩子请家庭教师似乎已经成为一种时尚。许多父母都抱有这样的想法：学校老师是讲给所有学生听的，而家庭教师是专门讲给孩子一个人听的。如果再找到一些"名师"，自己的孩子就会比别的孩子学到更多的知识，将来考试也就会比别人考得好。

事实果真如此吗？

一个男孩的父母平时工作繁忙，无暇顾及他的学习，就算有时间，他们也感觉没有能力辅导他。面对他总是中下游的学习成绩，父母只得为他请了一位家庭教师。

刚开始的几天，男孩对家庭教师感觉很新鲜，学习热情高涨，平时的作业完成得比较快，表面上看似乎开了个好头。父母非常高兴，觉得家庭教师果然请对了。可让人没想到的是，这种喜悦刚开始没多久就被一盆冷水浇了个透心凉。班里考试，男孩的成绩竟然下滑了一大截，那位家庭教师也找借口不再来了。

后来父母才知道，那位家庭教师每次来只是充当男孩的疑问解答员。男孩有不会的地方就问，问了他就直接给出答案。这直接导致男孩的自主思考能力下降，考试当然不会有好成绩。

有的父母说，小学的课程勉强还能辅导，而中学的课程就可能有些困难了，所以不得不请家教。这种无奈可以理解，但是是否有必要给孩子请家庭教师，该怎样给他请一个合适的家庭教师，需要父母好好考虑。如果请来的家庭教师不合适，不能给孩子提供应有的帮助；如果只是看到别人请了家庭教师，自己跟风也去请，并没有考虑孩子的情况；如果请来的家庭教师没有丰富的教育经验，并不能改变什么，父母、孩子又该如何应对？

有位老师曾经说："常规学习如吃饭，家庭教师补课如吃药。家庭教师对孩子的学习只应该起到一个辅助性作用，切勿用吃药代替了吃饭。"所以，父母不要将家庭教师奉若神明，也不用非要给孩子请一个家庭教师才算跟上所谓的"时代潮流"。孩子的学习是要靠自觉的，即便请家庭教师，也只能起到一个辅助指导的作用。父母需要保持冷静的头脑，如果孩子自己会学习，又何必花冤枉钱？

家庭教师的存在也要分两面来看，父母要综合考虑利弊才能决定是否有必要请。那么，父母该如何考虑才算合理呢？

不要盲目给孩子请家庭教师

有的父母一看到孩子学习成绩不理想，就会帮他请一位家庭教师；或者一看到他某一科跟不上其他孩子的进度，就会找教师为他开小灶。不可否认，有些时候通过家庭教师的辅导，孩子的成绩的确会有所提高。但有很多父母反映，家庭教师的辅导也有反效果。

为孩子请家庭教师的目的，无外乎想让孩子提高学习能力，进而提高成绩。这一点可以理解。但如果孩子学习成绩已经很好了，再盲目请来家庭教师，对他的学习也没有益处。而且，对于孩子来说，他在学校里听了一遍，回家还要听家庭教师再讲一遍，那么可能就会在学校不再好好听讲，或者不再认真听家庭教师的讲解了。这样一来，孩子听课就多了一种选择，选择越多，对他越不利。如果家庭教师和学校老师讲的方式方法存在差异，他还有可能会怀疑老师，这更不利于他的学习。

家庭教师还容易使孩子产生依赖性，因为他们大部分都会对孩子的问题直接给出答案；孩子有了额外的辅导，自由活动时间就被占据了，一天下来会非常紧张，很难有好的学习效果。

还有更值得警惕的。2017年1月25日，北京市海淀区人民检察院依法以涉嫌强奸罪、强制猥亵罪对犯罪嫌疑人邹某批准逮捕。检察机关审查查明，北京市某中学代课教师、犯罪嫌疑人邹某利用给被害人王某（17岁女生）辅导数学课之机，于2015年9月至2016年8月期间，在王某家多次对其进行强奸、强制猥亵，已涉嫌构成强奸罪、强制猥亵罪。

因此，父母不要盲目给孩子聘请家庭教师，如果真的有必要，也要综合考虑孩子的特点与情况，否则就是在浪费金钱，更是在浪费孩子的时间与精力。

根据孩子的特点挑选合适的家庭教师

在为孩子请家庭教师之前，需要先多了解孩子的想法，了解他的学习状况。如果有可能，还要和学校的老师多沟通，听一听老师的意见，然后再根据孩子的实际情况决定是不是要给他请家庭教师，请家庭教师来为他补什么。同时，父母也要考虑孩子的年龄和性格特点，这样才能选择出合适的家庭教师。

暑假期间，一位妈妈为 10 岁的女儿小菲请来一位女大学生做家庭教师。但奇怪的是，妈妈并不要求这位女大学生教小菲怎么学习，而是让她和小菲一起生活，请她把自己的学习态度与生活习惯传递给小菲，帮小菲改变学习态度，养成良好的学习习惯。

女大学生来自农村，有很强的生活自理能力，也有较强的自学能力。小菲和她在一起后，以前想偷懒、总要出去玩的念头少了。在学习时间，小菲看到这位大姐姐认真地读着英语、看书做笔记，也就自觉地在一旁学习；休息时间，小菲和大姐姐一起聊天，外出运动、做游戏，也玩得不亦乐乎。小菲还从大姐姐身上学到了勤俭，学会了自理。

暑假过去了，小菲不再是以前那个撒娇任性的小女孩，变得越发懂事，学习也越来越自觉，妈妈看到她这样的变化感觉很欣慰。

这位妈妈非常有智慧，虽然也是请家庭教师，但她避开了其他父母的误区。她综合分析了自己女儿的缺点，让来自农村的女大学生以自己的实际行动做女儿的榜样，让女儿自己去发现，主动去学习。因此，全面了解孩子的情况，是请到合适家庭教师的重要前提。

不要把教育孩子的希望寄托在家庭教师身上

有的父母会这样想，家庭教师既能给孩子讲授知识，又能顺便照顾孩子，不是一举两得吗？这种想法是完全错误的。家庭教师不是保姆，不能和父母一样给予孩子足够的关怀与爱护。说得再现实一些，家庭教师不过是拿钱干活的人罢了，如果有责任心，也许会为孩子尽一份心，但如果只为了钱，将孩子丢给他会对孩子的成长极为不利。

更何况，很多家庭教师不过是在校大学生，自己还需要老师教，缺乏实际教育经验，要想培养出孩子的学习能力和思考能力是相当难的。

当然，有一些家庭教师是在校老师，也具有一定的教育经验，对知识的讲解也会很透彻。不过，这其中也存在一定的弊端。比如，一些在职教师会故意保留一些知识点，使得学生在课堂上"吃不饱"，不得不花钱请他做家庭教师，以保证将所有知识都学会；又如，有的老师是因为人情、面子而去做家庭教师；更有的老师会以故意在课堂上批评或课下找父母的方式来刺激孩子，不得不去找他当自己的家庭教师。这样的家庭教师，又有多少是出于单纯想要为孩子补充知识呢？也许很多人都是为了一个"利"字吧。

家庭教师不能代替学校老师，更不能代替家庭教育。孩子必须学会自主学习，也必须有足够的自由时间，不要让家庭教师的辅导变成孩子生活中的鸡肋。父母要相信孩子，给他一个自主成长的空间。

教育启示

为孩子请家庭教师也是一把双刃剑，用得好可以促进孩子的学习，用得不好反而会增加孩子的负担，也会使他平添更多的坏习惯。对于是否请家庭教师，父母要慎之又慎，不要过分看重家庭教师的作用，也不要盲从他人。适合孩子的教育才是最好的教育，提升道德学问、掌握知识、提升能力的教育才是最需要的教育。

27

标准答案

——不要控制孩子的想象力，
否则教再多知识也徒劳

素质教育已经提倡了很多年，但不可否认，今天的学校教育和家庭教育一直无法脱离应试教育的框架。考试中，每一道题目的答案都是标准的，不容任何人去质疑，因为那是唯一正确的答案。在应试教育下长大的父母和老师，思维早已经在大量的题海战术中被模式化。带着这种固化思维，父母也不自觉地用一个方式教育孩子：只要标准，不要想象。

我看过一篇名为《"恶考"时代》的文章，作者的儿子参加市里的单科质量检测，成绩是92分，被扣了8分的题目是这样的：根据唐代诗人李白的诗《早发白帝城》（朝辞白帝彩云间，千里江陵一日还；两岸猿声啼不住，轻舟已过万重山），算一算舟行速度。男孩的计算方式是用1 000里除以24小时，结果被判错了。老师说，市里统一的标准解答是用1 000里除以12小时，理由是古代水上行船应该是昼行夜泊，夜晚的12小时不纳入计算。面对这个标准答案，作者只能苦笑，在文章的最后，作者这样写道：如果李白再世，不知做何感想？

其实，在考试题目中，能干扰孩子想象力的题目往往都是不够严谨的，从某种意义上讲，这种题目并不标准，如果能够真正做到精准，孩子学会的将是准确表达，而不是固化思维。上述文章中的题目本身就存在模棱两可的成分，如果题干中明确表明一天按 12 小时计算，相信孩子也不会算错。这说明，真正的标准题目和标准答案是不会扼杀孩子的想象力的，那些不够标准的题目才会对孩子的想象力提出挑战。

在一堂语文课上，老师提出了一个很老套的问题"弯弯的月亮像什么"，同学们都按老师的思路说出了标准答案——香蕉，唯有一个小女孩说出另外的答案——扁豆。这个非标准答案遭到同学和老师的奚落，从那以后小女孩再也不敢举手回答问题。

其实，先不说小女孩的回答正确与否，之所以标准答案是香蕉，是因为香蕉的色彩与月亮的色彩都是黄色，于是香蕉更合适。而女孩的想象力被扼杀的原因是遭到了老师和同学的否定。如果老师换个方式说："哇，这个答案很有想象力，不过想想看，月亮是什么颜色？是不是阴天的时候，也有可能变成扁豆般的墨绿色？这个问题留给你们课下观察。"老师这样一说，不但没有否定女孩，还进一步让学生学会思考和观察。

因此，根本问题不是标准答案扼杀孩子的思维，而是标准答案本身并不标准，再加上教育者不会引导，导致孩子不愿主动思考，最终成为标准答案下的牺牲品。

而想象力本身是创造力的源泉，任何一位科学家、艺术家或者一位优秀的从业者都一定具备丰富的想象力。爱因斯坦曾说：想象力远比知识更重要，因为知识是有限的，而想象力概括着世界上的一切并推动着进步，想象才是知识进化的源泉。正是因为有了瓦特"为什么蒸汽能把壶盖顶起来"的思考，才有了后来蒸汽时代的到来；正是有了莱特兄弟"人能否长上翅膀，像鸟一样在天空中飞翔"的异想，才有了人类飞天的现实。而任何一个人越是具备想象力，就越会在自己的工作中尝试创新，而职业本身就是因为有了创新才进步，整个社会也是因为有了创新才发展的。因此，一个国家整个国民的想象力决定了这个国家的发展速度，美国的科技之所以发达，不是因为美国人天生具备想象力的优势，而是他们的后天教育很少扼杀其想象力的发挥。

今天的老师和父母是不是太过于信赖标准答案？当所谓的标准答案和孩子的想象力发生冲突时，父母和老师都会肯定答案，而否定孩子。其实，父母信赖标准答案也可以，但一定不能排斥非标准答案。否则，孩子的答案一旦不标准，父母必然要习惯性地打压、否定孩子。如此一来，孩子的想象力如何发展？创新精神如何培养？孩子们不再想象，社会还会发展吗？

因此，请父母们在生活中不要用标准答案去衡量孩子的想象力。答案仅仅是一把尺子，只能测量 A 与 B 之间的距离，而孩子的想象力是没有边际、没有形状、没有规则的，这能用一个标尺去测量吗？测量的数据可用吗？

父母在生活中应该试着这样去做。

不要轻易否定孩子的非标准答案

李先生的女儿读小学一年级。一天，女儿拿回一张数学试卷，她考了 96 分，错了两道题。李先生拿过试卷，发现孩子出错的题目是看图计算，图中树枝上画着 3 只小鸟，其中 2 只已展翅飞离树枝，1 只小鸟也在展翅但还没有离开树枝。图的下方题目为：3－□＝□，女儿回答的是 3－3＝0。

他问女儿为什么这样写，女儿说："2 只小鸟飞走了，1 只小鸟也张开翅膀准备飞，肯定会飞走的，所以我填了 3－3＝0。"但是，标准答案为 3－2＝1。

李先生一听，哈哈大笑起来："你想得没错，这个小鸟都展开翅膀了，肯定也会跟着飞走，因为它们是一家子，不可能分开，对不对？"

女儿看到自己的答案得到了爸爸的认同，使劲点头。

李先生继续说："不过呢，这个题目问的是，就在 2 只小鸟飞离，1 只小鸟还没来得及飞起的时刻，该如何填？"女儿说："那就是 3－2＝1。"

他这样一说，既没有否定题目的严谨性，又用孩子的思维肯定了她的想象力，同时引导了孩子对标准答案的认同。

所以，只要父母有智慧正确引导孩子，标准答案是扼杀不住孩子的想象力的，而任何题目也不会在孩子的想象力和标准答案之间设定矛盾。因此，父母要有一个习惯：一开始并不否定孩子。无论孩子的思维多么不切实际，也不要打击孩子。因为此时，他正展开想象的翅膀飞往一个美丽、有趣、充满奇特的世界，那个世界的灿烂父母是无法体会的。

不要为了培养孩子的想象力而过度否定标准答案

教育本身是一个度的拿捏，过与不及都不会起到积极作用。当父母知道不能用标准答案扼杀孩子的想象力时，是不是又会走上另一个极端——为了保护孩子的想象力，完全否定题目中的标准答案？如果是这样的话，孩子可以在试卷上肆意出错，因为标准答案已经不被父母认可，而发挥想象力才是最重要的。孩子有了这样的思想，就等于进入了另一个误区——想象力和傲慢同时增长。

那位《"恶考"时代》的作者如果大大批评题目的滑稽性，孩子也会因为对题目的鄙视进而延伸到对老师的不信任，或者对现代教育制度的不屑。如此一来，孩子一旦在内心与老师、考试、教育制度产生对立，父母和孩子恐怕将面临一个新的问题——孩子的学习成绩大幅下滑。相信这也不是父母保护孩子想象力的初衷。

因此，父母应客观、平和地对待类似的标准答案。父母应该对孩子说："这个题目是有点不够严谨，不过，这也在考验我们，下次审题要更加仔细。如果你以后能成为出题的人，就要严谨对待，以免误导学生。"这几句话不但没有否定标准答案，而且激发了孩子的责任感。这样的引导应该就是比较理想的。

教育启示

标准答案和想象力之间其实不存在矛盾，不是尊重了标准就扼杀了想象力，更不是为了培养孩子的想象力而唾弃标准答案，关键在于标准答案和想象力之间的桥梁——教育者（父母和老师等）。如果父母懂得如何引导孩子理解标准，更懂得如何激发孩子的想象力，那孩子一定是一个既充满想象力又尊重标准的人。

28

分数

——分数到底是孩子的命根，
还是父母的命根？

不知从什么时候开始，流传着这样一句话："分、分、分，学生的命根；考、考、考，老师的法宝。"一个分数笼罩了多少孩子的快乐心灵，又左右了多少父母的思想？

孩子在乎自己的考试分数没有错，那是他阶段学习的检测结果，是他了解自己在学习上优势与劣势的凭据。但是，仅仅两三个阿拉伯数字，却因父母的过度在乎成为孩子的命根。于是，孩子的喜怒哀乐完全取决于这几个具有震撼力的阿拉伯数字。

有个女孩上初中三年级，对于妈妈看待分数的态度，她总是心存无奈。当她的成绩有所提升时，妈妈特别开心，对她又抱又亲，还给她做美味佳肴。不仅如此，妈妈还不让她干家务，她的袜子和内衣都由妈妈洗。如果她没考好，妈妈的态度会完全不一样，不但会非常沮丧地说"我们辛辛苦苦培养你，你这么不争气、没出息，让人失望"，而且会好几天都不理她，更别说给她洗衣服了。女孩在自己的日记本中写道："真不知道妈妈是爱我还是爱分数。"

这样的父母应该不在少数。在父母的眼中，分数的高低就代表了孩子的优劣。父母对于孩子的态度充分说明了这一点：分数高的就是好孩子，分数低的就是坏孩子。只有好孩子能得到赞赏和肯定，坏孩子就应该承受责备和埋怨。然而，一个活生生的人怎么能用分数去衡量？叶圣陶先生就曾指出，分数并不代表知识，更不是衡量孩子学习好坏的唯一标准。

孩子是一个有思想、有情感、有主动性、有差异性、有潜力的人，而分数只是一个数字、一个有局限性的标尺，分数与孩子根本没有可比性。与其说分数是孩子的命根，不如说分数是父母的命根。而父母拼命抓住这个命根，就等于抓住了未来的希望吗？

两个女孩同上高中二年级，也是一对成绩相当的好朋友。每次考试成绩出来，父母都会很关注她们的成绩，言语之中也会透露出比较之意。

一次期末考试两个人同时退步不少，面对成绩，两人都没有勇气告诉父母，因为她们已经预料到结局将会很惨。好在两个人还能互相安慰和支撑，但是，不想面对的心态促使两人商量着如何逃避，萌生了逃跑、自杀、跳楼等想法。好在最终还是理智占了上风。

如果两个孩子一时想不开做了傻事，父母岂不是后悔莫及？

而今，多少孩子面临分数的压力而患上精神疾病，自杀的事件也时有发生。这是父母抓住命根后想要的结果吗？这是父母没把孩子当命根，而错把分数当命根的结果。

所以，父母应该改变观念，正视分数的局限性，努力把孩子培养为对社会有用的人才，而不是考试机器。同时，父母要真想让孩子取得好成绩，就要明白给孩子过大的压力一定不会成为孩子学习的动力。那么，父母该如何去做呢？

改变观念，不以分数论英雄

哈佛大学心理学教授霍华德·加德纳曾指出，人有八种相对独立的智能：语言智能、逻辑数学智能、视觉空间智能、肢体运动智能、音乐智能、人际关系智能、个人内省智能和自然探索智能。每个人都兼有八种智能，而又突出某种智能。而我们现行的考试多以语、数、外、物、化、生、地为主。这就说明，语言智能和逻辑数学智能强的孩子会占优势，考试潜能自然大一些，分数也会高一些。

如果孩子恰恰语言智能和逻辑数学智能相对较弱，那肯定成为现行考试制度下的失败者，换句话说，孩子很难在分数中找到自信。如果父母再把孩子的考试分数当作命根，那么整个家庭就不会有阳光灿烂之时。

另外，是不是语言智能和逻辑数学智能是人最重要的两项智能，它们决定着人是否成功与幸福呢？当然不是，实际生活中人际智能和内省智能比其他智能都重要，是其他智能得以发挥的平台。

如果孩子从小不懂得如何与人交往、不懂得反省自己的过失，分数考得再高，发展前途也很有限。而这非常重要的两项智能恰恰没有办法在现行的考试制度下用分数测量出来。

被学校教育忽视的音乐、体育、美术等学科，同样是一个孩子可以充分发展的方向，又有哪些父母更多地重视过这些分数呢？

因此，父母一定要改变观念，不要以分数论英雄，更不要用分数的高低去衡量孩子未来人生的好坏。

因材施教，把孩子培养成人才

古今中外的历史事实都证明，分数高的人不一定以后就会成为有成就的人，而很多顶级人才从小都不是分数高的人。比如，爱迪生小时候曾被当作低能儿，但后来成为举世闻名的大发明家；黑柳彻子小时候被学校开除，后来成为日本著名的主持人和畅销书作家；很多"笨小孩"长大后都成了"教育的奇迹"……

父母要看到孩子的天赋，了解孩子的智能特点，不要抓住分数不放。如果父母总是盯在分数上，就很难看到孩子其他方面的优势。看不到孩子的优势，又如何因材施教把孩子培养成人才？

所以，要重新审视孩子，按照他的性格、喜好、潜质，引导他去走适合的教育之路，这样他成长得轻松，父母也不会过于疲惫。

孩子是正在成长中的人，父母要给他真切的关怀，要对他的德行、体育、美育、劳动等各种方面给予关注，这些都是孩子整体素质的反映。有了这个基础，孩子成为人才就是自然而然的事。

培养学习兴趣，让孩子自己寻找书中黄金屋

一位知名教育工作者曾指出，如果一个人在学习的过程中背负着太多与

学习无关的东西，肯定会垮掉。学习本身其实是很快乐的事情。古人说，"书中自有黄金屋""书中自有颜如玉"（《励学篇》），就是说学习本身可以给人带来一种非常快乐的享受。

既然如此，为何现在的孩子在学习中感受到的都是痛苦而非快乐？因为，父母太关注孩子的退步，而对孩子的微小进步忽略不计。同时，现在的孩子都很挑老师，常常因为不喜欢这个老师而讨厌这门学科。因此，父母首先要帮助孩子建立对老师的恭敬心、信任感，要让孩子理解老师，不能在旁边煽风点火地使孩子更加记恨老师。否则，孩子很容易对那个科目失去兴趣，这时再让孩子在此科目上拿到高分，就是强人所难了。

父母要帮助孩子以一个愉快、轻松的心情去学习。如何做到？

父母要常常看到孩子学习中微小的进步，肯定孩子，鼓励孩子。只要从父母那里不感受到太多的压力，孩子就会在学习中感受突破难关的愉悦，突破之后老师的肯定、父母的认可、同学的赞许会让孩子激起奋发学习的斗志。这样，分数的提升不就成了自然而然的事情吗？父母还是把注意力从分数转移到培养学习兴趣上来吧！

重视培养孩子的孝心，孝能让孩子自动自发地学习

我在前面提到，孝是一切教育的起点。对孩子进行家庭教育，也要从教孝道开始。有的父母可能会有疑问："教孩子学习孝道真的管用吗？"答案是肯定的。

一个孝敬父母的孩子会不让父母操心，无论是在学习上还是在生活上，都会尽力让父母开心。比如，《弟子规》中说"亲所好，力为具"，如果掌握了这句话的精髓，孩子就懂得如何去做了。做父母的都希望自己的孩子学习好。而一个有孝心的孩子，如果知道父母希望他学习好，就会主动地学习，根本不用父母在后面催逼，更不需要父母用物质、金钱奖励来诱惑。孩子有孝心，他就会学习好。在孩子看来，学习好就是对父母尽孝。这样，他的成绩还会不好吗？

一个懂得孝敬父母的孩子，也会懂得尊敬老师，正所谓"孝亲尊师"。如果孩子懂得尊重老师，老师讲的课程他就会认真听，也即"亲其师，信其道"，而不用老师千叮咛万嘱咐，学习对他来说是一件自动自发的事，成绩想

不好都难。

我有一个朋友对父母非常孝敬。他从来不强迫孩子学习，孩子的学习都是自动自发的。

对孩子的学习，这位朋友曾这样对我说："很多时候，我都限制他学习，比如晚上他学到很晚，都是我让他熄灯睡觉的。有时早上我还没起床，他就已经早早起来看书了。孩子对我说，他不想让我操心他的学习，他一定会奋发努力的。"

后来，这个孩子以优异的成绩考入北京中医药大学。这位朋友孝敬父母，孩子从小就看在眼里。在孩子心里，他能做的就是主动积极地去学习，不让父母失望。在他看来，这就是对父母尽孝。

这个孩子在为人处世方面也比同龄孩子优秀很多，比如他会利用大学寒暑假的时间回乡义务为患者诊疗。

我想，这就是要教孩子学习孝道的原因之一吧。一个懂得孝道的孩子，不会做出让父母操心的事，他做事前一定会好好掂量做这件事是否有违孝道。同样，一个有孝心的学生也不会让老师操心。原因有两个：第一，让老师操心就是让父母操心，因为老师可能会找父母了解情况等；第二，他会把对父母的孝移到对老师的敬上来，大凡有孝心的孩子都懂得尊师，当然这也需要师有师者的样子，能让学生敬佩。所以，把学生培养得有孝心，的确是一件让老师、父母安心的事。因为这样的学生会做人，也更容易成才；人生之路会非常踏实，也会非常幸福。

一个孩子能好到如此程度，提升分数难道不是小菜一碟吗？

教育启示

一张试卷上的两三个阿拉伯数字居然成了父母和孩子紧抓的命根。父母抓得很辛苦，孩子争得很痛苦。殊不知，以分数论英雄是对孩子潜能的亵渎。父母如果真想把孩子培养成人才，就不能让分数把孩子压垮。孩子带着巨大的压力，是无法在轻松的学习后体会进步的愉悦的。因此，请父母放开紧握分数的手，帮助孩子在书中寻找真正的黄金屋。同时，还要注意因材施教，培养孩子的学习兴趣。更为重要的一点是，重视培养孩子的孝心，让孝道在孩子身上发挥应有的作用。

29

多元智能

——并非解决个性化教育的妙方，
仅为一个角度而已

所谓多元智能，就是哈佛大学心理学教授霍华德·加德纳提出的相对于智商的多元智能理论。按照加德纳教授的分析，每个人都至少拥有独立而又平等的智能。这八种智能分别是：

第一，语言智能。这种智能主要是指有效地运用口头语言及文字的能力，即听说读写能力。这种智能在作家、演说家、记者、编辑、节目主持人、播音员、律师等那里有更加突出的表现。

第二，逻辑数学智能。这种智能是指数学思维、逻辑推理和科学分析的能力。科学家、会计师、统计学家等拥有较强的逻辑数学智能。

第三，视觉空间智能。视觉空间智能强的人对色彩、线条、形状、形式、空间及它们之间关系的敏感性很高，感受、辨别、记忆、改变物体的空间关系并借此表达思想和情感的能力比较强。画家、建筑师、几何学家、工程师等拥有较强的视觉空间智能。

第四，肢体运动智能。这种智能主要是指人调节身体运动以及双手改变物体的技能，常表现为能够较好地控制自己的身体，能够做出恰当的身体反应以及善于利用身体语言来表达自己的思想。运动员、舞蹈家、外科医生、手艺人都有这种智能优势。

第五，音乐智能。这种智能主要是指人敏感地感知音调、旋律、节奏和音色等的能力。它在作曲家、指挥家、歌唱家、乐师、乐器制作者、音乐评论家等那里有突出的体现。

第六，人际关系智能。这种智能是指能够有效地理解别人以及与人交往的能力，包括四大要素：组织能力、协商能力、分析能力和人际联系。拥有这种智能的人在任何一个行业都非常受欢迎。

第七，个人内省智能。这种智能主要是指认识到自己的能力，正确把握自己的长处和短处，把握自己的情绪、意向、动机、欲望，对自己的生活有规划，能自尊、自律，会吸收他人的长处，会从各种回馈渠道了解自己的优劣，常静思以规划自己的人生目标。这种智能在优秀的政治家、哲学家、心理学家、教师等那里表现得尤为突出。

第八，自然探索智能。这种智能是指认识植物、动物和其他自然环境（如云和石头）的能力。自然智能强的人，在打猎、耕作、生物科学上的表现较为突出。

加德纳认为，每个人都拥有这八种智能，但尤有一两种智能特别突出。加德纳的贡献在于为个性化教育提供了很好的思考角度。但是，父母教育孩子是理论和实践的结合，并不拘于文字上的种种规范。所以，著名教育专家林格老师指出，只要儿童在合理的引领下自然成长，就会呈现出丰富的生命图景，根本不用教育者依照八种智能去设计、培养他们的个性。

不要试图用八种智能去套孩子

如果在孩子小时候，父母能够明显发现他确实在某种智能方面特别突出，当然可以挖掘孩子这方面的潜质。但是，很多孩子小时候并未显现出对某一方面的特殊兴趣和爱好，所以，与其寻找八种智能中的某几项与孩子的表现对应，不如找到一个有效激发孩子潜能的办法，让孩子这颗种子自然发芽生长，最终结出应该结出的果实。

那么，这个激发孩子潜能的办法是什么？

美国教育家罗森塔尔做过一个特别著名的实验，他把一群小老鼠一分为二，把第一群交给实验员时说："这群小老鼠属于特别聪明的一类，你要好好训练它们。"把第二群交给另一名实验员时说："这是智力普通的老鼠，你尽力训练吧。"两个实验员开始分别对两群老鼠进行训练。一段时间后，罗森塔尔对这两群老鼠进行穿越迷宫的测试。结果发现，第一群老鼠比第二群老鼠聪明很多，每一个都跑出去了，而第二群老鼠中有很多都没有找到出口。

其实，罗森塔尔对这群老鼠的分组是随机的，他根本不知道哪群是聪明的，哪群是智力普通的。但是，两个实验员的思想中有了对老鼠是否聪明的暗示后，就会用不同的心态和方法训练这些老鼠。第一群老鼠的实验员如果在训练时遇到困难，自己就会有类似的反思："这群老鼠智力超群，怎么会有如此的反应，肯定是我的训练方式出了问题。"于是，实验员就会改变训练方式，以让老鼠的行为与它们的智能相吻合。而第二个实验员遇到困难时就会认为："这群智力普通的老鼠，再怎么训练也不过如此。"最终，实验员以不同的心理训练出了不同的老鼠。

我们把罗森塔尔实验中的老鼠比做孩子，把实验员比做教育者，也就是父母或老师。那么，孩子的发展就取决于父母对孩子的认识。换句话说，父母认为孩子在某方面存在发展潜能，孩子很可能就会在这方面有所成就，原因是父母在这个过程中始终用激发的方式教育孩子。而且，罗森塔尔真的把这个实验应用在了孩子身上，得出的结论与训练老鼠的实验完全一致。这就是著名的罗森塔尔效应。

其实，孩子的潜质在没有被挖掘出来以前都处于沉睡状态，只要父母用看好的心态努力挖掘，孩子的潜能就会自然流露。因此，父母要想成为最成功的实验员，就要认为自己被分到了最聪明的"老鼠"。可见，父母希望孩子成为什么样的人，就要把孩子看成那样的人，对他充满信心与期待；要用美好的意识与能量影响孩子，包围孩子，感染孩子。如此，可能要比往孩子身上生搬硬套八种智能或某几种智能有效得多。

在生活中，用欣赏的眼光激发孩子的潜能

刘老师是小学英语老师，对每一个孩子都很真诚，很喜爱。班里有一个小男孩，父母都是市场上卖菜的小贩，孩子虽然聪明，但是基础很差。刘老师并没有用异样的眼光看待这个男孩，反而总是在他学习积极性提高的时候表扬他，经常叫他发言，并说："××同学最近学习状态很好，继续保持啊！"

而且，刘老师总夸他发音很准，音色很好。之后的测验男孩的成绩并未明显提高，但是刘老师让他知道，这是之前知识基础薄弱的缘故，不代表现今的学习状态。同时，刘老师借机每天另外给他布置5个单词，并抽空帮他听写，不到一学期，男孩的进步飞速，后来者居上。父母的感激之情无法用语言表达。男孩从此爱上了英语，立志成为一名出色的翻译。

在刘老师引导那个男孩之前，相信没有人看好他在英语方面有潜质。但是，通过刘老师的引导，连男孩自己都认为自己是学英语的料。从这个例子中父母应该有所体悟，孩子各方面的潜质是激发出来的，就看父母愿不愿意成为这个激发者。

要想激发孩子的潜能，就一定不能说贬低孩子的话，因为贬低的语言等于给孩子心灵的小火苗上浇了一盆冷水。这盆水的力量父母无法感受到它的强大，孩子却很可能因此而自卑，而自卑就成为阻碍自我发展的最大屏障。等到父母意识到了再修补，为时已晚。

因此，父母不要说类似"这孩子就是动手能力不强""这孩子就是胆子小""这孩子在语言方面没有天赋""这孩子干啥都没潜力"等下结论的话，而是要从内心认为，孩子是具有无限潜能的，即使在某一方面表现出劣势，也是由于我们没有挖掘出他这方面的潜质。只要不贬低孩子，暗示孩子在这方面具备潜能，孩子一定会给父母意想不到的惊喜。

教育启示

在对孩子的个性化教育之路上，多元智能为父母提供了一个很好的思考角度和理论根据。但是，比多元智能更能广泛应用的是父母真正以欣赏的眼光看好孩子。如果父母真正从心底认为孩子具有无限潜能的话，激发就成为自然而然的事情，孩子沉睡的潜质会源源不断地表现出来。千万不可迷信多元智能。

30 热门专业

——风水轮流转，热门会变冷门，
冷门也能成热门

不知道从何时起，许多人开始对大学里的专业根据冷门、热门进行划分。所谓热门专业，是指在社会某一阶段（如近两三年来）比较新潮、社会需求强烈以及薪水较高的专业，如商务经济学、市场营销、国际贸易、信息安全、广告学、软件工程、网络工程、数字媒体艺术、通信工程、电气工程及其自动化等。

大部分父母希望孩子能够进热门专业学习，因为毕业后就业率高，发展前景好，薪水待遇也不错。但遗憾的是，父母的眼光只停留在此时此刻，很多热门专业报考的时候热得烫手，几年后并未如父母想象中的那样热，甚至变成了冷门。

正如"中国式管理之父"曾仕强教授所指出的，高考本来应该选自己感兴趣的专业，但是现在都是选热门专业，其实这是跟自己过不去。热门都是现在看来有出路的，将来会怎样谁也不知道。这阵子学物理的最好，大家一哄而上；等到毕业时，正好物理冷下来，土木热了起来，学物理的都没有了出路。然后又一批学土木的进去，等到他们毕业，土木又不需要了，化学热了起来……赌注下错了，那不糟糕了吗？只热一阵才叫热门，可见热门并不会长期持续下去。物以稀为贵，人以冷门为强。当你的专业变成所有人都懂时,就不叫专业了。

的确如此。事实上,很多父母对热门专业的理解是盲目的,简单地认为社会对人才的需求就是对毕业生的需求。毕业生只意味着自己学过某个专业,人才的界定却远非这么单一。父母一味地看准热门,是不是太偏激了?

一般所说的冷门专业,是指人们传统观念上认为的社会上需求相对较小、就业比较困难的专业,如哲学、历史、地质、海洋、气象、农业、林业、勘探等。然而,风水轮流转,三十年河东三十年河西,热门专业可以变冷,冷门专业也完全可以变热。前些年生物技术、生物工程、法学、美术学、音乐表演等热度极高的专业,近几年却亮起了黄牌甚至是红牌,有的高校因毕业生的就业率低而直接撤销了这些专业。

前些年,在南京某高校的校园招聘会上,该校学前教育专业的毕业生被争抢一空。这个专业几乎每位毕业生的手上都拿着三四家单位要求签约的合同书。校领导说:"在招聘会前,就已经有很多单位冲着学前教育专业要人。4年前,这个专业在招生时的录取线是学校所有专业中最低的,由于报考的人不多,很多学生都是'服从'来的。"学前教育专业为何变成热门了?这与近几年社会的发展有密切关系。以前的幼儿园对老师的素质要求不高,会跳会唱就很不错了。这几年,人们逐渐意识到启蒙老师的重要性,因此,各大教育机构开始把老师的道德素养、教学能力、有没有经过正规培训当成聘用的重要标准。因此,这些科班出身的毕业生自然供不应求。

看看,当初的冷门专业如今热得不得了。专业冷热门的转化之所以会在短短几年内出现,主要在于高校专业设置与快速变化的市场需求错位。那么,除了高校需要做出相应调整,父母也要理智地面对所谓的冷热门专业,父母和孩子选择热门,也是为了能更好地就业。那么,父母如何才能帮助孩子达到这个最终目标呢?

根据孩子的喜好选择专业

既然未来的专业需求谁也不好准确预测,父母就不要追求所谓的热门,刻意回避所谓的冷门,而是要根据孩子的爱好选择专业,因为兴趣是最好的老师。在上大学后始终愿意学习自己的专业,并且随着学习的深入以及不断的探索和研究,孩子对自己的专业就不可能不精通。专业素养这么好的孩子,毕业之后还愁找不到理想的工作？

但是，有的父母违背孩子的喜好，打着"已经为孩子安排好毕业后的出路"的旗号让孩子选择自己不喜欢的专业，即使再热门，孩子也提不起学习的热情。

尊重孩子自己的选择吧，孩子知道他想要什么，不是什么冷热，而是喜好！

提高孩子的综合素质

父母希望孩子报考热门专业是为了更好地就业。但是，好专业绝不是好就业的唯一条件。若想让孩子在激烈竞争的今天占得一席之地，除了专业素质，个人修养和综合素质也成为用人单位的必备考量条件。

2005年10月，在广州一个大型人才招聘会上，一家传媒公司开出18万元的年薪聘请一名客户总监，这个职位对应聘者的要求是：第一条，熟背《弟子规》；第二条，待人接物彬彬有礼；第三条，有一定客户资源。但是，直到招聘会结束都没有一个人应聘该职位。

一家以盈利为目的的传媒公司为何要招能熟背《弟子规》的员工？面对媒体记者的疑问，该公司总经理表示，公司所有员工都能够背诵《弟子规》。目前，还找不到一本像《弟子规》那样能有效规范员工行为举止的读本。该公司入职仅3个月的张姓员工告诉记者，初来时他也对要求读背《弟子规》表示诧异，但经过一段时间的朗读，他发现书中句句珠玑。他随口道出："见人善，即思齐"；"见人恶，即内省"；"唯德学，唯才艺，不如人，当自励"；"闻过怒，闻誉乐，损友来，益友却"；"将加人，先问己，己不欲，即速已"。他表示，如果小时候能读到这些为人处世、待人接物的道理，长大后会少走很多弯路，由此也明白了公司要求员工诵读经典的良苦用心。记者也采访了有关专家。一位管理学专家表示，利用传统经典充实现代企业文化并运用于管理，这是一种创新，相对于很多企业教条式、口号式的企业文化，《弟子规》教导的为人处世的态度和规范恰好能更有效地让企业员工运用在日常工作和生活当中。一位教育界人士则认为，熟背《弟子规》成为企业招聘高层人员的条件之一，说明传统经典文化已开始受到社会的重视；同时，熟背《弟子规》难倒众多求职者，从另一方面来看也是对教育界的一个警醒。

事实上，很多员工学习了《弟子规》，为人处世和待人接物的态度有了很大改观，工作热情提高了，公司效益更是增加了很多。

今天，有很多公司人力资源部门的负责人都对毕业生的综合素质提出了要求。他们不约而同地认为，良好的道德是一个员工最基本的素质，没有这个基础，越好的专业技能越有可能给公司造成不可弥补的损失。

因此，父母在苦于选择热门、冷门的时候，不如把精力集中在对孩子为人处世、待人接物的培养中，让孩子成为一个有礼貌、有信用、有能力、有修养的好孩子。这样的孩子不怕没有出路。而这样的功夫从现在就要下，也就是从知道这件事重要的当下就要开始做，而不要等到孩子上大学了、大学毕业了再做，那样就为时已晚。

激励孩子把职业当成为人民服务的途径

当今社会，父母希望孩子获得的都是能有个人发展、能获取个人福利、能赚大钱的工作。而早已忘记人是社会的一分子。孩子在用所学的知识展现自己的同时，也在为社会创造财富、为社会做出贡献。哪怕是一个不起眼的职业，也是在为人民服务。

当父母有这个思想的时候，还会在所谓冷门和热门中间徘徊吗？只要孩子能够用自己的力量为社会做事，孩子的价值就有所体现。事实上，孩子的一切素养会随着他的为人处世而展现出来，并影响身边的人，改变身边的事。此时，不是职业够不够热，而是孩子自身在发光。这样的孩子才是真正有利于社会的最好人才。这样的人才用人单位抢着要，孩子还愁没饭吃？

父母不要把孩子的职业与功利联系在一起。孩子为了赚钱而工作的时候会很痛苦，为了服务大众而工作的时候则会很快乐！

教育启示

风水轮流转是自然规律，曾经的热门专业会变冷，曾经的冷门专业也会变热。既然父母和孩子都无法准确地判断冷热变化，就不如把精力放在更重要的方面：鼓励孩子学习自己喜欢的专业；培养孩子成为修养好、综合素质高的孩子；激励孩子把职业当作为人民服务的最佳途径，而不是赚大钱的平台。这样，孩子就一定会成为社会稀缺的人才。

31

潜规则

——不要助长潜规则，不要给学校、老师请客送礼

讲潜规则这个话题貌似有些敏感，但在当前某些地方的中小学教育领域确实存在，于基础教育、于教育工作者、于孩子、于父母均无益。

中央电视台曾经曝光"八大教育潜规则"——免试就近入学却争相择校、择校费都是"被自愿"、叫停奥数又现希望杯、禁止排名却以升学率竞争、不得分重点班就建创新班、不得补课就换地继续补、有偿家教屡禁不止、学生集体易地上培训班。看后着实惊出了一身冷汗。

2010年5月，全国各大媒体集中报道了这样一件事情：南方某市教育局局长因受贿落马。事后调查发现，该市几乎所有的中小学校校长居然都被牵连其中。之后全市的上百位学校校长集体到纪检部门自首，纷纷交代自己的问题。一个教育局局长的倒台就好比拔树，树倒了，地下的根须蜿蜿蜒蜒，于是就拔出许多带有经济问题的校长。

这不能不让人震惊！被树为百年大计的教育，竟然向人们显露出如此丑陋的一面！试问，一个有着严重经济问题的教育局局长，又有什么资格去指挥下面上百所学校的运转？试问，主动去自首的那上百位校长，又该如何教育他们所面对的成千上万的孩子？

也许有人认为，这不过就是他们的潜规则嘛！无论做什么事，都有个所谓的规则不是？

不知道从什么时候开始，潜规则这个词逐渐风靡整个社会，好像只要是个圈子，总会暗藏一些莫名其妙的规则，如果有人不遵守，那么这个人可能就会被"规则"掉。潜规则无处不在，最让人痛心的是已经侵入了被称为净土的教育界。也许有人说是随波逐流，也许有人说是无奈，但它的存在不容忽视。

这种所谓的潜规则，也慢慢从教育界的高层向下渗透，太多的父母加入其中。在这个规则中，择校、分班、选班干部甚至连排座位这么简单的事情，父母都有可能会送礼，以求让孩子能坐到一个好位置，尽量挨着学习好的同学，上课听讲能更认真些。如果说潜规则渗透进了父母心中，那么父母不加反抗地接受，然后用金钱、礼物将这种风气抬高，就是在让潜规则的根系变得更大、扎得更深。

一位母亲是一所普通小学的老师，她的儿子快要上小学了。最开始她并没有把这当成一回事。然而，那一年刚过3月，她就发现事情似乎不妙。原来当时几乎所有重点小学的校长手里都握有一大把关系条子，特长生的指标早就被内定外补地占满了。

摆在这位母亲面前的路有两条：其一，让孩子上自己的学校，虽然方便，但毕竟是普通小学，谁不想让孩子上好学校？其二，掏3万元，也就是所谓的助学金，之后再找人托关系让孩子上重点小学。

如此辗转反侧了一个多月，这位普通教师还是掏出了3万元，她说："谁能拿孩子的命运开玩笑呢？现在都这样，又有什么办法呢？"

有的父母这样说："我身边的人，凡是遇到孩子上学的，都在花钱、托关系，就这还有大失所望的。教育部文件的精神像我这样的一般人是领会不透的，但我从上学这件事里领会出的唯一味道，就是铜臭味。"

这样的话听来让人内心五味杂陈，这样的事情难道不应该引起深思吗？

一个人有很大一部分时间需要在学校里度过，然而近年来，从小学甚至幼儿园开始，孩子就一直在教育界的潜规则里挣扎。孩子无知，父母无奈。

相信许多人还记得前几年春节晚会上的一个小品。两位家长都为了自己的孩子能够上学，去向学校的教导主任送礼。父亲为了自己的儿子能上学，暗中比较与另一位母亲所送礼物的价值，在那位母亲将其错认成是教导主任的时候也不说破，还让她将礼物拿走。中间笑料不断，也算是欢声笑语。但笑过之后，有没有人仔细想过，这不就是典型的讽刺吗？这不就是在讽刺那些为了孩子的学习而走后门送礼、通过不正当手段却也在助长不正之风的父母吗？

大家都知道潜规则让人深恶痛绝，可是在形势的驱使下，还是有太多的父母去顺应潮流。反过来仔细想想，虽然规则存在，可是若人人都不去遵守，这个规则还能持续多久呢？换句话说，不正是父母们一个个推波助澜，才使得这股风气愈演愈烈吗？

所以，奉劝各位父母，是金子总会发光。孩子只要能认真学习，只要能掌握能力，无论在哪里学习都一样出色；父母一身正气，孩子也将学会正确的做人道理。

与其去送钱，不如提高孩子的综合素质

早在2007年初，就有人算过一笔账：一个孩子上一所好的小学6年，助学金3万元，每年学费1万元；升一所好初中的助学金4万元，每年学费1万元；好的高中其教育消费水平假设与初中持平，也是助学金4万元，每年学费1万元；到了大学，总消耗量约为6万元。如此粗略算下来，一个孩子从上小学到大学毕业，仅仅是学费就已经接近30万元！

而刨除这些，父母还要继续给各级的老师送礼、请客，为了孩子学习上五花八门的问题继续大把大把地掏出钱来。父母对孩子教育的投资估计是一个家庭买房之外最大的一笔开销了。别忘了，这已经是十多年前的事了，今天的行情是不是"更上一层楼"了？

再说一个很现实的问题。父母这样费力地用各种手段为孩子创设了良好的条件、开辟了无数条所谓的便利通道，这对接受这些投资的孩子就一定好吗？他就一定能出成绩吗？答案显然不是肯定的。

小昭的父亲用尽一切办法，花钱请老师吃饭、托关系找人送礼，将他送进了市重点中学。但父亲自己也知道，这不过是一个表面风光的事情罢了，因为小昭的学习成绩并不算好。

果然，在那所市重点中学里小昭的成绩与同班同学差了很大一截，用老

师的话说就是，每次考试他都会拖班级的后腿。而小昭自己也变得自卑，转而自暴自弃。他开始逃课，结交校外不良青年，最后竟然擅自退学，混迹于社会。

父亲痛心不已，但这时候的小昭已经不服管教了……

如果小昭在一所普通中学里，尽管成绩不好，但是不会有那么强烈的反差和对比。父母若给他一些积极的鼓励，帮他克服学习上的缺点，他也不会由自卑变成自弃，恐怕这个故事就是另一种结局了。

俗话说："酒香不怕巷子深。"用通俗的话来说，就是只要一个人有真本事，无论走到哪里都会有用武之地。

可见，如果父母盲目地利用潜规则让孩子上重点学校，而不考虑孩子的实际能力与水平，孩子往往是不能在重点学校受益的，甚至还会害了孩子。再就是，如果孩子对这种上重点的方式不能理解和承受，可能还没有上学就开始厌学了。为什么？可能认为自己在那里学不好，能力不足，会有极大的挫折感，进而对上重点这件事非常排斥，又怎么能学好呢？

所以，父母先不要因为所谓的规则而慌了手脚，要静下心来仔细想一想，自己这样的折腾不也是为了能让孩子好好学习吗？让孩子进好学校、竞选班干部不也是为了让他变得优秀吗？那么为什么不试试去鼓励孩子努力奋斗呢？为什么不将精力放在教育孩子多学知识上呢？为什么不将钱花在培养孩子的综合素质和能力上呢？如果能让孩子的知识和能力得到补充与提升，他拥有的将是可以享用一辈子的财富，而不只是一时的风光与无尽的痛苦。

树立好榜样，不要让孩子也陷入潜规则

有个词叫"上行下效"，上有潜规则，下面的基层学校就开始效仿，吃喝相请之风就这样悄然刮起，无非是为了让自己的学校比别的学校更有长处一些，无非是为了让自己的学校不被竞争下去；学校里既然开始流行这个，把孩子送进学校的父母又怎么能放过呢？于是太多的父母开始投学校、投老师之所好，无非是为了让自己的孩子能够"顺理成章地脱颖而出"，无非是为了让自己的孩子能够享受到所谓的"优惠政策"，最终还要美其名曰"一切为了孩子"。

据媒体报道，香港城市大学数学系有一名来自内地的女研究生，她公然

将 1 万港元放进了数学系一名副教授的信箱里，又用电子邮件向副教授索取试题和答案。最终，这件事东窗事发。这名女生承认向老师行贿，被判监禁 6 个月，她给教授的 1 万港元贿赂款也被充公。

父母辛辛苦苦地培养的研究生学到了什么？贿赂！通过贿赂来达到她学习上的某些目的！不管她是从社会上学的还是跟父母学的，也不管她究竟有什么隐情与无奈，这件事只会让人唏嘘不已。孩子从小长到大，最后学会的竟然是利用潜规则来做事！很难想象，这名女生如果不是在学校里被抓到，而是顺利步入了社会，是不是还能做出比这更出格的事情？

孩子都是天真无邪的，从父母那里学到的东西太多太多。父母是孩子最亲近的老师，也是一生的老师，难道父母就不觉得自己肩上有很沉重的担子吗？如果孩子在小时候就学会了这种为了利益而不择手段的潜规则，那么他将来无论做什么事岂不是都潜藏着危险吗？恐怕会是一条他为了达到目的而选择的断送自己人生的不归路啊！

说得严重了？好像一点都不！

教育启示

教育潜规则的存在其实不过是"众人拾柴火焰高"，如果大家都去釜底抽薪的话，这股邪火还能烧多久？如果所有的父母既不"雪中送炭"，更不"锦上添花"，这所谓的潜规则在正义与公平面前又怎么会存在呢？所以，这不是一家父母的事情，而应该是所有父母的事情，也应该是所有教育工作者的事情。当然，潜规则并不是普遍的，而是个别的、少部分的，所以父母也不必惊慌、惊讶，如果孩子所在的学校没有这些潜规则，那就不要再通过自己的力量助长这种不正之风。

第四章
PART4

你强加给孩子的爱，让他吃不消

　　你是否非常希望孩子能圆你没能圆的梦？是否把孩子当成炫耀攀比的工具？是否在想当然地照搬别人的成功教子经验？是否让赏识教育变了味，没有起到好效果？是否不经意间或是有意识地做了孩子的"奴仆"？是否对孩子期望过高，让他背负了太多的压力？是否给孩子做过所谓的智力测试？是否给孩子套上了荣誉的枷锁？是否还在袒护孩子，让他在你的羽翼下安心成长？父母这些所谓的"爱"是强加给孩子的，孩子会因此而吃不消。他不需要而你硬给他，是在以爱的名义伤害孩子。

32

圆梦

——把未竟的理想强加在孩子身上，
是对孩子权利的漠视

每个人成长的过程中，都会亲手种下理想的种子，也许是长大成为音乐家、艺术家，也许是长大成为宇航员或火车司机……总之，各种各样的想法会存在于不同的成长时期。父母也曾树立自己的理想，也许实现了，也许正在努力，也许已经放弃。无论处于哪种状态，理想都曾是父母青春时美丽的梦想，值得回忆也值得珍藏。

然而，曾几何时，没有实现理想的父母们开始把这种希望寄托在儿女身上，自己没有得到的，希望儿女能通过努力去获取；自己没有感受到的，希望儿女亲身去体会。所以，我们经常会听到这样的叮嘱："我们那时候条件差，大学招生很少，进大学很难；你们现在条件简直太好了，一定要好好学习，争取进重点大学深造！""我从小就喜欢画画，可惜没有老师指导，要是有你现在的条件，我肯定早就是个画家了，所以，你以后一定要成为中国有名的画家！""我上了研究生也没什么大出息，工资还是一点点，你以后一定要考博，学历越高，收入越多！"等等。

父母在说这些话的时候，有没有问过孩子：你愿意吗？你的爱好是画画吗？你对高学历高收入是怎么看的？父母问过了，孩子回答了，父母还会不会用一大堆语言说服孩子继续实现自己尚未完成的理想？如果是，父母是不是仅仅把孩子当成完成自己理想的工具了？父母养育了孩子，但是，孩子不是谁的俘虏，更不是完成他人理想的工具。如果父母这样对待子女的话，相信子女宁愿不要被生出来。

请那些逼迫孩子完成自己理想的父母醒一醒，醒来之后轻轻地问一问孩子："你的兴趣爱好是什么？长大了想做什么？"如果孩子回答了，就支持他吧！然而可悲的是，很多孩子都会回答"不知道"，或者顺着父母的理想回答。这是为什么？是孩子从小的兴趣爱好没有被关注，在孩子尚且没有树立理想的时候，父母已经把自己的理想植入了孩子的思想。孩子被动地听父母吩咐，时间一长，父母的理想逐渐深化在孩子的意识里，最后同化成孩子自己的"理想"。孩子的麻木和无助，父母感受到了吗？

然而，孩子能实现父母理想的概率有多大？在违背孩子自己意愿的情况下，能实现父母理想的可能性太小了。孩子无私地努力了，但结果很可能是一场空，孩子也会因此付出青春甚至生命。相信这不是父母希望的结果。即使他勉强实现了，前方的路也未必就那么平坦，荆棘与坎坷或许会带给他更大的痛苦。

父母不要执迷于自己的理想而不悟，孩子能幸福的前提，一定不是走别人的路。父母要欣然地让理想成为记忆，而努力帮助孩子实现自己的理想。孩子的理想实现了，父母"希望孩子幸福"的理想不是也实现了吗？所以，请父母改变观念，成就孩子。

不轻视孩子的理想，哪怕它看起来那么 "卑微"

父母当初可能立志高远，但是今天却不可以用自己的标准去衡量孩子的理想。比如，有的孩子看到火车后非常兴奋，说自己以后要当火车司机，此时父母不可以藐视孩子的理想。孩子年纪小，看到成年人可以做到但自己尚且做不到的事情时就会不自觉地向往，而这种向往会成为孩子现阶段的理想。随着年龄和阅历的增长，理想也会改变。

父母没有必要在孩子的心灵中留下类似"当火车司机没出息"的烙印，那只是父母对某种行业的误解。三百六十行，行行出状元。能做好的人，综合素质一定很高，做得越好，利益群体越广。因此，父母要打破行业有高低贵贱的思想，更不可以把这种思想灌输给孩子。否则，不仅会误导孩子对理想的选择，还会让他学会以不平等的心对待所谓"没出息"的人。

所以，当孩子说"爸爸，我想当火车司机"的时候，爸爸应该回答："好啊！火车司机就是整列火车的主心骨，是舵手，每天可以为很多人服务，是很了不起的职业！"父母这样说，孩子会觉得自己确立理想的时候并不渺小，而且会对这个职业肃然起敬。从这个对话中，孩子体会到了自信和对他人的恭敬，这就是最大的收获。

观察孩子的兴趣所在，帮助孩子从小树立自己的理想

三五岁的时候，父母可以从孩子的动向中判断他的兴趣爱好。比如，有的孩子喜欢拼图、搭积木、走迷宫等安静的游戏，说明孩子会在科学类和智能类方面有所发展；有的孩子喜欢收集彩色糖纸、捏橡皮泥、画画等，说明孩子的兴趣在绘画、雕塑等艺术方面；有的孩子喜欢唱歌、读书、听声音等，说明孩子有音乐、语言等方面的天赋；有的孩子喜欢打闹、轮滑、踏板车等户外活动，可以培养孩子的体育运动兴趣。

每个孩子都有自己的天赋，这决定了孩子的兴趣和喜好。父母通过细心的观察一定可以判断出自己的孩子是哪块料。一旦发现就要努力培养，并帮助孩子在这方面树立理想。如果孩子从小的兴趣爱好并不突出，说明孩子以后有可能成为博才而不是专才，父母就鼓励他好好学习，将来成为对社会有用的人。这样，孩子就会把"有用的人"定为自己的理想，便不会因"为什么活着"而迷茫。

当然，父母一定要注意，对孩子的理想教育一定要在初中毕业前完成。就是说，上高中后孩子一定要知道为什么学习，为什么考大学，为什么而奋斗。但是，孩子人生的理想最好不要确立为类似"考大学""考博士"之类的学历理想，否则孩子考上大学或博士之后，可能就不知道下一阶段该做什么了。这也是很多当今大学生对前途感到迷茫的重要原因。

所以，父母要帮助孩子确立类似职业方面的理想，比如教师、医生、编辑、设计师、工程师等。而且，父母要引导孩子认识到从事这些职业的目的不是赚大钱，而是为人民服务，为社会和国家做贡献。古圣先贤就倡导"读书志在圣贤，为官心存君国"（《朱子治家格言》）。这样，孩子就不会半途而

废，就不会因为有外界的诱惑而改变理想。这才是最好的理想教育。

孩子确立了理想之后，父母要全力支持他、鼓励他

有个男孩从上初中开始就表现出对厨艺的热爱。高中毕业时，父亲想让他报考电力专业，以后好进入相关单位。但是，男孩表示想学烹饪。父母商量后，决定支持孩子的想法。于是，男孩报考了烹饪与营养教育专业。如今，不到 30 岁的他以熟练的烹饪技艺、扎实的烹饪科学理论及餐饮管理知识与营销业务能力，成为一家五星级酒店的高级职业经理。他因能从事自己喜欢的行业而感到庆幸。

烹饪虽然是普通行业，但是孩子做得开心、做得乐意、做得有动力就是最好的事。当父母因没有实现自己的理想而痛心时，就更要支持孩子、帮助孩子完成他的理想，不要因父母的不支持而让孩子与理想失之交臂。这对孩子而言，是终身的痛苦和遗憾。

因此，孩子确立了理想之后，父母应全力支持他；孩子在实现理想的过程中遇到了阻碍，父母应开导他、鼓励他。孩子梦想成真，父母"希望孩子幸福"的理想也会成真。

教育启示

当父母追求自己的理想时，一定是积极而又努力；而当理想没有实现时，一定是失落而又无奈；当回想起曾为理想奋斗时，一定会心潮澎湃。既然如此，如果孩子连追求自己理想的权利都没有，如果孩子都不知道追求理想是什么感觉，如果孩子无法体会成功和失败的滋味，父母会不会觉得自己太自私了？因此，请父母尊重孩子的意愿，支持孩子追求自己的理想，让孩子也像父母年轻时一样去体会、去感受、去寻找想要的生活。

33

炫耀攀比

——拿孩子跟别人比较，
带给他的只能是不满与痛苦

类似下面这样的情形，你熟悉吗？是否做过？是否看到过？

两位妈妈正在谈论自己的孩子，其中一位说："我儿子最近会背 40 首古诗了，你儿子呢？"另一位妈妈皱了皱眉头，说："别提了，我儿子最近不努力，只记了 30 个单词，我还得让他再加加油。"

在我们的周围，很多父母有类似的攀比倾向，他们喜欢拿孩子的表现、学习成绩和别的孩子对比。对比之后，一些父母开始对孩子抱怨："你看看人家××这次又考了第一，你再看看你！""人家××多懂事，看见熟人会主动打招呼，怎么你见了熟人就成哑巴了呢？""人家的孩子一回家就学习，你就知道玩游戏！"……

父母这种攀比心理来自哪里？难道是单纯地希望孩子好？不见得吧！仔细回想一下，是不是每次和别人比较完后，如果自己的孩子略胜一筹，会觉得很有面子，有一种胜利的喜悦？如果被比下去了，会觉得脸上无光，甚至对孩子非常不满？遗憾的是，很多父母并没有意识到自己的攀比心理已经对孩子造成严重的伤害。

孩子 A 和 B 从小一起长大，还是同班同学，学习成绩都不错。他们的妈妈经常暗地里比较成绩。一次期末考试，A 考了班级第 1 名，B 却只考了班级 30 多名。

妈妈因为心理不平衡，每天都不给 B 好脸色，还强迫他利用假期上英语、物理补习班，提前学习下一学期的内容。期间妈妈还告诫他："你必须好好学，给妈妈争口气，超过 A。"

在这种高压之下，B 的成绩不仅没有提高，还与 A 的关系越来越紧张，又因为个性被长期压抑，出现了严重的心理问题。

有的父母可能认为，自己这样说就会激起孩子的上进心，会让孩子更加努力。殊不知，这样的比较就已经很明显地显现出了父母的功利心。为了不被某个优秀的孩子比下去，让自己脸上无光，父母才会用优秀的孩子来刺激自己的孩子。父母的这种做法无疑会给孩子带来很大的心理压力。

所以，我们要认真反省，有没有对孩子寄予很高的期望，希望他处处比别人强，甚至恨不得他小小年纪就出人头地？如果有，恐怕孩子还没成长起来，就已经在父母的高压之下，因为低人一等的自卑心理失去了积极进取的动力，又或者失去了对生活的热情和信心，甚至做出极端的傻事来。相信这是每一位父母都不愿意看到的。

如果父母因为虚荣心得不到满足，不断向孩子施压，那孩子力不从心、事与愿违时，又该如何寻找出口呢？

2011 年 2 月，各地中小学刚开学，网上出现了一则名为《别人家的孩子》的帖子，仅仅几天，这个帖子的浏览量就已经破万。

帖子中说道："从小我就有个宿敌，叫'别人家的孩子'，这个孩子从来不玩游戏，不聊 QQ，不喜欢逛街，天天就知道学习。长得好看，又听话又温顺，回回拿第一，不让人操心……嗯，我在我妈眼里是最差劲的，好像她恨不得生的是别人家的孩子……"很多网友纷纷跟帖表示，恨透了这个叫"别人家的孩子"的虚幻攀比对象。

针对这个帖子，记者随机采访了各个年龄段的 20 多名学生，绝大多数学生都表示，父母经常用"别人家的孩子"教育自己。

从这一点来看，父母爱比较的传统似乎历史十分悠久，这样的比较的确给很多孩子甚至一些已经成年的人都留下了深刻的印象，似乎所有人都对自己被拿来与他人比较感觉不舒服。有心理专家表示，"别人家的孩子"甚至会诱发个别孩子的心理问题。

可见，父母盲目炫耀、攀比孩子只会带给孩子痛苦与不满，当孩子不能给父母"长脸"时，父母又何尝不痛苦？可见，这样的行为对自己和孩子的伤害都是不可避免的。而且，比较对孩子本身就是不公平的。父母也完全没有理由盲目拿孩子和别人比。

从生命形成的那一刻开始，基因就决定了他们之间的差别，而且后天家庭环境，父母的文化水平、道德修养、职业、育儿经验等各方面的素质都是不同的。可以说，遗传和环境的不同必然会培养出不同的孩子。

如果非要比较的话，父母就先从自己的育儿理念和投入在家庭教育上的时间和精力开始对比吧，那样一定可以找到孩子间存在差异的原因。

当然，如果真想从根上找，就请问问自己在孕育这个孩子的时候，是否真的做好了充分的准备？孩子是有备而来，还是随意而来？这一点，相信每位父母都清楚得很。事已至此，父母还能做什么呢？

彻底摒弃攀比孩子的想法

一个宽松自然的生活环境对孩子的健康成长至关重要。这种宽松环境的营造需要父母从内心深处摒弃炫耀攀比孩子的心理，不用比较的方式给孩子施加压力，不对他说让他丧气的话，也不要让他在外人面前炫耀才能。

有人曾问比尔·盖茨："为什么你能有今天的成就？"他思考一番后说："我的妈妈从来不拿我和别的孩子比，不管做什么，妈妈都会支持我，并从中找到值得肯定的地方。"比尔·盖茨的妈妈用赏识的态度培养出了一个世界首富。如果父母能有赏识的态度，相信孩子也能创造人生的辉煌。

父母要时刻坚信，自己的孩子可能在某些方面暂时比不上别人，但是某一方面肯定要远远超过别人。可能表达能力比较差，但是善于倾听；可能学习成绩不好，但是很热心；可能脑子没那么聪明，但是很上进……

父母应该多看到孩子的优点，多注意他在哪些方面做得好，别将学习成绩看得太过重要，要多关注孩子其他方面的表现。如果孩子有缺点，就鼓励他战胜缺点，而不是将别人的优点这个"大盐块"撒在孩子的缺点这个"伤口"上，否则他就可能会因此而放弃继续努力，甚至自暴自弃。

只要父母能够赏识孩子的闪光点，以平和的心态对待孩子暂时的不足，即使跌倒，相信他也一定能保持信心，将自身的优势发挥到最大。

将目光放回孩子身上， 引导他纵向比

比较有两种：一种是横向比，即和别人比；另一种是纵向比，即和自己比。父母可以适当地引导孩子找到和别人的差距，但更多的还是要引导孩子看看自己是否取得了进步。这样父母才能全面看待孩子的优缺点。

真的没有必要总拿自己的孩子去和别人家的孩子比，只要今天比昨天有进步，父母就应该祝贺他，这是对孩子的一种赏识、鼓励与肯定。

一位妈妈每次和女儿一起出去，看到别的孩子会弹会唱，心里就不是滋味，免不了责怪女儿当初不好好学钢琴，现在一样乐器也不会。这种比较导致女儿不再愿意和妈妈一起出去。

妈妈认识到这一问题的严重性后，改变了策略。每次女儿做对一道相对较难的题或者某一科考试有进步，妈妈都会鼓励地说："这么难的题目你都能做出来，看来你努力了。"这样的纵向比较激发了女儿的学习兴趣，母女关系也有了很大改善。

可见，纵向比可以比出孩子的信心，激励他取得更大的进步。因此，父母要善于发现孩子的点滴进步，多引导他和自己比。当孩子因为别人的评价或者比较而产生负面情绪时，父母也要注意引导他发现自身的优点，增加自信心。

教育启示

在孩子心中，哪怕所有人都看不起他，只要有父母的支持，他就一定不会丧失前进的动力。但如果父母为了满足自己的虚荣心，忽视孩子间的个性差异，盲目地拿孩子与别人做比较，那么，孩子很有可能会成为父母面子下的牺牲品。相反，父母若能客观地看待孩子间的差异，把它当成其个性形成的开始，孩子一定会朝着父母所期待的方向努力前进。

34

照搬教育经验

——不把孩子当试验品，
哈佛女孩克隆不出来

现在市面上有许多所谓教育孩子的经验书籍，有些父母盲目跟风，买来各种各样的书籍，将其中的经验照搬到自己孩子身上。这样的父母大多抱有这样的想法：人家的孩子是人，我的孩子也是人；人家孩子这样教育能进哈佛、能出成就，我的孩子这样教育一定也没有问题。

钟先生自认为是一个"很懂教育"的父亲，他经常买一些教育类的书来看，一些相关的教育方法和理念他几乎都能背诵。

他最初学习的是美国的教育方法："要给孩子创造一个宽松和谐的教育环境。"上小学的儿子却并没有"领情"，本就贪玩的他在这种宽松的环境下变得更加任性了。

一看这个方法不行，钟先生又买了许多其他书。有一本书介绍，韩国父母用体罚来教育孩子，结果韩国的孩子拥有了很顽强的意志品质。于是，钟先生又将这个方法原样用在了儿子身上。只要看见儿子哪个地方做得不对，或者哪里瞧着不顺眼，他直接上去拳打脚踢。但这样做的后果是，儿子因为忍受不了他的打骂，最后离家出走了……

后来，虽然孩子找回来了，但是钟先生陷入了深深的困惑中：为什么这么好的教育方法，放在自己的孩子身上却看不到一点效果？

是啊，为什么呢？同样是这个问题，再来看另外一个例子。

有位教育专家曾在书里说要"替孩子写作业"，这个"替"的发生与发展是有一定前提条件的。许多父母却直接跳过了这些条件，只一味地照搬这个方法。甚至一位年轻的教育工作者看过这本书之后，也说："以后有了孩子，我也要替他写作业。"

这不能不说是一种悲哀，因为每件事情的发展都会有一个背景、有一个条件，教育孩子也一样。更重要的是，每个孩子都有各自的特点。也许那位教育专家替孩子写作业，是在让孩子避免机械式的重复劳动，从而让他能学到更多。其他父母如果是没有原则、单纯地去替孩子写作业，却可能最终造成孩子产生反对老师、失去耐性、不愿动脑、犯懒等一系列毛病，这样的后果又该由谁来承担？

有些植物天生喜爱潮湿的环境，缺了水就不能好好生长，比如蝴蝶兰；有些植物却愿意生长在干旱地带，水浇多了反而会死，比如仙人掌。不同的种子会种出不同的植物，即便是同种类的植物种子也不可能长出一模一样的植物来，这已经是人尽皆知的道理。其实，对孩子的教育也是如此。适合别人孩子的所谓"教育经验"不一定适合自己的孩子，而自己孩子所具有的特性、教育他的经验，也很可能是别人复制不去的。

一直以来，社会上很流行所谓的"状元经验"，就是一些中考、高考状元的教育经验。望子成龙的父母无不希望自己的孩子也能戴上状元这顶帽子，身后笼罩着状元的光环。哪怕当不成状元，按照状元的经验，自己孩子能够提高成绩也是好事。

但事实上，无论是这些状元父母的教育经验，还是状元自己的学习经验，都是五花八门、各有千秋。有的父母说"基本不管"，有的父母说"全程陪护"；有的状元做了许多题，有的状元却不做题，只用几个自己总结的图表就搞定……

这说明什么？说明每个状元各有各的"道"，都按照自己的特点制定学习计划，按照自己的学习方法去努力，才最终取得了好成绩。这些孩子不就是活生生的例子吗？他们不就是在印证"适合自己的才是最好的"吗？

许多父母其实就是在将自己的孩子当成试验品，用各种各样不同的教育方法在他的身上进行试验。而看看这些试验的结果，又有几个孩子按照书上所谓的经验而成为"某天才第二"或者"某神童第二"了呢？

所以，不要再被那些经验的光环迷花眼睛了，也不要没有任何想法地跟风模仿了。别人的做法不一定合适你的孩子。就像买鞋一样，看着别人穿了一双漂亮的鞋，自己喜欢也想要，但那鞋很瘦，自己的脚有些胖，硬挤进去会让脚很疼。

著名教育专家林格老师说："给不同孩子提供适合其个性的教育，让孩子不至于感受到'硌脚'的痛苦，甚至感受不到自己在接受教育，教育就是很自然的了。"所以，父母应该给孩子提供这种自然的教育，让他能以适合自己的道路去发展，让他能够尽情发挥自己的潜能。

那么，父母该如何找到那双"合脚的鞋"呢？

要多与孩子沟通，深入了解他

孩子在哪些方面有特长？他的学习都有哪些问题？他喜欢什么？他讨厌什么？他是不是真的不喜欢学习？这些问题父母是不是都了解？如果不了解，父母又如何知道别人的经验用在自己孩子身上就一定管用呢？

其实，要找到适合孩子的教育方法，关键还是需要父母仔细观察孩子，心平气和地与他多沟通，多了解他的想法，尽量与他站在同一个角度看待问题，多体会一下他的心思。要综合个性、年龄、思想等多个方面的特点，创造出一套适合自己孩子的教育方法。

鼓励孩子用自己的风格学习

孩子的学习可以说是许多父母最为关心的话题，这方面的教育经验或者许多天才的学习经验也最受父母和孩子追捧。实际情况却是，通过别人的经验最终取得成功的人凤毛麟角。

每个孩子都有自己的学习风格，所以父母不要将别人的学习模式硬套在孩子身上；每个家庭的环境、父母的受教育背景不同，对孩子的教育环境也就不同，天才的成长环境也许只适用于他自己。有谁规定没有天才那样成长环境的孩子就一定是庸才呢？

所以，无论别人的路走得多辉煌，那也是别人的，硬把孩子丢到别人的路上去，他可能会产生心理压力，也可能会不适应那条路上的风景。倒不如让他踏踏实实地沿着自己的道路，认真地学，认真地生活。谁能否认小路就看不到美丽的风景呢？

任何人教孩子的经验都仅供参考，而不能照搬

说句比较不中听的话：你把孩子一生出来就送到哈佛女孩父母那里，请他们教育，他们也未必能把你的孩子培养到哈佛去。或者说，你把哈佛女孩的父母请到家里，让他们一天24小时跟你的孩子在一起，他们也未必能把孩子培养到哈佛去。

前几年流传一个"狼爸"把三个孩子打进北大的故事，这只能供我们参考。想想看，如果你不分青红皂白就打孩子一顿，他当然不服气。要知道，在"狼爸"的家里，不光是打，还有规矩，有爱，更有智慧，孩子一出生就面对这么一个有智慧的爸爸。这一点我们学不来。还有"虎妈"教育几个孩子的故事，也是一样的道理。

看到别人的孩子成状元、拿奖状，父母无不希望自己的孩子也能如此出人头地。因此，别人的成功经验就显得很重要。因为很多父母都会认为"既然别人的孩子是这样成功的，我的孩子照此做也应该可以成功"。

许多父母信奉"他山之石，可以攻玉"，但是，并不是所有的"他山之石"都能用来攻自己家的"玉"。别人的经验可以学，但是父母要根据孩子的特点灵活应变。否则，百分百直接套用别人的经验，就好比脚上穿了双不合适的鞋，可能会挤脚、磨脚，甚至有可能磨出血泡。孩子不但没有得到良好的学习经验，反而可能会偏离正常的学习轨道。

还是那句话，别人的经验是别人的，并不是教育你家孩子的秘籍。父母要向成功的父母学习教育经验，而不是不加改动与思考地直接照搬。

父母不要轻易丢掉自己的观点

有个10岁的男孩，学习成绩中等偏上，父母也没有太严格的管束，他学得很轻松。有一天，父亲听别人说对孩子的学习不能太放任，该严格的时候就要严格。于是他开始反思：是不是因为之前对儿子管得太松了，所以他学习才总是中等，到不了上等呢？

从那以后，父亲对儿子就严格起来：每天放学回家，不准再出去玩，必须立刻看书写作业；以前写完作业可以看会儿电视，现在则明令禁止他碰遥控器；以前考试不太理想的时候父亲都是鼓励他，现在却一反常态，经常很严肃地批评他，有一次甚至动手打了他一个巴掌。

父亲一开始觉得自己这样做很不错，儿子在他的教育下果然对学习抓紧了许多，也不再像从前那么散漫了。但是，几次考试之后，父亲陷入了疑惑：儿子的学习成绩不升反降，而且不大跟自己说话了，这是怎么回事？

在某种程度上，父亲丢掉了他的和蔼，转而变得严厉，这对儿子来说，就相当于原来轻松学习的氛围被破坏了，其心理也随之紧张起来，多年形成的学习习惯可能使他难以适应这个转换，成绩不好就成为某种必然，而突然变好才可能是偶然。

作为父母，应该相信自己，也相信孩子，不盲目迷信他人的说法。他人的观点只能提供参考，只能有选择地借鉴，千万不能拿来作为金科玉律。而如果自己的教育并没有使孩子取得好成绩，父母也要从自己和孩子身上多找原因，不能"有病乱投医"，况且有时孩子并没有"病"。还有一种说法——"孩子有病，父母吃药"，说的就是父母要懂得反思并根治自己的问题。否则，就会既耽误时间，又浪费精力，孩子学不得法，父母也身心疲惫。

教育启示

照搬他人的教育方法，是家庭教育中很常见的一个误区。每个教育方法的使用都是有一定条件的，父母只有综合考虑自己孩子的所有特点，照方抓药后再根据病症准确用药，才能给孩子最好的教育。放弃照搬他人经验、妙招、秘诀的做法吧，哈佛女孩、耶鲁男孩、北大兄妹是不可复制的，"虎妈狼爸"也不是人人都能当的。我们不再照搬他人的教育方法，孩子也许就会成为哈佛男孩、耶鲁女孩，因为适合的才是最好的，要学会研究孩子，读懂孩子。

35

赏识教育

——赏识是好事，但无原则的赏识只会让孩子自大、任性

近些年来，赏识教育盛行，父母们仿佛得到了教育孩子的秘诀，纷纷投入实践。但是一部分父母只知其然不知其所以然，盲目效仿，整天将对孩子的称赞挂在嘴边。于是一个有趣的现象出现了：孩子芝麻大的优点被无限放大，不是优点还要被说成优点；犯了错误父母不敢直说，却暗自告诉自己他以后一定能改正……从中不难看出一点自欺欺人的意味来。结果呢？事与愿违，孩子的成绩平平，其他方面也没有明显进步，甚至还多了很多新毛病。问题到底出在哪里？

有人说："赏识是一种爱的表现，它不是虚情假意地作秀，也不是毫无原则地包办、溺爱，更不是功利性地激励，而是发自内心的关爱与期待。"孩子需要表扬，但表扬应该是父母发自内心、没有造作的表扬。那种过于功利性的赞美只会适得其反，甚至引导孩子走向误区。

一个7岁的女孩学钢琴，妈妈担心她失去兴趣，所以总是以奖励或者表扬的方式激励她。一次，妈妈带她去学琴。女儿弹完后，老师只是和她交代了这首曲子产生的背景、故事，然后询问了她的一些想法，并没有对她的弹奏进行评价。

妈妈很疑惑，问及老师原因后才知道，原来不做评价，是免得孩子只是为了得到表扬才去弹琴，而破坏她对弹琴本身的兴趣。

老师的话其实很有道理。很多妈妈怕孩子失去学习的兴趣，不得已用物质奖励或者赞美激励孩子，结果很多孩子主动做一件事的动力就是为了得到表扬。可是当有一天孩子对这些表扬出现审美疲劳、产生厌烦情绪时，不知道这种兴趣还能坚持多久。

一位妈妈经常用表扬的方式激励女儿。如今女儿已经6岁了，妈妈发现了一个问题：不管做什么，女儿都喜欢比赛，而且一定要赢。如果输了，女儿就闷闷不乐。如果比赛中途发现比不过人家，女儿就说"你们跑吧，我不跑了"，以这种方式退出比赛，但从目光里还是能看出女儿很想赢。

这位妈妈平时只注重表扬女儿的结果，却忽略了过程，所以使女儿认为"第一"很重要。而且，女儿害怕失败，害怕没有掌声和鲜花，承受失败的能力相对比较低。

如果说一顿猛夸所带来的伤害在一个6岁孩子的身上表现得不太明显的话，这里还有一个13岁的女孩深受赏识的伤、产生严重心理压力的例子。

有个女孩刚上初中二年级，妈妈的教育方式一向是以表扬代替责备，女孩学习成绩一直很好，可是却越来越忧虑，而且非常害怕考试。问及原因时，女孩说："害怕自己考不好，落到前三名以外。"再问她为什么这么在意成绩，女孩说："我怕对不起父母，让他们失望，使他们在亲人面前没有面子。"

这位成绩名列前茅的女孩，长期生活在父母和亲人的表扬中，从未尝过失去表扬的滋味。所以她害怕失去别人的肯定，也因此背负着很大的心理负担。由此可见，过度夸奖很可能会增加孩子的心理压力，导致孩子心理脆弱，甚至遇到事情失去信心。

那么，赏识的原则到底是什么？如何赏识才能把对孩子的伤害降低到最小？

赏识一定是发自内心的

一些父母反映："赏识在我家孩子身上不管用，他不吃表扬这一套。"如果真是这样，父母就要认真反省自己的态度了。

有一位妈妈在接触了赏识教育后，决定改变以前的教育方式。回到家，无论女儿做什么，她都说："女儿，你太棒了，简直太聪明了！"一天下来，女儿感觉莫名其妙，晚上终于忍不住了，把手放在妈妈的脑门上说道："妈妈，您今天没发烧吧？"

妈妈突如其来的表扬让女儿觉得难为情，夸多了还可能会觉得妈妈很虚伪，甚至使她认为这是一种羞辱和讽刺，最终引起反感情绪。原因就是妈妈没有发自内心地赏识女儿的优点。

如果每位父母都能发自内心地赏识孩子，即使口头上不表扬他，一个温柔的眼神、一个会心的微笑也能让孩子感觉到父母的爱。

一个女孩非常喜欢弹钢琴，她说："我一天最快乐的时光就是弹钢琴，因为爸爸妈妈喜欢听我弹。"原来一次女孩在屋里练琴，弹完后屋里静悄悄的。猛然一回头，女儿发现爸爸妈妈倚在门旁静静地听，妈妈的眼里含着泪水。女孩被吓到了，问："妈，您怎么了？我哪里弹错了吗？"妈妈笑了笑说："没有，我是被你的曲子打动了，你弹得太好了，把我们一天的疲劳都赶走了。"

妈妈真心地赏识女儿，才会为她弹奏的乐曲所感动。这种真心的赏识相信要比单纯地说 100 句"你弹得真棒"更能起到激励的作用。因此，父母还是要从内心深处，学会用欣赏的眼光看待孩子，相信那样会收获更多的意外和喜悦。

真实地表扬孩子的行为

表扬讲求场合和方法，切忌一味表扬孩子"你真棒""你真聪明"，甚至给他戴高帽子。夸张的赏识只会增加孩子的负担，使他的进取心转化成担心、害怕，导致孩子中途放弃。

其实，赏识教育不光是让孩子有赢的信心，更要让孩子输得起。父母要让孩子明白一个道理，"第一"并不是最重要的，只要努力了就是好样的，重要是过程中的收获。孩子失败了，父母也不要责备他，相反要鼓励他再接再厉。

此外，表扬的对象应该是孩子的行为，而不是孩子本人。比如，女儿给妈妈捶腿，妈妈夸女儿"你真是个懂事的孩子"，就不如夸她"手劲儿刚好，妈妈感觉舒服多了，你真是个孝顺的孩子"。这样孩子就会知道帮妈妈捶腿是孝顺的行为，孝顺是好的。

当然，对于年龄小的孩子，父母的表扬一定要及时，这样才会调动他的积极性。

夸奖的语言要适量适度

不吝啬对孩子的称赞对父母来说是不难做到的，把握好度才是关键。夸奖就像盐，是孩子生活中必需的调味品，但撒多了则很容易造成他心理上的困扰。

一般情况下，当孩子努力地完成某项任务或者取得好成绩时，他应该得到赞美。但同一件事父母不要重复赞美。当他养成良好的习惯后，父母就可以适当地减少这一方面的赞美。另外，当众赞美孩子也要谨慎，以避免让他产生傲慢的心理。父母还要注意不要试图用表扬来遮盖孩子生活上和学习上的不足，要让他清楚地认识自己的优缺点，这样才有益于问题的解决。

教育启示

赏识孩子不是简单地说"你很棒"，也不是整天让孩子泡在赞美里。相反，父母赏识孩子的出发点应该是"我相信你行"，给孩子信心和勇气，让他在赏识的力量下慢慢产生"我能行"的意识。同时，父母要把握好真诚、真实、适度的原则，这样孩子的潜能才会被真正发掘出来。

36

奴仆型父母

——凡事替孩子包办，
最终造就无能的孩子

孩子还是婴儿时，父母总要花费许多时间和精力来照顾他。但当孩子渐渐长大，父母就应该从帮孩子做事改为教孩子做事，这样孩子才能渐渐学会各种技能，逐渐拥有独立生活的能力。

但是今天，父母对孩子过于关爱，什么都不舍得让他做，自己甘当孩子的奴仆，处处为孩子代劳，并听其指挥。不但如此，有的家庭甚至爷爷奶奶、外公外婆也成了孩子的奴仆，在这种"仆人"颇多的环境中长大的孩子极易自私自大、任性妄为、吃饭挑食、不求上进。

这些由奴仆型父母精心服侍出的"小皇帝""小公主"无论是心理上还是生理上都不够"尊贵"。由于长期受到父母无微不至的照顾，孩子往往没有承担责任的能力，而且依赖性很强。不但如此，奴仆型父母培养出的孩子往往不懂得生活中有"不可以""不应该"等概念，他们会觉得只要自己愿意，一切事情都可以去做，父母应该毫无怨言地满足自己的心愿。同时，他们也非常自私，内心感觉不到父母、家人以及其他人的愿望和需要，仅仅关注自己的感受。

今天的孩子得到父母的千般重视，被寄予莫大的希望。如果父母在日常生活中把自己置于奴仆的地位，处处为孩子代劳，孩子还能真正成长吗？为他付出再多、寄予再高期望又能如何？即使他的成绩很好，知识很丰富，但一个连自己都照顾不好的人，何谈为他人付出和奉献？恐怕连最起码的家庭责任他都担负不起。

父母怜爱孩子，孩子依恋父母，这本是一种天性。但是孩子若对父母过于依赖，父母事无巨细地照顾和保护孩子，反而会让孩子失去独立生活的机会，这等于限制了孩子能力的发展，久而久之他便会变得平庸甚至无能。

照顾孩子，不等于做他的奴仆。虽说爱家庭、爱孩子的父母需要有些奉献精神，但却一定要区分奉献精神和给孩子做奴仆的区别。毫无原则地为孩子做奴仆不是奉献精神，而是奴性。而且，家庭成员间的关系是孩子面对的第一个人际关系模式，如果父母给孩子做出失去自尊和原则的反面榜样，孩子所遇到的第一个人际关系模式就没有平等可言，他长大后也很难形成真正的自尊心、平等意识以及独立性。

设想一下，父母变老、体力和精力都逐渐衰退以后，如果孩子还没有学会独自面对生活，遇到困难就还是只会向父母哭泣。而父母此时已经无力再处处为他代劳，这将是怎样一种悲哀？对于因教育方式不当而没有教好孩子的父母，法国思想家卢梭曾这样形容他们的处境："他将因为自己的错误而流许多辛酸的眼泪，而且永远不能从哭泣中得到安慰。"希望这样的话能够引起父母的深思。

的确，父母可以代替孩子去做事，但却无法代替他成长。父母不是要准备好一切去迎接孩子，而是要引导孩子准备好一切去迎接未来。做该做的，不做不该做的。父母到底该为孩子做些什么？哪些事是可以做的，哪些事不能为他们代劳呢？

孩子力所能及的事情，一定要让他自己做

凡是能力范围之内的事情，父母就不要为孩子代劳，而是要让他自己做。比如自己上闹钟，自己起床穿衣吃饭，自己收拾房间，做适当的家务，自己洗衣服，等等。

千万不要认为孩子还小，做起来很辛苦。其实，在年幼孩子的头脑中是没有辛苦这个概念的。但如果小时候在他不知道辛苦的时候没有学会这些，

长大了他知道辛苦后，这些事情对他来说岂止是辛苦，简直是无尽的痛苦。

没有哪位父母不希望孩子以后能生活得幸福美好，但是父母若一直代劳，连最基本的生活技能都不教给他，就等于剥夺了孩子独自面对生活的机会。等他长大后需要独当一面的时候才发现，原来自己什么都不会，更别说有能力去追求成功和幸福了。

所以，某种程度上说，孩子处理生活中各种问题的能力高低，与其将来获得的幸福快乐是成正比的。爱孩子的父母一定要舍得让他自己做事，因为这是让孩子在为美好的未来打基础。

有难度的事情，父母教给孩子做

也许父母会说，有些事情孩子做起来很吃力，甚至不太安全。如孩子学做饭，不但要与水火打交道，还要使用煤气、菜刀。

虽然有些事情看起来有点难，但孩子到了一定的年龄后，通过学习就能掌握其中的技巧。如果父母加以指导和嘱咐，告诉他一些需要注意的安全事项，孩子还是可以完成的。在学习的过程中，需要父母时常在旁边指导和监督，以防发生危险。

也许父母会说，费心费力地教他做，还不如自己做简便省力呢！教育孩子本来就需要很大的耐心，现在省心，以后会费十倍甚至百倍的心，还不一定能把孩子教好。所以，父母不要怕麻烦，教孩子一定要有耐心。

孩子在遇到困难时，要鼓励他做

不管是成年人还是孩子，生活中难免会遇到各种各样的问题。在孩子遇到困难时，父母不要大显身手地说："这可难不倒我，交给我好了！"而是应该鼓励孩子从不同的角度思考解决问题的方案，并告诉他："我相信，你一定能做到！"

在父母的鼓励下，孩子就会有信心，并积极努力地寻求解决之道，很多时候也许自己就能把问题解决掉。奴仆型的父母会迫不及待地帮孩子解决问题，这样孩子下次遇到问题时根本不会动脑思考解决方案，而是会直接去找父母，让父母帮忙想办法。如果父母不能解决问题，孩子甚至会埋怨父母无能。

事实上，每个孩子最初来到这个世界时在能力上没有太大的差别，都能学会走路和说话。之所以以后的能力会有很大的差别，是因为后天的成长环境和受教过程不同。所以，父母应该鼓励孩子相信自己的能力，让他拥有独立面对困难的勇气。

给孩子机会，让他为父母代劳

当孩子拥有了一定的能力、可以帮助他人时，父母就可以请他为自己代劳做一些事情，同时鼓励他帮助别人。

奴仆型的父母也许会想，不需要帮孩子做事已经很满足了，为什么还要让孩子帮自己做事呢？要知道，每一个人生来就有孝养父母的责任，虽说孩子在小时候没有能力孝养父母，但孩子孝顺的品行需要从小培养。

如果从孩子年幼起父母就经常请他为自己做事，等他长大后就会觉得侍候父母、体贴父母是天经地义的，做起来也很自然。

如果父母一直为孩子代劳，却从不让孩子为自己做事，等父母年老后他就会觉得父母很麻烦：不但不能帮助自己，还要处处麻烦自己。"子不孝，父之过"，奴仆型的父母虽然辛劳，却难以培养出贤孝的子女。到那时，悔之晚矣。

教育启示

孩子出生后，语言、行动、思考等各种能力都是在不断的学习和使用中获得的，处处为孩子代劳等于剥夺孩子在生活中培养、锻炼各种能力的机会。从孩子的长远发展来看，给予孩子过多的爱并不是他的福气，孩子迟早要离开父母独立生活。从小培养孩子的独立意识和能力，才是对他真正的爱护。请父母收起自己那双奴仆式的手吧！

37 期望过高

——对孩子期望过高，只能让他负担沉重而迈不开脚

每位父母都对自己的孩子抱有一定的期望，但期望的内容不相同，期望的高低程度也不一样。俗语说"望子成龙，盼女成凤"，期望孩子成龙成凤是做父母的正常心理。但今天，很多父母由于对孩子的期望过高，最终导致孩子的性格畸形、产生心理疾病，甚至走上轻生的道路。

一个16岁的女孩学钢琴将近10年，父母希望她能考上音乐学院，以后成为钢琴家。为了实现这个期望，父母为她创造了很多学钢琴的条件：高薪请名师指点，到全国各地参加音乐比赛和同龄人切磋，支持孩子把做家务、洗衣服的时间省下来练琴……女孩有一天终于无法忍受，把自己美丽的手指砍下来"送"给了父母。女孩自己痛苦万分，父母也伤心欲绝，最后父母把钢琴送了人，一家人不再提"钢琴"两字，似乎钢琴成了导致悲剧的罪魁祸首。

问题到底出在哪里？父母对孩子的期望过高了？对于一个学习音乐10年的孩子而言，父母期望她考上音乐学院也很正常。为了达成这个期望，当然要尽力为孩子提供条件。这一切，父母有什么错？

如今，类似的父母、类似的家庭、类似的孩子已经不是少数了。而当一

个又一个悲剧发生的时候，父母也很冤枉：我对孩子有较高的期望有什么错？我希望他以后能够有很好的事业、家庭和人生，不对吗？那些成功人士不都是吃了苦中苦才成为人上人的吗？

其实，父母之错不在于对孩子期望的高低，而在于在整个过程中忽视了孩子的感受，缺乏与孩子的心灵沟通，也没有及时排解和疏导孩子的压力，更不懂得根据孩子的实际情况调整期望。父母一味地强调所要达到的终极目标使孩子的压力越来越大，最后无法承受这个期望的重量，以至于用比较极端的方式表达内心的脆弱。

是不是为了让孩子健康地成长就不要对孩子有期望？当然不是。因为大部分孩子除了喜欢玩，并不会郑重其事地认定自己以后的理想，更不会主动为理想的实现而自觉努力。所以，父母对孩子的期望会帮助孩子确立人生的目标，还会成为孩子实现目标的动力。

但是，父母的期望一旦超出其承受能力，孩子不但难以进步，还会走到心灵崩溃的边缘，导致悲剧。

父母的哪些期望或者伴随着期望的哪些举动会让孩子不堪重负？大致有以下几种：第一，在不了解孩子喜好和能力的情况下，擅自为孩子制定目标，并要求孩子一定达到；第二，在孩子达成近期目标的过程中，不断强调完成终极目标的重要性，还时不时地把利害关系讲给孩子听；第三，经常拿孩子与优秀的同伴比较，希望孩子能赶上或超过对方；第四，把孩子实现期望当成自己的生活重点，为了让孩子实现期望，父母不惜代价，可以做出各种牺牲，包括辞职、陪读、花高额费用请名师等，还时不时地提醒孩子要记住父母的付出。

一个心智尚未发育成熟的孩子能承受这么多吗？一个成年人面对如此大的期望都会压力重重，调节不好也会生病，何况一个孩子！

当然，父母不必放弃对孩子的期望，只是伴随期望的行为不要是逼迫、强调、比较等让孩子产生压力的举动，而应该是沟通、排解、调整等让孩子释放压力的行为。如此一来，期望还会有错吗？所以，父母请试着这样做：

对孩子性格、能力、潜力各方面充分了解

父母在对孩子有期望之前，应该充分了解孩子。这个了解孩子的过程不

是简单粗略的，而是要通过孩子的行为举止、语言表情，或者经历任何一件事情后的反应分析其性格特征、心理承受能力、智力特点、发展潜能等基本情况。仔细观察并有了对孩子全面的了解之后，父母才不会凭着自己的喜好盲目地对孩子有不切实际的期望。

如果孩子生性胆小，肢体平衡能力不是很强，就不要期望他往体育方面发展；如果孩子并未对音乐表示出强烈的兴趣，就不能期望他一定要成为音乐家，但可以引导他把音乐作为陶冶情操的媒介；如果孩子心灵脆弱、承受能力较差，就不能用强硬的态度逼迫孩子完成期望……

总之，要尊重孩子的个体特征，不能一蹴而就，否则对孩子过高的期望不但起不到激励作用，反而会成为增加孩子负担的筹码，让他"压力山大"，进而产生强烈的焦虑心理，也就是"童年恐慌"，而这就相当于走入了"逼死孩子、累死自己"的教育误区。

根据孩子的潜能，帮孩子确立适合的近期目标

有个男孩正上初二，父母期望他能考上重点高中。但根据目前的成绩，他考取重点高中有点困难。然而，父母并没有给他太大的压力，只是一起制定了一个学习计划，近期目标就是提升英语成绩。每当男孩问父母"我能考上重点吗"，父母都说："不要想这个，先努力完成咱们的近期目标。千里之行，始于足下。如果总是想着能不能达到，肯定难以达到，只要朝着近期目标努力就好了。"每次父母这样说，男孩就不再紧张了，就完全可以放松心情，把心思全部集中在英语学习上。

孩子长远计划的实现是要靠每一个近期目标达成支撑的，近期目标没有达成，终极目标就很难实现。因此，不要给孩子增加无谓的负担，而要根据孩子的潜能，帮他制定适合自己的近期目标，并鼓励孩子去完成。孩子一旦完成了近期目标，离终极目标就近了一步。

不要借着期望的名义，给孩子无形的压力

一位妈妈很希望女儿能考入中央美术学院。女孩上了初中后总能听到妈妈说："别忘了你的目标是中央美院。现在要是不努力，6年后考不上，可后悔莫及。"妈妈的话没错，但却经常这样说，女孩终于忍不住说："烦死了，

中央美院，中央美院，天天都是中央美院，还早着呢，谁愿意考谁考去。"

其实，当父母第一次告诉孩子清华大学、北京大学、中央音乐学院、中央美术学院时，孩子会因为有了努力奋斗的目标而心潮澎湃。但是，父母如果天天强调这个终极目标，孩子反而会认为这是压力。因此，父母要拿捏好这个期望的度，过与不及都不是好事。

另外，父母最好不要为了让孩子实现目标而转移自己的生活重心，比如辞职陪读、花大笔钱财为孩子找老师……仿佛父母活着就是为了孩子，这种压力谁也难以承受。要明白，在孩子自己的人生道路上，父母起到的始终是辅助作用。父母不要给孩子增添无谓的压力，更不能把自己的存在价值作为筹码压在孩子身上，孩子无论如何也承受不起。

根据孩子的实际情况及时调整对他的期望

有时，父母对孩子的期望是遥不可及的，孩子是否能够达到要看迈向目标的每一步走得是否到位。如果通过孩子的努力，父母发现当初的目标定得过高，就要从心态上调整期望值，并暗示孩子"可以退而求其次"。这样，孩子就不会觉得期望难以达到，父母也不会觉得孩子不争气。

孩子实现目标的过程是一个动态变化的过程，也是父母深入了解孩子或者孩子深入了解自己的过程。所以，遇到问题及时调整是非常必要的。父母万万不可"在一棵树上吊死"，不顾实际情况地过高要求孩子，这对孩子的身心发展和学业进步一定没有好处。

教育启示

父母对孩子有期望没有错，但是往往在期望的背后会有一些过激的心态和举动，导致孩子无法承受。因此，父母要真正了解孩子、理解孩子，帮助孩子确定自我期望、树立远大目标，并在孩子努力实现目标的过程中，鼓励他、引导他，少给他增加无谓的压力，最终让孩子实现自我期望和父母期望的完美结合。当然，前提是这两种期望是相向的，而非背道而驰。

38

智力测试

——痴迷于测试孩子的智力，就难免不给他贴"笨"标签

据报道，在我国，智力超常儿童和智力迟滞儿童都只占人群的极少部分，两者相加不足儿童总数的10％。90％以上的儿童，智力都属于正常范围。

但现在的事实却是，有太多的父母痴迷于去检测孩子的智力，甚至只凭一次测试就对孩子直接下结论，孩子是聪明还是"笨蛋"几乎是在这一次测试结果出来的时候就一锤定音了。

有这样一个令人叹息的故事，可能会给父母一些反思。

一位母亲带着10岁的儿子来到医院心理科，对医生说："这孩子成绩非常差，经常考不及格，简直笨得要死。您给他测测智商，我也好心里有个数。"说完，母亲直接将身后的儿子推了过去。

医生测试后并没有马上让男孩的母亲进来，而是亲切地问道："告诉叔叔，你为什么不用心学习呢？"男孩头也不抬地说："因为我笨。"医生笑了笑说："你怎么知道你笨呢？"小男孩依然低着头说："妈妈说的。"……

看见医生和儿子走出测试室，焦急的母亲立刻冲了上去："我的孩子到底有多笨啊？"医生摇摇头说："不，您儿子的智商是130，再高一些就成超常儿童了。如果总给他戴'低能儿'的帽子，我都想建议您自己做一个智商测

试了。"

这位母亲听后惊讶地张大了嘴巴，久久没有说话……

孩子学习成绩不好，是有多方面原因的：也许是他懒惰，不愿意多动脑子多动手；也许是他粗心，一些本不该丢分的地方却丢分了；也许是他对知识的理解有偏差，要是别人稍微点拨一下他就能学会……

现在很多父母却并不愿意仔细分析这些原因，一看到孩子学习成绩不好，就武断地下一个结论——"这是个笨孩子"。紧接着，父母就开始怀疑孩子的智力是不是有问题，于是对他进行智力测试便也"顺理成章"。

可事实呢？真正的弱智儿童又有几个？

难道父母一定要靠检测智商才能确定孩子是不是块学习的料吗？智商能有多少参考价值？如果孩子真的智商偏低，就一定没前途吗？

就像那位医生说的，真正该测智商的恰恰是父母。

当然，一些学校的老师也热衷建议家长给学生测智商，因为孩子的成绩差会影响班级整体成绩考核，也影响老师的评优、评先进等。如果学生测出来智商有问题，比如智商低，这个孩子的成绩可能就不计入班级成绩了，自然不会影响老师的教学成绩和前途。在某种意义上，老师这样做是在推卸自己的教育责任。

智力因素并不是孩子学习好坏的全部，因此智力测试的结果也并不能决定他就是个笨孩子。就这样给孩子贴一个"笨"标签，是非常不可取的做法。更严重的是，对孩子进行智商测试就是在否定孩子，会打击他的自信心，伤害他的自尊心，挫伤他的学习积极性。

所以，父母要警醒了，千万不要再盲目地去给孩子做测试了。

话又说回来，智商测试真那么准吗？父母宁愿相信一张纸，也不愿意相信自己活生生的孩子！这又是何苦呢？

对于智商测试，父母要有一个正确的态度。

不要将智商测试看得无比重要

智商测试不过是一个估算值，美国著名心理学家麦考尔1973年通过研究证明，对于正常儿童来说，其智商在2.5～17岁之间，会发生28.5的变化，提高和降低两方面的变化都有。所以这种测试不过是反映这一段时间里孩子的智力状态，并不能一测定终身。

陆军总医院的一位心理医生在接受记者采访时指出：智商测试对条件的要求极其严格。测试人员必须经过专业培训，有教育学方面的知识，懂得孩子的心理。整个测试区域的环境和氛围，例如光线、室内陈设、温度、湿度等都有严格标准，包括测评人员说话的方式、速度、声调、面部表情等，也都有相应的要求。因为这些因素都可能影响被测试的孩子，最终影响其测试结果的准确性。我国智力超常儿童和智力迟滞儿童都为数极少。而且，高智商的孩子学习成绩不一定就好。

但许多父母总是抱有一些不正确的想法。比如，有的父母认为"智商就等同于智力"，测智商就是在测智力。但其实，智商测试通常只有语言、数字、图像三部分内容，而智力却并不只有这三项。人具有音乐、语言、视觉空间、数学逻辑、肢体运动、人际关系、自我认知、自然观察等几种智能，这些仅靠智商测试是不可能全部测出来的。所以智商并不等智力水平。

还有的父母将智商与孩子是天才还是庸才联系起来，高智商就是天才，低智商就是庸才，这种想法也是错误的。有天分并不代表一定能成才，它只不过是成才所需最少甚至有时可以忽略的一部分。要想成功，关键还是后天的努力。父母不能一看孩子智商高就不顾一切地重点培养，一看孩子智商低就彻底丧失信心。

智商测试并不是什么了不得的东西，父母不能以此来判断孩子的未来，要给孩子最起码的信任、支持与鼓励，应该多从教育方法上下功夫，要对孩子进行科学的教育与开发，积极培养他养成良好的学习习惯，不轻易把学习成绩与智商挂钩。

要综合、全面、客观地看待孩子

每个孩子都有优点，无论是大还是小，父母都要能看到并给予表扬；每个孩子也都有缺点，无论是不是"很要命"，父母也都要尽可能地包容他，并鼓励他经过自己的努力去弥补。

有的父母说："骂一骂他也是一种激将法。"不，有的孩子会将这样的话当成耳旁风，而有的孩子可能会因此而产生反作用。如果父母整天对着孩子说"你是个笨孩子",那他接受的就都是"我很笨,学不好是必然的",父母这样就得不偿失了。

所以,要综合全面地看待孩子,智商不代表全部,智商更不是孩子笨的标志。孩子需要在一定的环境下进行教育和培养,这样他的潜能才有可能被激发出来。

要相信孩子有能力

某著名教育集团董事长的儿子上小学时,语文成绩非常好,却不爱学数学,成绩较差。有一次,儿子很沮丧地对做董事长的妈妈说:"学校给我们测智商了。老师说我右脑比左脑发达,形象思维能力强,数学概念差,所以我的语文成绩比数学好。看来,我的数学成绩是上不去了。"妈妈听后很惊讶:"是吗?有空我去问问老师。"

后来,她找到班主任,并暗地里和班主任达成了一项协议。

几天后,妈妈认真地对儿子说:"我去学校问老师了,老师说他搞错了。你其实是左脑比右脑发达,学数学会比学语文强得多!"

"真的?"儿子一下子兴奋起来。

"是呀!老师说他看错结果了,他说的是另一个同学不是你,你的确是左脑比右脑发达。"妈妈微笑着鼓励道。

儿子信以为真,从此建立了一种认知——"我的数学一定能够学好,我能行"。这种认知使他完全改变了对自己的看法,再学习数学的时候,他提起了精神、恢复了自信。

每个孩子都希望被认可、被肯定,作为父母要努力做到这一点,而且要正确认识孩子,正确评价孩子,而不要被所谓的智商测试结果牵着走。试想,如果这位董事长也认同学校老师对孩子的智商测试结果,就此不相信儿子有学好数学的能力,他的儿子可能永远都学不好数学了,哪里还能恢复精神、重拾自信呢?

所以,一定要相信孩子有能力,相信他通过努力可以取得成绩,而不要轻易相信所谓智商测试的结果,否则有可能使父母的眼睛受到蒙蔽,不能看清楚孩子的真正实力,甚至影响孩子的成长。

> **教育启示**
>
> 　　智商测试不是一个孩子是蠢才的证明，不能用来作为给孩子贴"笨"标签的依据；它也不是这个孩子一生的"判决书"，不能断定他是否能够成功。父母应该着重提升孩子的道德修养，培养孩子的各项能力，提高孩子的综合素质……智商不代表智力，智力也不代表一个人的全部。毕竟，全面发展、德才兼备的人，才是社会所需要的。

39 荣誉

——荣誉是好的，但孩子一味追求荣誉，未免会患得患失

荣誉几乎对于所有人都是很有诱惑力的，被授予荣誉，无论是谁内心都会或多或少地表现出喜悦。

有的人面对荣誉会很快冷静下来，迅速调节自己的心态，然后就像什么都没发生过一样继续前进，因为他知道自己还有许多地方需要学习，自己还有太多缺点需要克服；可有的人面对荣誉则会欣喜若狂，就如旧时代的臣子被皇上御赐了一件黄马褂，荣誉加身便是了不得的事情，必须时时穿在身上。

相比而言，后一种人会变得越来越贪婪，一个荣誉的光环不足以让自己闪耀，只有戴上许多光环才能彰显出自己的伟大。

不仅成年人如此，不仅父母如此，很多时候许多孩子在父母的要求下也是如此。

比如，孩子考了第一名，父母自然会觉得脸上有光彩，于是便要求他"一定要保持"，要求他不能丢了这个荣誉。有的父母甚至会说："这次考第一名，要是你下次没考第一名，脸上多没面子啊！所以你必须还要考第一名。"于是，在孩子心中就留下了这样一个印象：第一名这个荣誉和面子是有关联

的，为了面子，也要追求荣誉。

又如，孩子参加数学竞赛拿了奖，父母也会如此鼓励："如果你英语竞赛、作文竞赛也都拿奖，我们就太开心了。"于是，孩子的心中又留下了一个印象：想让父母开心，就要多拿奖，这些奖项对于自己和父母都非常重要。

仔细想一想，拿那么多奖有什么用呢？是代表孩子从此就能衣食无忧了吗？是代表孩子从此就能顶天立地了吗？显然不是！那些荣誉不过就是孩子一方面或者几方面比较优秀而已，就是表现出孩子的过去比较出色而已，那么现在呢？未来呢？谁又能保证？

如果一味地要求孩子去追求荣誉，孩子也由此养成了追求荣誉的习惯，一旦孩子因为失误而没有得到荣誉，父母又该如何对待他？有的父母会打骂，因为他"不争气"；有的父母会表现出失望，因为他"辜负了父母的心"。但这是孩子的错吗？孩子追逐荣誉不成，一直以来高高在上的形象受损了，心智不成熟的孩子承受得住这个打击吗？如果孩子就此悲观沮丧，甚至自暴自弃，父母难道不觉得后悔吗？

对于一个人来说，什么才是最重要的？拥有一个健康的人生，拥有一个健全的人格，做自己喜欢并正确的事情，为社会做出一定的贡献，这样的人生才是有意义的。让孩子盲目地追求没有实际价值的荣誉，到头来只能是疲于奔命。努力方向都扭曲了，又怎么指望他能健康成长、最终成才？正如中国青少年研究中心家庭教育首席专家孙云晓老师所言，"好孩子"身上的闪光点往往掩盖了其人格方面的缺陷和问题，有可能变成一枚可怕的"定时炸弹"。

那么，荣誉就是不好的吗？当然不是，关键要看父母对孩子的荣誉抱有怎样的想法，自己如何去对待，教孩子如何去对待。

父母和孩子都要正确看待荣誉

一天，一位女士到居里夫人家里做客，看见居里夫人的小女儿在玩一枚奖章，仔细一看，那竟是英国皇家学会奖励给居里夫人的金质奖章。这位女士惊讶地问："能取得这枚奖章，是一件多么不容易的事情。你怎么能将这么贵重的荣誉奖章拿来给小孩子当玩具呢？"

居里夫人却淡淡一笑，平静地说："我不过是想让孩子们明白一个道理：

荣誉就像玩具一样，只能玩玩而已。不能守着荣誉生活一辈子，否则将一事无成。"

其实，居里夫人就是在告诉人们这样一个道理：荣誉不过是一个人一段时间的成绩表现，只能将它看成流星，灿烂一时；绝不能将它看成恒星，因为所有的荣誉都不可能闪耀永久。如果一个人总是拿着过去的荣耀说事，这个人永远都不能进步。

父母要好好思考一下居里夫人的话，这样一位为科学做出了卓越贡献的人对待荣誉都能如此轻描淡写，自己的孩子取得一个小小的第一、小小的荣誉称号，值得骄傲不已吗？因此，父母要让自己冷静下来，要理智看待孩子取得的荣誉。孩子未来的路还很长，一件事或者几件事做得好，只代表他在某些方面具备了一些优势。他不可能只停留在这个小小的荣誉上止步不前，更不可能因此就获得了完美的人生。

认清楚这一点后，父母也要让孩子冷静对待自己的荣誉，提醒他不要因为一点小荣誉就沾沾自喜、自我抬高身价。孩子要明白，做人应该脚踏实地。所谓低调的华丽，就是要求人应该尽力做到最好，不以自己的成功而欣喜若狂，更不能丧失理智。看得清自己的"半斤八两"的人，才最有可能获得成功。

为人父母者不要大肆宣扬孩子的荣誉

荣誉本身并没有错。英国著名教育家洛克在《教育漫话》中也说过："荣誉虽然不是德行的真正原则和标准，但它是一种指导鼓励儿童的正当方法。"由此可见，如果父母能正确地用荣誉对孩子进行鼓励，他的潜能就会被激发出来，他就有可能更加努力地前进。

但是，有许多父母将荣誉的作用过分夸大了。

11岁的乐乐上学期期末考试得了全班第一。妈妈非常高兴，逢人就会自夸一番。她还对乐乐说："可不要掉下去啊！下次我们还要考第一，你是最棒的！"从那以后，乐乐的身上一直背着这个"第一"。当他想玩的时候，忽然"第一"就跳了出来，于是他不得不放弃，转而去学习；当他遇到难题的时候，"第一"也会出现在脑海，于是他绞尽脑汁也要想出来，不管那个题目的难易程度是不是在他的理解范围之内。

一段时间之后，乐乐忽然变得异常紧张，期末考试又快到了，他却精神恍惚，一看书就犯困，不过内心的挣扎又让他必须拿起书。最终，乐乐精神过于紧张，考试的时候竟然一个字也写不出来……

孩子取得好成绩之后，有的父母会在孩子心中建立一种观念：这个荣誉是非常重要的，如果能多得这样的荣誉就更好了。孩子便也会随之很看重这个荣誉，由此他的思维可能就会被这个荣誉限制住，他的思考就会一直指向荣誉，其他方面可能就会忽略。这样一来，他可能就会只朝一个方向去努力，不能全面发展。

随着时间的延长，这份荣誉还有可能会变成孩子内心的压力，他会想"如果我达不到怎么办？""如果我取得了荣誉，父母会怎么夸奖我？""我现在一定不能做别的事，必须完成这个目标"……这些想法在孩子脑中会逐渐累积，使他变得患得患失。

再有就是，孩子取得了好成绩、获得了某种荣誉后，有的父母尤其是妈妈迫不及待地就与人分享，甚至逢人便讲。这样做只会给听者一种很无趣的感觉：不称赞两句吧，好像说不过去；称赞吧，很难发自内心，虚情假意可能更多一些。尤其是向同一个班级孩子的父母炫耀这件事，对方可能更是听不进去；如果遇到一位情投意合的家长，双方只能是各说各话，因为都不会把对方说的听到耳朵里去，而都是极力表达自己孩子如何"优秀"。如果说这番话时孩子也在场，会有两种结果：第一，让孩子骄傲无比，以后可能不再努力；第二，孩子有自知力，从内心反感父母的炫耀，从而看低父母。无论哪种结果对孩子的成长都是不利的。

要引导孩子塌下心来去努力

取得荣誉的孩子有时会开始飘飘然，不仅是孩子，有些父母的虚荣心也不自觉地开始作怪。这些表现都不利于孩子继续前行。毕竟，"活到老，学到老"，孩子要面临的困难、问题还有很多，他所取得的荣誉不过是前一段时间努力的结果，并不代表未来。

父母只有先认清了这一点，才能对孩子开展教育。要将这个道理讲给孩子听，让他不要为眼前的小光环闪花了眼睛。孩子必须保持清醒的头脑，去继续获取更多的知识、掌握更多的能力。他必须能使因为荣誉而浮躁的心平静下来。塌下心来继续努力，才是对他未来人生有利的做法，否则，未来可能就会因此被小小的荣誉毁掉。

教育启示

荣誉是一个具有两面性的存在：处理好了，荣誉可以成为促进人继续前进的动力，会激励人向更高峰不断攀登；如果过分看重，荣誉就变成毁灭希望的"炸弹"，一个人的前程就可能会被它炸得再也看不清楚方向，甚至连通向人生未来的路都会被"炸毁"。所以，父母要正确看待孩子的荣誉，父母的做法与想法将会对孩子产生深远的影响。

40 陪读

——全程照顾孩子， 即使孟母见此，也会"自愧不如"

陪读，似乎在古代很是风行。一般是书生身边跟一个书童，书童会陪读。至于皇室之中，太子、皇子或者皇亲国戚的孩子身边，都可能会跟着一个或几个陪伴读书的人。由此看来，陪读的人大多居于奴仆的位置，要为主人服务，地位不高。

但就现在来看，从小学生到大学生，甚至硕士生、博士生，许多孩子的身边都会跟随要么一个要么两个要么更多的陪读军团。这个军团中，有母亲也有父亲，甚至还有祖父母、外祖父母。奴仆与父母、奴仆与亲人这样的关系让人匪夷所思，甚至让人感觉痛心。这不禁让人感叹：现在的孩子如果没有陪读，就不能好好学习了吗？

当然，陪读父母的初衷是好的，但遗憾的是，这样的行为会让孩子的各种能力弱化，对孩子来说是一种隐性的伤害。

有个女孩读小学六年级的时候，母亲辞去工作，安心陪她读书。母亲经常苦口婆心地对女儿说："你什么都不用干，妈妈伺候你也心甘，只要你能好好读书，上好初中，将来上好高中，上好大学。你有出息，妈妈再累也情愿。"

女孩本来学习成绩很好，但妈妈就是担心她会被其他孩子落下。每天除了上课，妈妈都坐在她身边，为的是陪着她读书。女孩遇到不懂的问题，妈妈还能指导。

一段时间过后，妈妈却发现了一个问题，女儿问的问题越来越多，有些问题稍微思考一下就能得出答案来，女儿还是会问她。而班里的一次小考试，女孩的成绩也下滑了几个名次。妈妈不禁开始怀疑，怎么越陪越不行了呢？

许多父母认为，陪读可以敦促孩子认真学习，如果遇到问题还能及时辅导，父母从中也可以及时了解孩子的学习与思想状态。但是，上面的这个故事给父母提了一个醒：父母陪读，孩子渐渐就会产生依赖思想，注意力也难以集中，这对他非智力因素、心理素质、学习习惯与能力等方面的发展都是极为不利的。

有个上初中的孩子，性格内向，学习成绩比较差。老师建议父母陪读，于是这个孩子背上了沉重的心理负担，总感觉这是一种耻辱。父母也总是在一旁不停督促他学习，从来不问他其他事情，也从来不让他做其他事情，他内心的苦恼得不到纾解，最后竟服毒身亡。

还有个孩子，从小学起妈妈就一直跟在他身边陪读，初中、高中妈妈都不离他的左右。他没有辜负妈妈的期望，最终考上了北京的一所大学，但妈妈因为种种原因不能再陪他到北京读书了。于是他一个人在北京，生活陷入了混乱，天冷了不知道添衣服，洗衣服不知道用洗衣粉，打饭不知道打多少。最终，这个可以攻克学习难题的优秀学生，只因为生活不能自理而从学校逃回了家中。后来老师才了解到，原来这名学生从上小学开始，除了学习其他所有事情都不用动手，为了不影响读书，妈妈甚至一口一口喂他吃饭……

看到这样的事例，父母会不会感到痛心？本来应该有无限发展可能的孩子，最终却变成了除了学习什么都不能干、什么都不会干的人，这样的陪读酿出的苦果，无论是孩子还是父母，将来都会后悔无比吧！尽管这也许只算是特例，但折射出陪读的弊端。

古有孟母三迁，但那是为了儿子能有一个良好的生活学习习惯，为了他不沾染上不良风气，为了让他成才。可今天父母或者亲人也是"三迁"甚至是"多迁",虽然换了地点,但内容没变,依旧是陪读,从家陪到小学,从小学陪到中学……父母无微不至的关怀可能让孟母都"自惭形秽"。但陪读的结果又如何?如果能看到陪读是弊大于利的,如果想让孩子健康独立成长,父母还是放开手吧。

给予孩子最起码的信任

先来看这样几个事例:

小凡刚进入初中,父母就在他的中学旁边租了一套房子陪读。主要原因是小凡有过"前科"——上小学五年级时成绩下降,那段时间他疯狂地迷上漫画书。小学旁边有一家书店,小凡曾经逃课跑到那里去看漫画。为了防止他到中学再犯这样的毛病,父母不得已而为之。

晓利也是从上初中开始父母跟着陪读的。因为他的学校离家远,父母怕他在路上耽搁时间长而误了学习,所以才在学校附近租房子陪读,方便晓利上学,也方便看护。

华华的妈妈辞去了工作,陪华华一起到县里上中学。华华住校,妈妈怕她不会照顾自己,不会洗衣服,不会整理东西,甘愿来陪读。妈妈说:"给她打点好生活,她才能安心读书啊!"

....

类似的事情太多太多了,父母担心这个担心那个,无论多大的孩子,在他们眼里也和婴儿一样,有太多不能自己做的事情,父母必须亲力亲为才放心。

父母就不能多信任孩子一些吗?他会犯错,但也会改正;他可以自己合理安排时间;尽管年龄小,但不意味着他学不会自己照顾自己。很多时候,孩子并不是一开始就不具备学习以外的能力的,而是由父母陪读陪出来的!

重视培养孩子的各项能力

学习不是孩子成长的全部,父母可以陪他小学、中学甚至大学,但能陪一辈子吗?许多父母美其名曰陪读,但除了督促孩子好好学习,还兼顾另一个职责——保姆,为孩子打点一切。孩子能力缺失,很大程度上是因为父母充当了保姆的角色。

学习与能力就好比孩子的双腿，如果在该培养能力的时候却被剥夺了掌握能力的权利，除了书本知识，其他的所有能力他便都不具备；如果失去了父母陪伴这个拐杖，只有学习这一条腿的他又该如何行走？难道父母就不怕他在未来会跌跤吗？

孩子总是要离开父母的，父母也总会有一天要离开孩子。所以，在他失去拐杖就要跌倒之前，父母要及时培养他的自主生活能力、与人交往能力、协同合作能力……说得简单一些，父母至少要让孩子能好好活下去吧！

儿童发展理论表明：儿童发展依赖于成年人，又独立于成年人，这是人的身心发展的过程。父母必须意识到，这种依赖性并不是永久的，随着孩子的成长，独立自主性将成为他发展的主要内容，各项能力的培养也会成为重中之重。

给孩子创造良好的学习环境

不是只有父母在身边，孩子才能有良好的学习环境；不是只有父母陪读，孩子才能安下心来学习。陪读是一个误区，父母误以为既可以监督孩子学习，又可以为他答疑解惑，误以为这样就创设出来一个好的学习环境，但事实并非如此。父母过度陪伴，只会让孩子的各种能力更低下。

孩子应该拥有一个安静、舒适的学习环境，父母的关心与督导应该在无形中产生。比如在家中，父母不用非要坐到孩子身边去，可以在稍微远一些的地方，既不影响他又能看到他，可以安静地读书，用良好的学习氛围来感染孩子，激励他学习。当孩子遇到问题的时候，也要积极地鼓励他自己探索答案。这样才能让孩子逐渐养成自觉学习、独立思考的好习惯。

培养良好的生活与学习习惯

曾有这样一则报道：很多年前某地农村一个贫苦家庭，几个孩子全部考上了名牌大学，有的还考上了研究生。众人羡慕不已，记者慕名而来。

采访得知，这对父母尽管不识字，但是都有一颗求知的心。他们在平时很注意培养孩子的积极进取心，孩子都会主动学习、独立思考。而且，这对父母不只要求孩子学习，日常家务和农活该干的时候也都要干，并不是"你读书就金贵了"。所以，这些孩子都有很强的自理能力。既能自动自发地学习，又能照顾自己，又何必发愁学习成绩上不去呢？

所以，会学习、会生活的孩子，各方面的发展都不会差，而且这样的孩子学习会是快乐的，生活也会是幸福的。

教育启示

陪读这种"全方位护航"的做法，绝对不是在帮助孩子成才，而是在一点一点地毁掉他的前途。父母尽管含辛茹苦，这样教育培养出来的孩子却很难有感恩之心。当孩子适度的自由、强大的能力、满满的自信、自尊被剥夺时，是很难取得好成绩的。父母陪读陪出来的很可能只是一个心智、能力不健全的人。所以，陪读当谨慎！

41

袒护

——在父母的羽翼下，孩子不会有对家国的责任感

孩子的成长本身就是一个不断犯错不断改正的过程，如果父母能及时指出孩子的错误，帮助他认识到错误的严重性，孩子也许还能因此获得更大的进步。而有的父母却不愿意指出孩子的错误，甚至在别人指出孩子的错误时也要毫无原则地支持和保护孩子，这便是父母对孩子的袒护或偏袒。

有的人可能会表示异议，每位父母都希望孩子能够身心健康地成长，怎么还会有明知孩子犯错却不加以制止和纠正的呢？其实，父母对孩子的袒护往往是出于自私狭隘的偏见心理。而这种父母自以为是爱孩子的无意识的袒护恰恰会害了孩子。

孩子由于涉世未深，经验较少，对事物的认知和判断能力都比较差，也不能很好地控制和调节自己的行为，很容易养成各种不良习惯，甚至惹出大大小小的麻烦。但是，孩子对自己的行为往往是不辨优劣，仅依靠父母的态度和评价作为评断是非的标准。

我们常看到孩子在受到别人的指责时会不服气地说："你少管闲事，我爸妈都不管，你管得着吗？"所以，当孩子做出不良行为时，父母的态度十分重要，它不但会影响到孩子是非观念的形成，甚至会影响他一生，而错误的观

念一旦形成，再要改就很难了。

　　孩子犯错以后，父母若为他辩解，也容易让他养成推卸责任的毛病。受父母的影响，孩子做错事后首先想到的不是如何弥补过错，而是如何为自己辩解、如何逃避和推卸责任。孩子在幼年时也许不必负很大的责任，有些事情父母足以为其代劳，但他终归有长大的一天，将来也会走向社会，独立面对工作、生活、家庭中的种种事情。

　　每个人自从出生那一刻起就背负起将来孝养父母的责任，走向社会后又要担当起工作中的职责，以后还要担负起教养子女的责任。如果父母总是毫无原则地袒护孩子，导致孩子的责任心淡薄，那么他未来人生中的这些责任，又有谁能替他担负呢？

　　有个女孩和弟弟相差5岁，受到的却是不同的家庭教育。女孩11岁时在妈妈的钱包里拿了钱去买糖豆吃，被妈妈发现后狠狠批评了一顿。

　　后来，她发现6岁的弟弟也从妈妈钱包里拿钱，买了许多玩具。她告诉了妈妈，没想到妈妈却轻描淡写地说："哦，是我让他拿钱帮我买东西的。玩具是别人给他的。"女孩知道事情的真相，却不理解妈妈为何如此偏袒弟弟。

　　多年后，她和弟弟都长大了。有一天，妈妈打电话给她，哭着说："你弟弟因为入室盗窃被警察带走了，帮妈妈想想办法啊！"

　　父母若时常袒护孩子的过错，也许可以让他逃过一时的指责，但却会在孩子的品质上留下难以磨灭的污点。所以，父母在教育孩子时千万不可掉以轻心，教育一定要"慎于始"，也就是要非常谨慎认真地对待孩子的各种第一次，尤其是错误的、偏颇的第一次，否则今天的教育方式失之毫厘，在孩子未来的品质上将会差之千里。

　　可是，孩子年龄小，犯错是不可避免的，当孩子做错了事情时，我们应该以怎样的态度对待呢？

彻底认识袒护孩子的弊端

　　如果孩子在犯错后没有受到应有的惩罚，而是常常被父母袒护，推卸责任或减少应负的责任，久而久之就会让孩子混淆是非，心中的原则和界限变得模糊。

　　一般来说，孩子第一次犯错时都会有恐惧心理，猜测父母会以怎样的方式来处理、会不会惩罚自己。如果孩子这次犯错得到的仅仅是袒护，下次犯错时他就不知道恐惧了，并且会渐渐地越错越理直气壮，甚至面对指责也有恃无恐。如此下去，孩子将会越来越难以管教。

经常被父母袒护的孩子还会责任心淡薄，很少顾及他人的感受。由于不怕犯错、敢于犯错，长大后很可能就目无法纪、胆大妄为。当他闯下大祸甚至触犯法律时，父母再后悔对孩子疏于管教恐怕为时已晚。

要有一颗明辨是非的公正之心

有时父母袒护孩子也不是故意的，而是因为太爱自己的孩子，太相信自己的孩子，认为他不可能犯某些错误。所以，当孩子受到他人的指责时，父母便会为其辩解开脱。

在这里提醒父母注意，对孩子的爱一定要冷静而理智，不要无限度地夸大孩子的优点，认为他十分完美，不会犯错误。当孩子受到他人指责时，父母应先听听别人的看法，再听听孩子对这件事情的说法，然后以一种局外人的角度评断是非，千万不要想"这是我的孩子，他怎么可能这样做呢？"人一旦私心过大，就难以正确地评断是非。

父母要知道，发现孩子的错误并不说明孩子很失败，或者自己的教育很失败，而是说明他有需要改正的地方，在人格上还有待完善。事实上，错误被发现也是一件好事，因为有了可以改正的机会。父母若能以这种心态看待孩子的错误，就不会想要袒护他了。

引导孩子认识错误，并勇于认错

孩子做错事后重要的并不是错误本身，而是怎样让孩子认识到他的错误，并大胆说出"这是我的错！"

多数孩子都是害怕犯错的，也害怕承认错误。因为他们害怕承认错误后会受到指责、打骂，或者被人看不起。如果孩子犯错后不承认错误，甚至想方设法去掩饰错误，就等于错上加错，这是比犯错更严重的错误，因为逃避、掩饰错误最终会造成更大的错误。

孩子犯错时父母应鼓励他承认错误，并指点他为自己的错误做出弥补。要记住，是鼓励而不是逼迫，如果父母用打骂等方式对待孩子的错误，下次犯错时他便更没有勇气承认了。

再有就是，有的孩子一犯错就马上承认错误，"对不起，我错了"几乎成了口头语。这时，父母还要帮助孩子分析错误的原因，把道理讲明白，然后给他改过的机会。只有从精神上善待孩子，才能从根本上让他为自己的行为负责。

教育启示

父母需要呵护的是孩子的心灵和纯洁的品格，而非孩子的错误行为。真正爱孩子的父母会冷静而清醒，及时制止和纠正孩子的错误，并帮他建立起勇于承担的责任心。袒护孩子也许同样出于对孩子的爱，但最终只会害了孩子。所以，父母一定不能做孩子不良品质的保护伞，而是应该像修理小树一样，及时为他剪掉多余的枝丫，从而让他健康成长。

第五章
PART5

便利的生活，却可能带有负能量

今天的孩子生活在一个物质生活极大富足的时代，也在享受着高科技带来的便利，但是便利的生活背后却隐藏着无形的杀手，虽说这些杀手不足以让孩子受到致命的伤害，但却能在精神上给孩子更大的杀伤力，会让孩子的"智慧之命"丧失掉。这并不是危言耸听。想想吧，孩子是不是为网络这个"电子海洛因"所侵蚀？是否被电视勾去了魂魄？是否大手大脚地畸形消费？是否为各种污染所害？是否爱慕虚荣？是否为不和谐的家庭环境所累？是否正在一步步地变为"好孩子"？可见，便利的生活有时也隐藏着极大的负能量，不可不谨慎对待。

42

网络

—— 一把双刃剑，别让网络成为孩子的"电子海洛因"

如今，网络已经渗透到我们生活的方方面面，而且这种势头越来越显著。网络购物、网络阅读、网络视频、网络游戏、网上聊天、网络交友等新的娱乐与交往模式正改变着一代人的生活。前些年还仅限于电脑网络，如今人们可以使用更多的移动网络。

不可否认，科技的发展和互联网、智能手机等新兴电子产品的广泛应用，给未成年人开辟了学习和娱乐的新途径。但伴随而来的还有一些低俗的思想文化和信息的传播。

一些父母反映："暴力游戏、跳脱衣舞的游戏在网上到处都是，随便就可以下载一个，还有那些色情文字、图片、视频等，对孩子的影响简直太恶劣了。""现在手机上那么多直播间，都是所谓的美女真人秀，又暴又露，嗲声嗲气，动作诱惑力十足，别说孩子了，就连很多成年人都沉迷其中不能自拔，这多害人啊！"

中国互联网络信息中心（CNNIC）2017年8月4日在北京发布的第40次《中国互联网络发展状况统计报告》显示，截至2017年6月，中国网民规模达到7.51亿，占全球网民总数的1/5。半年共计新增网民1992万人，半年增长率为2.7%。互联网普及率为54.3%，较2016年底提升1.1个百分点，超过全球平均水平4.6个百分点。7.51亿网民中，手机网民规模达7.24亿，占比达96.3%，较2016年底增加2 830万人。而2017年1月23日发布的第39次《中国互联网络发展状况统计报告》显示，截至2016年12月，我国青少年（19岁以下）网民已经达到1.7亿，约占全体网民的23.4%。这其中，还有一个数据需要引起整个社会的重视：我国未成年人首次接触网络的年龄越来越提前。根据中国预防青少年犯罪研究会在北京、浙江、广东、湖北、上海、安徽、重庆、四川等8个省市的调研结果，这些地区的未成年人首次触网最集中年龄段，已经由15岁降到了10岁，占46.8%，最低触网年龄3岁以下的，也占1.1%。

这组数据很明确地表明，未成年网民已经成为互联网的重要群体。对此，有媒体评论，面对中国互联网的现状，谁都明白对10岁甚至更小的未成年人来说意味着什么。的确，今天未成年人接触网络的年龄明显提前，很多3岁幼儿在父母的引导或默许下，就开始玩一些所谓的益智类网络游戏，这是值得警惕的。有关专家也指出，要确定到底哪个年龄段的孩子能玩哪些网络游戏，应制定游戏或者是网络信息的分级标准。

事实上，无论是家庭还是学校或者社会，都有责任预防和干涉未成年人沉迷网络。早在2009年中央电视台就报道，全国至少有5 000万中小学生手机用户面临"电子海洛因"的威胁，每天都有海量的淫秽色情手机网络视频、图片、小说等不良信息，铺天盖地向这些未成年的中小学生手机用户传来。对此，一位官员说："当前，精神文明建设的重中之重是加强和改进未成年人思想道德建设，工作重点是净化社会文化环境，而工作突破口是整治互联网和手机媒体淫秽低俗之风。"这么多年过去了，网络环境到底变好了没有值得我们思考。

毋庸置疑，网络不良信息已成为网络的一大顽疾和毒瘤，致使孩子产生越来越强的心理依赖。

一名记者曾到网吧暗访青少年的上网情况，这名记者以高超的技术赢得了一个11岁男孩的信任。晚上11点，记者好心要带这个男孩吃东西，男孩毫无顾忌地跟着去了。当记者问："这么晚了，你跟我走，就不怕我把你卖了吗？"男孩说："你把我卖了才好呢，只要能打游戏，到哪里都无所谓。"

听听这个男孩的回答，仿佛他生活在虚幻的世界里，满脑子只有游戏，对现实生活中为人子、为学生的角色全然不顾。网瘾的负面影响与毒品海洛因相比真是有过之而无不及，称它为"电子海洛因"一点也不为过。

在一些暴力游戏中，人生仿佛只被解析成买武器、提升装备和杀人三件事。有些暴力游戏还打上"世间无所谓善恶，只是每个人心中有着不同的想法"的口号宣传。这会对思想还不成熟的孩子带来什么影响？"我不用顾虑别人的想法，也不用遵循什么社会规范，只要自己高兴就可以随便'杀人'。"如果每个孩子都带有这种思想，以后岂不成了生禽猛兽、强盗流氓的时代！

因为孩子还处在成长发育阶段，没有形成稳定的人生观、价值观、世界观，思想上受到游戏的影响，行为上一定会在现实生活中体现出来。尤其是一些自我控制能力差的孩子，由于受到网络的影响，容易把虚拟世界与现实混淆，甚至把游戏中的打杀、仇恨带进现实生活。

在电影《新警察故事》中，一群在现实生活中屡受挫折的少年因为沉溺于网络游戏，竟然设计出一套杀人程序，各自充当程序里的杀手，在现实生活中以警察为对手，在各大银行、商场杀人抢劫。

父母不要以为这样的情节只会在电影、电视中出现，实际上在现实生活中也上演着不同的版本。一些孩子为了筹集上网的钱，不惜杀人抢劫；一些孩子忍受不了戒网的痛苦，割脉自杀、跳楼寻求解脱；一些孩子模仿暴力游戏中的情节，杀人寻求刺激……

一些父母反映："我的女儿本来性格开朗，但是自从迷恋上手机游戏后，变得性格孤僻。网吧能禁止未成年人进入，但手机没有这个限制啊！"

的确，随着信息技术的发展和广泛应用，随时随地都能上网，都可以玩游戏。孩子的网瘾问题日益突出，越来越多的父母表现出对孩子的担心。

值得一提的是，2017年1月，国家互联网信息办公室公布《未成年人网络保护条例（送审稿）》，将自国务院通过后实行。这是一部专门针对未成年人网络保护的法律。企盼这部法律早日实施并且发挥其应有的作用。但与此同时，还需要父母不懈努力，最大限度地减少网络对孩子的毒害。

务必关注孩子的内心世界

事实上，孩子渴望游戏的心情是任何时代都不会变的，这是孩子的天性，并非错误。当务之急是父母找到孩子沉迷于网络游戏的根由，才能免除他受不良网络信息的影响。

调查发现，有 5 类孩子最容易迷恋网络：希望得到娱乐、自制力差的孩子，内心孤独需要伙伴的孩子，想逃避现实、摆脱压力的孩子，父母关系差、亲子关系差的孩子，经常被老师批评的孩子。

对此，父母先要自我反省，从努力营造一个和谐的家庭氛围开始，多抽出时间陪陪孩子，在学习方面不给他施加过大的压力。父母还要多为孩子创造群体交往的机会，鼓励他和同龄的孩子交往。

要指导孩子合理利用网络

网络可以说是一把双刃剑，完全不让孩子接触是不可能的，但是又不能对此放任不管，于是引导孩子如何积极科学地利用网络尤为重要。

父母要告诉孩子，电脑是用的，不是玩的，进而教给他一些网络知识，比如，如何利用网络搜寻信息，如何使用网络邮箱，如何使用网页制作、图片处理技术等应用程序。

当然，对于网络聊天和网络游戏，也不是不可以让孩子玩。父母可以指导孩子如何选择情趣相投的聊天对象，也可以引导他用英文聊天，以提高英语水平。赶上周末、节假日，父母还可以陪孩子一起玩游戏，不仅可以促进亲子关系，还可以引导他做网络的主人。

上网之初和孩子"约法三章"

杜绝网瘾的出现，父母要从预防做起，千万不要等到孩子形成网瘾后再去治疗，否则会付出亡羊补牢、为时晚矣的惨痛代价。

一位父亲在女儿学会使用网络后，在电脑上安装了网络过滤软件，过滤掉了一些不良信息和网站，并和她"约法三章"：第一，每天使用电脑的时间不超过 1 小时；第二，不能和陌生人说话，不能私自见网友；第三，不泄露个人和家庭信息，如姓名、家庭地址、家庭电话等。此外，父亲把电脑放在客厅里，每次女儿上网时，父亲都能看到电脑屏幕上显示的内容。

这位父亲的做法可以有效地监督女儿上网的时间和内容，将网络侵害降到最低，这种订立上网规矩和安装过滤软件的方式都值得父母借鉴。父母最好把电脑放在公共区域,如客厅、共用的书房等,指导孩子上网。

注意孩子的网瘾征兆

如果孩子每天的上网时间超过 4 小时,并连续 1 个月以上不爱说话,不爱参加其他活动,但坐在电脑前异常兴奋,父母就要及时关注,以免错失教育的最佳时机。可以通过聊天的方式主动和孩子沟通,了解孩子的真实想法,以排解孩子心中的抑郁情绪。

父母要丰富孩子的课余生活,培养他广泛的兴趣,比如,鼓励他参加体育运动、阅读课外读物等。当孩子体会到生活的多姿多彩时,也就不那么容易沉迷网络了。

想办法帮助孩子戒除网瘾

父母怎样判断孩子是否染上网瘾?以下几点供参考:
(1)吃过饭就冲向电脑,甚至吃饭时还在电脑前"厮杀""通关";
(2)经常把自己关在房间里,独自上网的时间越来越长;
(3)对其他事情没有兴趣,一提到上网就来精神;
(4)几个小时或几天不上网就会表现出焦虑不安;
(5)没有正当理由地不按时回家,偶尔夜不归宿;
(6)曾经企图缩短上网的时间,但总以失败告终;
(7)学习成绩下降,与父母的关系僵化,与同学的交往也越来越少。

若孩子同时具备以上两至三条,可以初步判断他已经染上了网瘾。

而要想从根本上治愈孩子的网瘾问题,替代法是一个不错的选择。正如中国青少年研究中心家庭教育首席专家孙云晓老师所指出的:"用成功的体验代替失败的体验,用温馨的亲情和友谊代替形单影只的寂寞,用丰富的生活代替单调无奈的生活,同时培养孩子的自制力。"为人父母者可以用心体会一下这段话。另外,不太建议直接把有网瘾的孩子送到网瘾戒除机构,因为如果只是没有了机会接触网络,用处是不大的,等哪天他从机构出来,再次接触网络,就会依旧如初,甚至还会把戒网瘾失去的网络游玩时间补回来。父母还可以配合相应的递减法,减少孩子每天上网的时间。比如,由最初的 5 小时改为 4 小时,再改为 3 小时……最后慢慢恢复到 1 小时、半小时的正常状态。这个过程中，父母千万不要急于求成，只有循序渐进才能收到良好的效果。

教育启示

不管父母是认为利用网络可以很便捷地查阅资料、获取信息与知识，还是认为网络对人是"一大毒虫"，网络都已成为我们生活的一部分。网络本身是没有好坏属性的，就看我们如何去更好地利用它。所以，现在摆在父母面前的问题不是禁止孩子接触网络，而是如何引导他合理利用网络，增强他对网络不良信息、网络游戏、网络聊天的免疫力，使他自觉抵制网络的诱惑。当然，在此之前，父母应该先具备强大的网络自控力。

43

电视

——比网络好不了太多，会让孩子伤眼、"伤心"、"伤智"

早在 20 世纪 90 年代，美国的雷久南博士就写了一篇题为《电视带大的孩子》的文章，其中指出，孟子如果出生在 20 世纪末的中国，就可能在电视机前长大，孟母可能因为没有立刻觉察到电视的长远负面影响，也不会阻挡。小孟子的大脑会因为失去正常童年的游戏、玩耍、运动、听故事、牙牙学语和好奇心驱使的学习而发育不全；成年后也不会有深度的观察和思考能力，没有高尚的道德责任感，也不会对中国文化有特殊的贡献。如果电视早 500 年在欧洲出现，现今我们可能听不到莫扎特、贝多芬和其他近代音乐家的杰作，也见不到达·芬奇的画和发明；如果电视早在中国出现，李白、杜甫也不会写诗，很多艺术精华都不会见到，也不会有中国文化。

这段文字，我们是不是很认同？是不是给我们很多反思？

如今，看电视几乎成为每个家庭的主要休闲活动之一。它给人们带来娱乐和休闲的同时，也带来一系列的健康隐患，对身心还没有发育完全的孩子来说影响更大。

从身体健康角度讲，电视对孩子主要有以下影响：

孩子的视力还处在发育中，不断闪烁的光电会导致孩子的眼睛屈光异常、斜视，电视机发出的电磁波还会影响孩子的智力发展。

由于长时间看电视，孩子减少了与父母、朋友的交流时间，影响他的社交能力，性格也变得孤独，容易患上电视孤独症。

研究发现，大多数肥胖儿童都有一个共同的特点——爱看电视。由于缺少运动，孩子变成"电视土豆"。

…………

以上这些仅仅是对孩子身体上的伤害，对孩子心理上的侵害更是不容忽视的。

以前的电视作品好人坏人形象清晰，爱恨分明，而今天的电视屏幕却变得色彩斑斓，频频闪动着暴力镜头、关系暧昧的剧情、充满"智慧"的作案手段等。其中的人物形象也被塑造得亦正亦邪，听起来仿佛更加符合"人性化"的潮流，但却导致孩子盲目崇拜《古惑仔》中酷酷的黑帮老大，津津乐道《这个杀手不太冷》里面精彩的打斗场面。

一个初中男孩曾在网络空间写道：我的理想是当一个杀手。爸爸知道后问儿子："你怎么会有这样的理想呢?"儿子说："电视里的杀手多酷啊，他们想杀谁就杀谁，堂堂男子汉就应该是那样的。"爸爸听后和儿子一通争辩，最后谁都没能说服对方。

的确，影视作品里传播的法律之外的江湖义气、睚眦必报的爱恨情仇以及以暴制暴的自我张扬给孩子带来的只是与法律和道德观念相悖的思想，却令他们如痴如醉，甚至争相崇拜和模仿。

到底是什么原因导致孩子对电视如此痴迷、不能自拔呢？

这是来自一个9岁女孩的心声：

"我爱看电视，妈妈总是呵斥我改掉这个坏毛病，但这并不都是我的错。以前每次我让妈妈陪我一起看书、给我讲故事，她总是没耐心。有时赶上忙的时候，她就哄我说：'妈妈现在很忙，你去看电视吧，好孩子……'当初要我看电视的是妈妈，现在不让我看电视的还是妈妈。大人的世界为什么总是那么复杂？"

电视成了孤独孩子的"玩伴"和"保姆"，这是一个不可否认的事实。但这个女孩的一段话更应该引起更多父母的反思。

因为很多父母难以应付缠人的孩子时，通常会打开电视机，让他在嘈杂纷乱的电视广告和各种各样的电视节目中安静下来。可当孩子沉迷于电视的时候，父母却简单地用强硬的态度禁止他。结果呢？不仅不能减少孩子看电视的时间，反而使得亲子关系越来越僵化。可见，如果父母不希望孩子常以电视为伴，就要多关注他的精神世界，为他寻找新的精神寄托。

虽然电视有很多坏处，但只要合理利用它，还是有很多好处的，比如，丰富孩子的知识、拓宽孩子的视野等，父母完全禁止孩子看电视也是不明智的。

父母应如何把握电视的利弊得失，减少电视对孩子的伤害呢？

要引导孩子有节制地看电视

在生活中，很多家庭把看电视作为唯一的消遣方式，将大量的时间花在电视机前。父母不妨仔细回想一下，是不是到家后第一件事就是打开电视机？有没有边吃饭边看电视？……如果答案是肯定的，那么孩子会很自然地效仿，而且还可以理直气壮地说："你们能看，我为什么不能看？"

要减少孩子看电视的时间，父母首先要以身作则，有节制地看电视。比如，每天晚饭后，不妨和孩子下一盘跳棋，或者带孩子到小区里散散步，鼓励他和小朋友一起玩耍，孩子自然会知道除了电视，还有很多娱乐活动可以选择。

一般情况下，小学生看电视的时间不宜超过 1 小时，中学生不宜超过 2 小时。为了减少孩子看电视的时间，父母还可以开展一个"关掉电视周"的活动。全家人一起尝试着在一周之内关掉电视、电脑，体验没有电视、电脑的晚间生活，试着寻找新的娱乐方式。

对节目内容要有选择

孩子天生就喜欢模仿，模仿电视中的人物和情节，且没有分辨善恶是非的能力。现在的电视节目鱼龙混杂，一些成年人看的言情片、武打片、警匪片，孩子都不适宜看，因为他的理解能力和接受能力还没有达到那个水平。当然，含有恐怖、暴力、色情的成人动画片也是不适宜孩子看的。

一位父亲带着女儿一起看电影《导盲犬小 Q》。电影讲述了一只叫"小 Q"的小狗从小到大、被训练成导盲犬的故事，讲述了小狗的聪明、忠诚，以及人类的善良和爱。女儿看完后，泪流满面。

这种可以引发孩子思考，让他认识到生命平等的动画片就值得一看。而像《龙珠》《圣斗士》《虹猫蓝兔七侠传》等带给孩子暴力思想的动画片最好不看。

2013年10月12日的《新闻联播》播出了关于动画制作的相关报道。报道称，央视动画有限公司等十家动画制作机构联合央视少儿频道等十大动画播出机构发出倡议，号召全行业承诺不制作和播出暴力失度、语言不文明、含有会被未成年人效仿的危险情节的动画片。当时最热门的动漫《熊出没》和国产动画老大《喜羊羊与灰太狼》随即被点名批评。这是一个可喜的现象。

那什么节目适合孩子们看呢？有关专家指出，电视中有两类节目适合孩子看，一类是儿童文学作品，比如儿童文学名著、童话改编的动画片，另一类则是知识性的节目，比如《动物世界》《国家地理》《探索》等科普专题和科幻题材的节目。

在看电视之前，父母可以和孩子一起阅读电视导报，提前有计划、有选择地看一些节目。

以上所说的电视是狭义的。实际上，今天很多孩子不仅看电视节目，还通过网络看动画片。对此，父母更应该帮孩子做好选择，比如，可以看《中华德育故事》《中华弟子规》《孝孝龙奇幻记》等。

尽量陪孩子一起看电视

孩子看电视的时候，聪明的父母不妨陪着孩子一起看。这样父母可以有效地将正确的思想传达给孩子，加深或扭转他看电视的角度，以此减弱电视对他的负面影响。尤其是当电视里出现一些不良情节时，父母可以有针对性地给孩子分析，指出其中的美与丑。

晚饭后，一家三口一起看《东方小故事——孔子求教》。7岁的女儿转过头来问道："老爸，孔子是谁？"爸爸随即简单介绍了孔子的出身和72圣贤。女儿听了又转向电视，认真地观看起来。此后，看电视时回答女儿的问题几乎成了爸爸的一个任务，不过每次他都乐在其中。这种方式值得父母学习。

此外，每次看完电视，父母还可以抓住机会和孩子一起交流。当然，交流的目的不在于孩子说出正确答案，而是拓宽他的思维，让他在交流中思考、增长见识。同时，父母还要注意纠正孩子的不良习惯，比如躺着看、近距离看、熬夜看等。

减少广告对孩子的负面影响

电视广告成为电视的主要组成部分，一般广告都会用一些夸张的艺术形式表现出来，再加上朗朗上口的广告词，留给孩子深刻的印象。但一些商业广告却给孩子带来一些负面影响，包括语言上的、认知上的，还有可能导致孩子早熟。

为了减少广告对孩子的影响，一方面父母要减少孩子接触广告的时间，另一方面当广告中出现一些发音错误或者滥用成语的现象时，父母要及时纠正，避免孩子形成错误的认识。

> **教育启示**
>
> 每个孩子都渴望父母的陪伴。当父母忽略孩子的这一需求时，电视就很可能成为他唯一的"玩伴"，使他沉迷其中不能自拔。为了减少电视对孩子的侵害，父母不妨和孩子做一些有意义的活动，或是坐下来安静地和孩子一起看电视，引导他看一些知识性、科学性比较强的节目，这样才利于开阔孩子的视野，也能拉近亲子间的距离。

44

畸形消费

——谁为畸形消费负责？"西式理财教育"
真那么有效？

天下没有父母不爱自己的孩子，没有父母不希望自己的孩子生活得更幸福。无论是富裕家庭还是条件一般家庭，父母都尽量满足孩子的要求。结果导致孩子身上出现了一种不应该有的畸形消费现象。

一位上初中二年级的女孩身上穿着价格不菲的名牌衣服和运动鞋，iPhone手机、电子词典、iPad、PSP等电子科技产品一应俱全。新学期就要开始了，她用压岁钱给自己买了一台MacBook（苹果笔记本），原因是以前的笔记本内存太小，运行太慢。除此之外，她还买了一个500多元的书包、200多元的文具盒套装，再加上一些其他小文具，共花了8 000多元。

这个女孩的盲目消费绝对不是个别现象。如今的孩子吃喝讲究口味，挑食的现象司空见惯；穿着打扮追逐新潮，浓妆艳抹成为一种时尚；玩乐讲求变化，飞机、汽车、洋娃娃以及各种高科技玩具一应俱全；生日宴请摆阔气，讲排场；甚至还有一些中小学生花钱买"雇工"，替自己劳动……

一个男孩的父亲是房地产开发商。男孩从小衣食无忧，起床穿衣、洗脸吃饭都由保姆侍奉。父亲对他的日常花销有求必应，所以男孩口袋里揣几百元钞票是常有的事儿。父亲为了满足他的消费需要，还专门给他开了一个个人账户，一下给他存了 5 万元钱。

男孩有了钱后，请同学逛商场，买名牌服饰、玩具、零食，还经常逃课请同学吃火锅、打游戏。男孩学习成绩非常差，上学路上雇同学替自己背书包，课下雇学习好的同学替自己写作业。结果，男孩在学校里有两项出了名的"第一"：存款第一，成绩倒数第一。

作为父母的我们可以想想，自己到底对孩子的畸形消费了解多少？重视多少？管了多少？再看看周围的父母，对他们的孩子大手大脚花钱的行为持有怎样的态度？是默许？视而不见？纵容？怂恿？稍微反思、观察一下，答案显而易见。

很多父母看到西方的理财教育，竟然也模仿起来。他们认为孩子消费是好事，会花钱以后才会挣钱。甚至有的父母还鼓励孩子大胆消费，连做家务也"明码标价"，以培养他的理财观念。真的是这样吗？

孩子小时候大手大脚可能在父母眼里看来没什么，反正养得起他。但有一天孩子独立走向社会了，很可能会面临很大的生存危机。

现在有很多白领是"月光族"，挣再多的钱几乎到月底都能花完。这还是好的，现在有很多大学生透支信用、提前消费，把信用卡刷爆却没有能力偿还，毕业后成为"啃老族"，尽管上班赚些钱，依然需要父母的经济支持。

这正印证了古人所说的"由奢入俭难"！孩子养成奢侈消费的习惯后，想让他节俭都困难了。

事实上，每个孩子都不是天生的"花钱机器"，其消费成人化、贵族化的奢侈消费也是"冰冻三尺，非一日之寒"。到底是什么导致孩子变成了这个样子？其根本原因还是父母自身的消费观念和对孩子没有智慧的爱。

一方面，今天的孩子太过幸福了，因为父母尽可能甚至是透支性地为孩子创造优越的物质条件；另一方面，父母因为工作忙不能经常陪孩子，为了弥补这种缺憾，就试图用物质和金钱来替代。此外，还有些父母认为，孩子就是未来，在他身上投资多少都值得。

其实，这些都是父母教育孩子的误区。有一句话这样说："再穷不能穷教育，再富不能富孩子。"父母要认真思考孩子到底需要的是什么，什么才是对他以后发展最有利的。可以肯定的是，绝对不是最好的物质享受。

俗话说："俭以养德。"父母只有培养孩子勤劳俭朴的习惯，孩子才能守住财富，进而创造更多的社会财富。

让孩子感受金钱的来之不易

一些父母只是口头教育孩子父母挣钱多么不容易，致使孩子都明白节俭的道理但做起来又是另外一回事。这就好比父母教孩子1米等于100厘米，但却不告诉他1米到底有多长；孩子知道开水是烫的，但是不知道烫具体是一种什么感觉。

一个女孩高考后利用暑假去麦当劳打工，每天工作4~6小时。女孩因为工作强度太大曾多次想放弃，但最后还是坚持了下来。一个月后当女孩拿到900多元的工资时，激动地说："妈妈，我现在知道挣钱多么不容易了。"

孩子只有经历劳动的过程，才知道金钱的来之不易。当然，这里不是鼓励每个孩子都去打工。如果条件允许的话，父母可以带孩子参观自己的工作单位，让他看到挣钱的辛苦。

11岁的儿子说："爸爸，我们班××骑了一辆电动自行车，才2 500多块钱，您也给我买一辆吧。"爸爸什么也没说，带着儿子去了妻子的工厂。工厂里机器轰隆轰隆的声音非常刺耳，爸爸说："看到了吗？你妈妈在这种环境下工作一个月才2 000块钱，你知道2 500块钱的电动车是什么概念了吗？"男孩听了以后再也没提这种要求。

当孩子知道父母是付出汗水和辛劳才换来金钱时，自然会生起感恩之心，也会珍惜父母的劳动成果，知道钱来之不易。

要引导孩子合理消费，杜绝浪费

每个家庭的经济情况都不相同，孩子的消费水平也会有所不同。但是，不管花多少钱，父母都要让孩子明白钱不能乱花，一定要花在合理的地方，杜绝奢侈浪费、享乐主义。

父母要引导孩子科学、合理地消费。在挑选商品时，父母要教孩子本着需要和实用的原则，要全面考虑家庭的经济状况和承受能力；要引导孩子的消费内容，不要把钱一味地花在吃喝玩乐等物质享受上。

还要引导孩子理智地看待广告，排除外界对孩子的影响和诱惑。必要的时候，父母还可以带孩子到商场比对同类商品的价格和质量，提高他分辨商品的能力，引导他明智消费。

父母也要培养孩子独立消费的能力，比如，鼓励他"当一天小管家"，进而培养他勤俭持家的美德和独立意识。

勤劳节俭是我国的优良传统，在盲目消费的今天显得尤为珍贵。父母除了让孩子明白勤俭节约的可贵，自身的示范作用也不容忽视。这就要求父母树立正确的消费观念，引导孩子参与自己的消费过程，让他感受生活需要精打细算、勤俭节约的氛围。

父母还要拒绝孩子的不合理要求，比如商家为了吸引孩子的眼球，推出了很多高价新奇的玩具，文具盒被设计成汽车模型的样子，圆珠笔被装饰成花束、人偶等。随着这些文具的推出，孩子的文具更新换代非常快，许多还七八成新的文具就被淘汰了。这个时候，父母要教孩子识破"商人的伎俩"，杜绝他出现重复购买文具的浪费现象。

此外，父母在给孩子零花钱时一定要有节制。

孩子做家务，不要给他"明码标价"

今天很多孩子不勤快、不爱劳动，父母为此头疼不已，于是就有家庭教育书籍"出招"了：给孩子钱，洗碗给2元，扫地给2元，洗衣服给5元……这样，一方面可以调动孩子劳动的积极性，让他变勤快，爱劳动；另一方面可以从小培养孩子的理财能力，真是一举两得。

结果真是这样吗？一位母亲使用了这样的方法，结果孩子真的勤快了，这位母亲非常高兴，以为真的找到了治孩子懒惰的"灵丹妙药"。几天后，这位母亲洗完衣服后对孩子说："妈妈很累了，好孩子，你把这些衣服拿到衣架上晾一下，妈妈给你2元钱。"可是，孩子随口讲出这样一句话："今天我也很累，这个钱我不赚了。"这位母亲顿时愣住了。

可见，这位母亲找到的"灵丹妙药"有效期太短，还有副作用。

有效期太短还有副作用的教育方法，就不是彻底的、没有流弊的教育方法。实际上，用这样的方法教育孩子是没有真实效果的，甚至还会害了孩子。父母用这样的方法对孩子进行教育时，教育方法有效的欣喜感觉还没有享受一会儿，烦恼就会随之而来。

我好几次跟几个教育界的朋友交流"用金钱刺激孩子劳动，并让他学理财"的观点，遗憾的是，他们竟然都非常赞同这样的方法。

很多教育观念看似正确，实际上却是对为人父母者的误导。用金钱、物质刺激孩子学习也一样，短期看似有效，时间稍微一长绝对有害，副作用巨大，会增强孩子的金钱、物质欲望。最终，他的欲望就会成为一个填不满的"无底洞"，使他堕入其中，难以自拔。

教育启示

中国有句老话叫"富不过三代"，其中的道理大家都明白，到现在已成了"富不过二代"，甚至是"富不过一代"。苏联教育家马尔库沙也曾经说："昂贵的玩具、阔气的穿戴——这是通向严重后果的最初阶梯。"的确，如果孩子从小对金钱没有一个正确的认识，没有形成节俭的意识，那么年轻时的贪图享受只会让他形成畸形的消费观。因此，父母要指导孩子从小学会合理消费，培养他节俭适度的消费观。这样，他才能创造更多的财富，把握好自己的人生。

45

优雅、风度
——不能融入群体的优雅与风度，只会"鹤立鸡群"

随着物质生活的极大丰富，人们又逐渐将关注点转移到精神世界，开始追求更高的品位与兴趣爱好，关注个人修养与外在气质，甚至连孩子也要求他优雅而有风度。

走在街上常看到衣着时尚的父母领着一个"气宇轩昂"的小孩子，神情仿似一位小王子或小公主。气质优雅的孩子确实令人喜爱，有人曾在一篇文章中大肆倡导培养优雅的儿童。他说，首先要提高孩子的审美品位，并且要在不同的场合给孩子搭配不同的服装，从小培养他学会穿衣之道，对衣着的装饰和制作工艺要尽量考究，还应培养孩子高雅的兴趣爱好，避免流俗。

高雅的气质与品位几乎是每个能够解决温饱问题的人都追求的，但并不是所有人都有相同的兴趣爱好和审美观点。高雅的艺术和作品也不是每个人都欣赏得了，孩子是否应该处处都表现出卓尔不群的一面，是否一定要追求高雅、免于流俗呢？

有一个年仅8岁的女孩，钢琴通过了六级。父母为她的成绩感到骄傲，并时常在亲友面前夸奖孩子，他们常说："宝贝儿，你弹起钢琴来就像一只优雅的小天鹅，从容而美丽，琴声美妙极了！"受到父母的夸奖，这位女孩也十分希望自己拥有优雅的气质，十分注意自己的言行。

平时她只穿裙子，不肯穿裤装，她说那才是学琴的女孩应有的装束。走起路来，她也总是高昂起头，即使和同学一起玩耍，也总是摆出一副高高在上的架子。在学校做值日时，她总是找借口少干活，受到同学指责时，她总是说："我的手可是弹钢琴的，不是用来干活的，哪像你们什么都能干。"从此，同学们便都不喜欢和她玩，还暗地里议论说："会弹钢琴就了不起吗？"

当然，这并不是说学钢琴是件不可取的事情，而是父母应该让孩子以怎样的心态来学钢琴；同样，也并非说追求高雅的艺术、拥有优雅的气质不好，而是父母应该让孩子以怎样的心态来追求艺术。

优雅是一个人在拥有了深厚的文化底蕴之后，身上自然散发出来的气质，而不是故作姿态、赢得别人的欣赏。一个优雅的人，必先有一颗优雅的内心，他往往淡定而从容，从不以优雅去赚取别人的掌声。

有位母亲想培养一个有绅士风度的男孩，因此对儿子要求十分严格，更是注重他的衣着打扮。上学时，她给儿子穿上精致的衬衫、漂亮的皮鞋，但儿子并不领会母亲的意思，常常是到了放学时衬衫早已脏兮兮，皮鞋也满是灰尘。

这时，母亲就会斥责儿子："瞧瞧你，怎么会弄成这副样子。有风度的孩子是不会这样的，他既不会像个野孩子一样疯狂与人打闹，也不会衣衫不整。"潜移默化下，男孩逐渐接受了母亲的思想，要做一个优雅的人，要有绅士气度。

他不再和其他男孩一样踢足球、赛跑、打闹，更不会大声喊叫、嬉戏追逐，而是像一位小少爷一样坐得端端正正，不时整理一下衣衫，皮鞋脏了要随时擦干净。班里的男孩子渐渐都不喜欢和他玩，因为没有谁能像他一样天天穿着皮鞋安安静静地坐着保持风度。

他只能和女孩一起玩，聊聊天或是画画、做手工。班里的同学给他起了一个绰号——"大小姐"。男孩很委屈，一天，他回到家里向妈妈哭诉："他们都说我是'大小姐'，不是男子汉。"母亲觉得儿子受了委屈，就找老师了解情况，老师也说："这个孩子太安静了，性格不像男孩，建议他活泼一点，多和同学一起玩耍。"

男孩的绅士风度和优雅并没让他更受欢迎，反而使他被同学孤立了。因为孩子们需要一个能够一起欢乐的小伙伴，而不是一位"小大人"一样的绅士。

同样的情况不仅在孩子的世界，在成年人的生活中也屡见不鲜，我们常见某人才华横溢却清高自守，最终落得怀才不遇的下场。

父母也许怀疑，让孩子变得优雅而有风度，难道有错吗？别人不理解，就要和他们一样俗气吗？其实，追求优雅和风度本身没有错，错的是父母或孩子对优雅及风度的理解。

那么，什么才是真正的优雅呢？父母又该如何培养有品位的孩子？

父母要给孩子一颗优雅的心

优雅绝不仅仅是一个人的外在表现形式，还应该是拥有一颗优雅的心。让孩子拥有一颗优雅的心，并不一定要他的心中装满高雅的艺术，而是要孩子拥有诸多美好的品德，如善良、仁爱、感恩、宽容、诚信、有责任感等。一个拥有高贵品质的人才能称为优雅的人，他可以衣着俭朴，举止如常，但言行能让人感觉到一种无形的亲和力和感染力。

外在的优雅如果没有内在品质的充盈，仅仅是举手投足间的优美，那么他不仅难以被人欣赏，还很有可能被看做造作。因此，父母对孩子的培养一定要由心而始，莫只在表面做功夫。

要引导孩子丢开没用的风度

风度在词典中的解释是，指人的言谈、举止、仪态所显露出的美好神韵。为了让孩子有风度，有些父母不惜重金为孩子购买名牌服装，男孩穿小西装，女孩穿洋装裙子，并且要时刻保持良好的体态。甚至有的父母专门让女孩去学芭蕾，让她有公主的气质。

事实上，孩子单纯活泼，本来就非常可爱，为了保持风度穿上不方便运动的衣服，言行举止模仿成年人反而失去了本有的天真。弄脏衣服是每个孩子都会做的事情，为了保持风度、让服装整洁，而不敢跑、不敢跳，风度反而成了约束孩子身心健康成长的赘物。

所以，请让孩子丢开那些没用的风度，还他一个本真的童年。

千万不要让孩子恃才傲物

现在很多孩子都会在功课之外学一些特长,有的孩子有一项特长,有的孩子有两三项特长。先不说兴趣班过多会让孩子压力过大,孩子在拥有了某些特长后,常常会有傲慢的心态:"我会写毛笔字,还会弹古筝,外语也好,其他孩子会的那么少,我才懒得和不聪明的人一起玩!"

这种骄傲的心态不利于孩子的成长。首先这种心态会导致孩子难以交到真心朋友,同时傲慢还会导致成绩落后;其次恃才傲物者走向社会后也会因为态度不好而难以得到重用。其实,每个人所学的知识都是自己努力付出的成果,同时是自己的兴趣所在,不同的人有不同的选择,有什么好骄傲的?

父母应该让孩子知道,即使自己在学习某种高雅的艺术,会受到他人的称赞,也不必过于高兴,更不能因此看不起他人。否则,势必会因此阻碍了自己未来的发展。

教育启示

人们在追求高品位的生活时,往往注重形式而忽略了内容。对孩子的教育形同此理,优雅和风度本不是贬义词,在如果为了优雅和风度而抹杀孩子天真的本性,抛却其原本该快乐的童年,就等于让优雅害了孩子。父母对孩子的教育原本就该是一件活活泼泼的事情,不必照搬、不必搞形式主义。如何教育?孔子在两千多年前就已经给了我们答案——因材施教。

46 生活细节

——小心手机、鲜花、玩具、垃圾食品等会伤害孩子

每位父母都希望能够给孩子一个健康安全的生活环境，让他身心健康地成长。事实上，生活中却会充满各种潜在的不安全因素。这些不安全因素往往离我们很近但又不易察觉，有些危害让人防不胜防。

有个 7 岁的小男孩在家里练习绘画，妈妈觉得儿子很专心，就没有打扰他，而是关上书房的门悄悄来到客厅看电视。不一会儿，小男孩跑出来不停地摇着妈妈的手臂，指着自己的咽喉部位，哽咽着说不出话，脸已经憋得通红。

妈妈这才发现儿子手中的笔帽不见了，原来他在思考的时候不小心吞下了笔帽，卡在咽喉处。妈妈心急如焚，急忙拨打了 120 将孩子送往医院，大夫经过努力才取出了笔帽，并说如果不是救助及时，笔帽很可能会给孩子的食道造成严重伤害。

很多看似不起眼的物品，都会对年幼的孩子带来意外伤害，让人防不胜防。尤其是对于年龄较小的孩子，任何疏忽对于他来说都有可能会带来危险。如何让孩子避免这些潜在的危险？这就需要父母先了解一下，生活中的哪些细节存有潜在的危机。

随着生活水平的提高，人们的物质生活越来越丰富，不少父母都喜欢将最好、最新、最贵的物品给自己最疼爱的孩子。但这些高科技、新潮流的物品真的就能为孩子带来益处吗？是否人类的每一项科技新发明都是有益的呢？

事实证明，一些高科技产品在为人们带来方便的同时，也会带来一定的副作用。如越来越高端的手机，在方便人们"千里传音"同时，也给人体带来很大的辐射。不少父母也给孩子配备了手机，以方便与其联络，但研究表明，孩子的耳朵和颅骨比成年人的更小、更薄，在使用手机时其大脑吸收的辐射比成年人要高出50%之多。对于5岁左右的孩子，辐射会渗入大脑50%的区域；对于10岁左右的孩子，辐射则会渗入大脑30%的区域。也就是说，年龄越低，在使用手机时受到的辐射就越大。因此，手机并不适合孩子使用。而且，实际生活中孩子使用手机早已脱离了其用于沟通功能的意义，随着手机铃声、图片、网络的推出，很多孩子用手机上不良网站，甚至利用短信功能在考场作弊，这对孩子的学习和品德都造成了不利影响。

孩子使用手机还容易产生攀比心理，影响其在青少年时期性格的形成。所以，父母最好不要给中小学生购买手机，手机对于孩子来说确实是弊大于利。

除了手机，还有许多高端产品都有方便与副作用共存的特性。如孩子们喜欢的PSP游戏机、MP3、MP4，在方便下载学习资料的同时，也带有许多娱乐功能，容易让孩子沉迷其中。对于此类产品，父母应谨慎购买。

生活中还有许多小物品，也会对孩子带来危害，如孩子天天都要使用的文具。现在的文具花样繁多、种类齐全，但其制作工艺和成分很少有人关注。据报道，上海市质监部门2016年2月进行的质量安全风险监测显示，塑料书皮存在安全风险的比例超过83%，30批次相关产品中有25批次邻苯二甲酸酯增塑剂项目不符合判定要求。国家文教用品质量监督检验中心相关专家表示，邻苯二甲酸酯类是邻苯二甲酸的酯化衍生物，是塑胶工业中最常见的增塑剂。如过量摄入可能会增加人体雌性激素的分泌，影响激素系统，导致儿童性早熟。另有报道指出，有的学生用品中甚至含有致癌物质，如孩子常使用的涂改液中就含有大量的铅、苯、二氯乙烷等化学物质。涂改液的气味很强烈，长期使用会导致孩子慢性中毒，更严重的还可能导致白血病等并发症。因此，应尽量避免孩子使用涂改液。除此之外，一些含有香味的圆珠笔、橡皮擦等其中添加的香料也容易在吸入后引起孩子身体不适。

所以，父母一定要慎重为孩子选择文具，并把选择文具的注意事项交代给孩子，以免孩子长期使用有毒文具而带来副作用。

不仅如此，一次国家质检总局对童装产品质量进行监督抽查时，也发现有四成存在质量问题：染色牢度不合格，pH值超标，缝制质量不达标以及面料、里料纤维含量与明示标识不符，这些都会危害儿童健康。父母在为孩子购买时也需要提高警惕，仔细挑选。

学校周围除了文具店还常常有副食店、小超市，孩子们喜欢到那里逛逛。里面各种各样的小食品是孩子的最爱，比如冰激凌、薯片、汽水等。这些食品虽然美味，其成分对人体却没有益处，也就是我们常说的垃圾食品。孩子正处于长身体的时期，过多的垃圾食品不能为孩子的身体提供养分，因其中的添加剂、防腐剂过多，长期食用还会对身体造成损害。有的孩子从小就养成了喝饮料的习惯，基本不喝水，变得肥胖，导致身体不健康。

垃圾食品都有哪些？世界卫生组织公布的十大垃圾食品包括加工类食品（肉松、肉干、香肠等）、油炸食品、腌制食品、汽水可乐类饮料、方便类食品（方便面、膨化食品）、罐头类食品、果脯类食品、冷冻甜品（冰激凌、雪糕等）、烧烤类食品、饼干类食品（不包括全麦饼干和低温烘烤饼干）。

除了这些垃圾食品，还有一些新潮食品十分吸引孩子和父母的眼球，有的甚至成为一种时尚。我们所吃的精细粮食，营养不够全面，远没有粗粮健康；孩子喜欢的洋快餐烹饪方式以煎、炸、烤为主，其脂肪含量和热量都超高，容易引起肥胖症；孩子的肝、肾发育不完全，解毒能力差，咖啡也不适合他们饮用……

了解到这些，父母就应该注意尽量少让孩子食用垃圾食品，以更健康的食品取而代之。如新鲜的水果、蔬菜，各种坚果（花生、核桃、杏仁等），食用油也应该以植物油为主，如玉米油、芝麻油、花生油、橄榄油等。简而言之，凡是新鲜或是通过健康方式加工的蔬菜、水果、主食等，都属于健康食品，这样的食品才能为孩子的身体提供营养。

除了高科技产品的使用和食品的选择，还有一个不容忽视的问题就是房屋装修带来的污染。装修中使用的各种板材、涂料中含有大量的甲醛、苯、氡等有害元素，释放出的有害气体会对人体带来伤害。有资料显示，一半以上的儿童白血病患者家里都有豪华装修的接触经历。装修污染数不胜数，为了孩子和家人的健康，父母应选择高品质、绿色健康的装修材料，并在装修后及时通风，缓行入住，或是采用竹炭吸附法、植物去味法等减少有害气体。

我们的生活环境中充斥着如此多的隐形伤害，父母也许会为之头疼，这些潜在的伤害让人防不胜防，如何才能让孩子健康安全地成长呢？

要全面了解生活细节中的隐形伤害

除了上面提到的手机、垃圾食品、新潮食品、装修污染等，生活中还有许多让人意想不到的潜在伤害。如室内摆放的鲜花，本来是为了营造优美舒适的环境，但很多鲜花除了美丽，还含有一定的有毒物质，如夹竹桃、含羞草、一品红、郁金香等多种花卉都会在接触、误食、闻嗅后引起不适，中毒后甚至有生命危险。

孩子喜欢的玩具中，弹弓、牙签弩、仿真手枪等可能会因使用不当造成危险，毛绒玩具上的绒毛可能造成孩子呼吸道感染或皮肤病。

诸如此类的潜在伤害，只要父母多关注杂志和网络上的健康资讯，多了解有关方面的信息，就可避免。在给孩子购买物品时不要只依照孩子的喜好，而是全面考虑一下物品的安全性，就不难发现其中存在的隐患。

关注不良习惯对孩子带来的慢性伤害

不良的生活习惯不仅会影响孩子良好品行的养成，还会影响孩子的身心健康。有的孩子喜欢晚睡晚起，这样他会一整天都打不起精神，久而久之还容易造成神经衰弱，甚至失眠；有的孩子喜欢饭后立即喝水，饭后胃中的食物还没来得及消化，就被冲入了小肠，同时水还会稀释消化液，影响消化能力，容易引发胃肠道疾病。孩子在剧烈运动后也不能马上大量喝水，尤其是过冷的水，会强烈刺激肠胃，易引发胃肠平滑肌痉挛，造成胃肠功能紊乱。

父母应让孩子养成良好的饮食及作息习惯，否则健康的身体会在不良习惯中逐渐变为亚健康，甚至形成各种慢性病。

要帮孩子建立安全意识和健康理念

要想避免生活细节带来的伤害，仅仅是父母提高警惕还远远不够，更重要的是要让孩子有安全意识及健康理念。

　　要告诉孩子哪些场所或物品存有隐患，一旦发生危险该如何应对。父母应该经常提醒孩子哪些食品对身体有益，常吃垃圾食品对身体会造成怎样的伤害，不良生活习惯有哪些弊端。有了安全意识和健康理念，孩子便会自然而然地避免受到伤害。

教育启示

　　科技的进步让我们的物质生活越来越丰富，但并不是所有的新生事物都会为生活带来方便。花样繁复的食品饮料、推陈出新的电子产品、各种各样的文具为孩子带来的除了方便的生活，还有潜在的伤害。所以，父母在疼爱孩子的同时也要保持冷静，不可想当然地"爱"。

47

压岁钱

——好好利用，否则会让孩子一半走向理财，
一半走向贪心

春节给孩子压岁钱是我国的传统，其金额则逐年看涨。以前的压岁钱只是一种象征，图个喜庆、热闹，现在的压岁钱却多了几分攀比的意味。

一个春节下来，孩子少则上百元，多则几千上万元。再加上父母平时给的零花钱，孩子一个个都变成了"小大款"。

一个 8 岁的男孩提到自己的压岁钱时，掰着手指得意扬扬地说："去年我拿到了 6 200 元的压岁钱，突破了前年的最高纪录 4 500 元。今年我竟然拿到了 8 700 元，太高兴了。不过，我在同学中还不是最高的，有的人拿到 10 000 多元呢！我还需继续努力。"

再来听听一位父亲的心声："女儿的压岁钱有 2 万多元，比我的年终奖都多。别人给的多，我自然也要还的多，心疼啊！"

对比这个男孩和这位父亲的心声，不难发现，压岁钱的年年攀升已成为孩子间争相攀比的内容，也成为父母们头疼的难题。

有些孩子甚至把过年看成"发财"的好机会，拜年的时候嘴巴很甜，心理却只想着压岁钱。

快过年了，8 岁的儿子总是领着妈妈去逛商场。每次到商场，他便拿出提

前准备好的笔和纸，把一些玩具的价格记录下来。妈妈对此没有太在意。几天后，听儿子的小姨说，儿子给她打电话，要求把压岁钱提高到1 000元。妈妈很惊讶，询问儿子原因，才发现原来儿子前一段时间在计划买玩具的事，计划制定好后，他不仅给小姨打了电话，还分别给爷爷、奶奶、外公、外婆打了电话"布置任务"，要求他们把压岁钱提高。

相信哪位父母面对孩子的这种情况都会十分尴尬。本来长辈们给孩子压岁钱是一种亲情的表现，但是在金钱、玩具的强大诱惑下，亲情却显得如此苍白。这种现象也不得不引起父母的高度重视，端正孩子对压岁钱的态度以及让他明白压岁钱的含义尤为重要。

同时，面对如此大额的零花钱，孩子到底应该怎么花？是由父母掌管还是孩子自己做主？据了解，大部分家庭孩子可以自主支配部分压岁钱，一些经济条件较好的家庭允许孩子有完全支配压岁钱的权力。

可是孩子由于缺乏正确的金钱观和消费观，不知道钱该怎么花，也不知道什么东西可以买什么不能买，最后导致乱花钱的现象越来越普遍。

一个10岁的男孩学习成绩本来很好，可是近来成绩急剧下降，整个人也越来越没有精神。后来父母才发现他迷恋上了电子游戏，枕头底下藏着两个游戏机。男孩从上小学开始就有个独立的存折，每年的压岁钱再加上父母、老人们给的零花钱，足足有上万元。而且父母对这个账户不做过多干预，只是叫他省着点花，把钱用在正地方。可是男孩没能抵挡住游戏的诱惑，迷恋上了游戏，还耽误了学习。

这个男孩的现象不是个例，父母忽略了对孩子进行金钱教育，导致很多孩子不知道钱是怎么来的，更不知道怎么花钱。

由此可见，父母把正确的消费观念和理财观念灌输给孩子，教他认识钱的意义是避免孩子误入歧途的最佳方式。

教孩子正确认识压岁钱

现在的人对待压岁钱的态度是看重钱的数量，却忽略了它的真正含义。压岁钱其实代表长辈对晚辈的关心和爱护，也是父母们增进友情、沟通亲情的一种手段。

父母要把这种亲情告诉孩子，还可以告诉他，只有懂礼貌的孩子，才会赢得长辈们更多的关心和疼爱，引导他做一个懂礼貌的孩子。当孩子收到压岁钱时，父母还要引导他不要在意钱的多少，而是要感谢长辈们的这份心意。

为孩子建立教育账户

对于家庭不算富裕的家庭，为了减轻家里的负担，父母可以鼓励孩子把压岁钱攒起来作为下学期的费用。这样既可以培养孩子的自立精神，也可以培养他的家庭责任感。

一个男孩上初中一年级时收到 5 600 元压岁钱。妈妈和儿子提议设立一个教育账户，把他每年的压岁钱存入里面，等到他上大学的时候作为学费和生活费。儿子对妈妈的提议非常赞成。妈妈还把其中的 600 元交给他，建议他买些书或学习用品，由他自己决定。

为孩子设立教育账户的方式值得父母借鉴。当然，父母也要给孩子留一些自由支配的零花钱，鼓励他把剩余的钱用于购买学习用品、生活用品以及发展健康的个人兴趣和有益的娱乐活动上，比如购买体育用品、参加兴趣班等。

要培养孩子的理财意识

理财这个概念对孩子来说可能有些大，但孩子只有早些认识钱、科学地管理钱才能更好地把握财富。一般孩子到小学三年级的时候，父母就可以慢慢让他拥有可以支配的适度金额。

培养孩子的理财能力，主要是培养他储蓄的意识。父母可以鼓励年龄稍小的孩子用最传统的储蓄罐存钱；对于年龄大的孩子，父母可以用存折的方式，提高孩子存钱的兴趣。

一位妈妈每次去银行办理业务都带着儿子一起去。每次妈妈都指导他办理存取款业务，还教他如何使用自动存取款机存取钱。这种方法不仅提高了儿子存钱的兴趣，还让他在存取款的过程中学会了如何与别人交流。

这位妈妈教儿子熟悉银行存取款业务的方式提高了他存钱的兴趣，值得借鉴。

此外，父母还可以做一个或者买一个专属于孩子的账本，写上孩子的名字，内容就记录每次存钱的数目、时间以及钱的来源，每次花钱也要记录数目、时间和用途。这样不仅可以提高孩子储蓄的习惯，也可以让父母及时了解他的消费情况。

父母最好不要鼓励孩子参与购买基金、股票等有风险的投资活动，一方面存在风险，孩子不易理解；另一方面可能会使孩子对金钱的收益过分痴迷，让他变成"小财迷"，也容易让他有一种投机心理，不利于形成正确的金钱观。

培养孩子乐善好施的品格

乐善好施是一个人的宝贵品质，每个人都应该发扬这种精神，在自己有能力的时候向那些需要帮助的人伸出援助之手。如果一个人能在善良心态的感召下主动捐献自己的财富参与慈善事业，对后代的成长和成功只有好处，不会有害处。

一位父亲是商人，非常有钱，经常参与慈善事业。为了培养儿子节俭的品格，他们"约法三章"：能在家吃饭就不到外面吃；每次过年只给儿子100元压岁钱；专门为儿子开了一个零花钱账户，暗示儿子"这些零花钱要存下来，等到你念大学交学费用。"

在一次慈善活动中，不到10岁的儿子却将账户里的2 000多元一下都捐了出来。事后，父亲试探性地问儿子："你把钱都捐出来了，以后怎么上大学呢？"儿子说："可是这些孩子都没钱上小学了。"说完，他试探性地问："爸爸，你不会真的让我没钱上大学吧？"父亲笑了笑说："不会的。"

父亲的言传身教使儿子学会了乐善好施，也让他具备了强烈的社会责任感，这要比把钱花在吃喝玩乐上有意义得多。父母不妨引导孩子将压岁钱发挥出更大的意义，引导他帮助那些需要帮助的人。

教育启示

随着物质生活水平的提高，孩子的压岁钱年年攀升。面对孩子的这笔小财富，不管是父母替他保管，还是把支配的主动权交给孩子，理财教育都是每个家庭无法回避的一个课题。父母要让孩子学会合理地消费，科学地管理钱财，帮他树立正确的消费观和金钱观。

48

好孩子

——听话的孩子就是好孩子、乖孩子？

常听父母这样哄孩子："宝贝乖，要听话。"而且，父母在夸奖一个孩子的时候也常说："这孩子特别听话！"是不是听话的孩子就是好孩子，就意味着将会拥有更美好的人生呢？

曾有一位妈妈这样说："我的孩子特别老实，也很懂事，无论在哪里都很守规矩，从来不惹事，老师也经常夸他。可我却发现他和别的孩子不一样，他太乖了，既不活泼好动，对其他事情的兴趣也不大。无论做什么，都需要我们先为他安排好。他从不主动接触新鲜事物，见到陌生人也总是躲躲闪闪，有时别的孩子把他的玩具抢走，他只是站在那里，不知道怎么办……虽然现在看来孩子很乖，可我担心，他将来能像别人一样适应社会吗？"

听到这样的倾诉，我们也不禁为之担忧：如此听话的孩子，将来如何穿越人生中的重重障碍与风雨，能否在工作或生活中独当一面，或者为自己的理想而奋斗拼搏呢？

事实上，也有不少父母为孩子的不听话而头疼。有位父亲就说："我的孩子特别调皮，让他往东他偏往西。他太活泼了，似乎对什么都感兴趣，什么都要自己看一看、摸一摸，一点儿都不知道害怕。你说，这能让我放心吗？"

关于孩子是否听话的问题困扰着许多父母,太乖的孩子让父母担忧,不乖的孩子也不让父母省心。到底怎样教育孩子才好呢?其实,教育孩子听话是对的,问题的关键在于怎样教育孩子听话,要让他听什么话。

稍加观察不难发现,过于听话的孩子常常是有问题也不提出来,更不会与长辈讨论问题,而是毫无条件地听从父母的指挥。但只强调听话容易培养孩子的奴性,孩子会变得毫无独立性,对生活中遇到的各种问题都缺少个人见解,即使面对不良势力也无力抗争,以至于人格扭曲,成为问题儿童。

我们常在媒体报道中看到,某人一直很优秀,表面上看生活平静、家庭幸福,但却在毫无预兆的情况下犯罪或自杀了,这类人往往就是由问题儿童演化为问题成人的。由于经常服从指挥,很少发表自己的看法,因此他们表面上情绪变化不大,即使心理有问题也不能及时引起他人的注意,但心理问题的积压犹如癌症一样可怕,久而久之会侵蚀人的精神,让人变得消极,进而失去活下去的勇气。

父母也许会说:"不听话的孩子不让人省心,也许还会惹祸,这样就是好孩子吗?"其实,孩子不听话的原因有很多,我们不妨先听听孩子的心声。

有个男孩在作文《妈妈,我想对您说……》中写了这样两段话:

"妈妈,我想对您说,虽然总是与您顶嘴,但那不是因为我不听话。随着年龄的增长,我渐渐有了自己对生活的看法,同时也希望有些事情可以自己选择,而不是听从您的指挥。也许这样的想法让您很失望,但请您理解,我已经长大了。

"妈妈,我想告诉您,因为成长环境的不同,我们对生活有着不同的感受,但是请您相信我也在用心对待生活,虽然您爱我,但请您抽时间听听我的感受……"

"不乖"的孩子往往很有主见,只是还未学会怎样与父母沟通,不能被父母理解。但孩子开始有自己的看法,意味着他在成长,更意味着父母需要付出更多的耐心和时间去倾听孩子的心声。

乖孩子也许从来都没有意见,有意见也只是装在心里,久而久之就不再发表自己的看法了。但儿童时期是孩子创造力和想象力高速发展的时期,过于听话有碍于创造力和想象力的发展。

其实,父母应该真心地对待创造型的孩子,允许他有自己的看法,不要对他求全责备。那么，介于听话与不听话之间，管教与放手之间的教育是怎样的？如何才能培养出不盲目听话的孩子？

允许孩子有独立的见解

过于听话的孩子往往是受到了父母命令式的管教，不得不听父母的话，形成习惯以后，便懒得自己去思考，只想不动脑筋按照父母的要求去做，以为这样就不会受到批评了。其实没有真的事事皆服从父母的乖孩子，只有不敢提意见的孩子。

如果父母的观点不能让孩子心服口服，久而久之孩子也许嘴上不说，心里却有很多成见。这种不满的情绪积压久了再爆发出来，孩子就会变得十分叛逆。父母也许很不解，乖孩子为什么一下就变成了坏孩子？其实，孩子的性格并非一天养成的，这种变化并不突然，只是父母没有及时意识到自己错误的教育方式而已。

因此，父母在教育孩子的时候，不要以命令的语气和他交流，不要一味打压孩子的思想，向他灌输自己的观念，而是应该多以商讨的口吻征求孩子的意见。只要不是原则问题，父母不妨多听听孩子的想法，让他将自己的思想付诸行动，以检验自己的见解是否正确。

要适当地对"好孩子"加以改造

有些父母对孩子的教育也许并不独断专行，孩子却天生怯懦，对父母的依赖性比较强，喜欢事事询问父母，从父母那里得到答案，从不敢擅自行动。这时父母也许会说："我的孩子天生就这么老实，有什么办法呢？"

对于性格比较柔弱的孩子，父母要多对他进行鼓励，不断加强孩子的自信，引导他多思考、多说、多做，在动脑与动手的过程中让孩子找到勇气。这样，孩子进入学校进而走向社会后，其能力便会逐渐得到发展，性格不过于软弱。

对"坏孩子"一定要多多理解

在很多父母眼里，所谓的"坏孩子"就是不听话的孩子。其实，不听话并不能代表孩子的品质有问题，父母应该多从沟通方式上寻找突破口。要思考"孩子为什么不听话？怎样说孩子才会听?""孩子是否有自己的想法，他的想法可行吗?"

只要父母多关注孩子的言行，了解他的思想，就会发现孩子听不进自己的意见，其实是因为他有自己的见解。也许孩子的想法还不成熟，但这说明他已经开始独立思考了。这时，他需要的不是指责，而是父母引导他如何正确思考问题。

所以，当孩子不乖的时候，其实是在向父母发出一种信号："请帮助我，我不知道该如何表达了！""请引导我，不知道为什么我和你的想法不一样了！"

告诉孩子，不是谁的话都可以听

教育孩子尊重长辈、听从教导本来是件好事，可是社会上鱼龙混杂，当孩子遇到不良分子时，往往难辨是非。

父母一定要告诉孩子，不是谁的话都可以听。除了父母和老师，还有家中长辈的教导，其他人尤其陌生人的话千万不可盲目听信。盲目听信他人的话不仅会给自己带来危险，有时甚至会危害到家庭。平时，父母也应该跟孩子多交流安全防范常识。

告诉孩子，做人要"和而不同"

如果父母一味教导孩子不听他人的话，很可能会让孩子养成爱与人辩论、不信任他人、过于自我的性格。父母还应告诉孩子，不是要盲目听从别人的指挥，而是要善于听别人的讲话，了解他人的观点，但也不要失去自己的立场，这就叫"和而不同"。

这样有助于培养孩子独立思考的能力，又能让孩子建立良好的人际关系，避免形成极端的性格。

慎用"听话"二字来夸奖孩子

有些父母在夸奖孩子的时候喜欢说"你真听话！真是太乖了！"这种表扬方式会让孩子误以为只要按照父母说的去做就是好的表现，否则就不会被认可。

很多时候，只会听话不会独立思考的孩子就是这样养成的，所以，父母要慎用"听话""乖"之类的词语表扬孩子。

教育启示

听话的孩子往往把父母和老师的话当作"圣旨"，一切照办。但我们希望能够培养出比我们更优秀的人，所以，听话的孩子是很难青出于蓝而胜于蓝的，听话的孩子不一定能成为优秀的人。不要认为儿童很幼稚，所以处处要求他听父母的，这样会束缚孩子多种能力的发展。当然，凡事都有度，不可走极端。不要以为把孩子训练成"不听话"就万事大吉了，那是简单粗暴的思维方式，理应禁止。

49

面子

——有时候就是虚荣心，可能会成为孩子犯罪的"加速器"

中国人非常看重面子，面子是中国人独有的一种社会心理。面子到底有怎样的含义？产生的原因是什么？在人际关系中扮演着什么角色？以前有学者对此做过概念性分析研究，但没能以实证方法对其进行探讨。

但有时候，面子就是一个人的虚荣心，是表面上追求荣耀的自我意识。但是，虚荣心不同于自尊心，一个虚荣心强的人会用扭曲的方式来表现所谓的"自尊心"和"荣誉感"。

其实，从心理学角度说，每个人或多或少都会有点虚荣心，孩子也不例外。也许有人说，谁不爱面子啊？孩子有点虚荣心怎么了？是的，孩子有虚荣心，也是他心理发育过程中的正常现象，如果父母能对孩子的虚荣心加以正确引导，虚荣心便可转化为孩子努力奋斗的动力，帮助孩子积极进取。但如果孩子爱慕虚荣，父母却不加重视、任其发展，虚荣心就很可能成为孩子成长中的绊脚石。孩子也许会因为虚荣而变得贪图享乐、肤浅无知，长大后甚至会因为虚荣而弄虚作假、沽名钓誉，做出种种违法行为。

有个8岁的女孩因为嫌弃外婆衣着寒酸，不让外婆接她放学，怕在同学面前丢面子。但好心的外婆因为担心女孩的安全还是去接她了，没想到这位女孩冲外婆大发脾气："滚远点！别让人知道你是我外婆，我不想看到你！"事发后，这位老人伤心地离开了女儿家，不再帮女儿照看孩子。

看到这样的报道，很多父母都非常生气，并且感叹："现在的孩子越来越不像话了，虚荣心太强，连最起码的礼貌都没有。"感叹之余不难发现，被虚荣蒙蔽了心灵的孩子只顾面子，竟然连外婆对她的一片爱心都感觉不到，可见虚荣会让孩子的心灵变得麻木而冰冷。

同时，我们也不得不去思考，是什么让现在的孩子变得越来越虚荣，而且难以教导呢？据调查，某小学放学时，父母来接孩子的车一辆又一辆，每天都会把周围的停车场占满，有时甚至导致交通堵塞。看到同学的父母开着好车来接送，不少孩子就会产生不平衡的心理。有位孩子甚至对父亲说："爸爸，你以后接我放学时将车停远点，我自己走过去就可以了。你那辆车早过时了，同学们看见还不笑话我？"

听到孩子说出这样的话，这位父亲非常生气，甚至想给孩子一个耳光，但他还是忍住了。这位父亲决定以后不再接送儿子，让他每天自己乘坐公交车体验生活。

孩子是怎样变得爱慕虚荣的？

其实，这是因为父母总是怕孩子受委屈，对于孩子的要求能满足的尽量去满足，天气稍有变化就车接车送。过于安逸的生活让孩子有种错觉：到这个世间就是来享受的，不是吃苦的，吃喝玩乐各方面更不能比别人差，否则生活质量就比别人低。在父母无意识的娇宠下，孩子对物质的欲望不断膨胀，并且越来越自我，不能容忍别人超越自己，逐渐变得越来越虚荣。

虚荣心过强的孩子往往喜欢关注别人是怎样享受和挥霍的，很少关注别人的努力和付出。因此，往往眼高手低，喜欢空谈阔论而不付诸行动。因为贪于享乐，对生活的物质要求就比较多，而又不肯努力付出，所以往往难以满足。当欲求过大而物质过于贫乏时，有的孩子就想通过某些捷径获取更多的金钱，以满足自己的虚荣心，保住面子。这时，就容易走向违法犯罪的道路。

有个14岁男孩很聪明，学习成绩也不错。升入重点中学后，身为普通职工的父母为了奖励他给他买了一部iPhone手机。才上初中就使用这么高档的手机，引来许多同学的羡慕，男孩的虚荣心也得到了很大满足。因此，当同学问起他的家境时,他隐瞒了真实情况,而说自己的父亲是官员,母亲从商。从此,他开始注重穿着,连文具也要买好的,还时常和同学一起出去吃饭,当然都是他请客。

父母逐渐察觉到儿子的零用钱要得越来越多,有一次甚至以交学费为名骗取零用钱。从此,父母开始严格控制他的零用钱,没有了足够的零用钱,男孩就不能和同学一起出去吃喝了。为了保住面子,他开始偷父母的钱,进而偷同学的钱,最终被学校发现,受到记过处分。

虚荣会蒙蔽孩子的心智,让他在无法满足虚荣心时因为担心丢面子铤而走险。上面这个男孩因为偷钱被记过可以说是幸运的,若是长大成人后依旧如此,他也许会因为虚荣犯下更大的错误,甚至会被判刑。

过度虚荣对孩子的危害如此巨大,父母如何才能控制孩子的虚荣心,又该如何合理引导虚荣心过强的孩子?

引导孩子多关注内在美,教他见贤思齐

虚荣心强的孩子,都喜欢在物质方面与人比较,不喜欢被人超越。过分追求物质享受,会让孩子的心灵变得浮躁。因此,父母可以多引导孩子关注内心世界。

一个能时时关注自己内心的人,是不会轻易与人比较的,也不会过于在乎他人对自己的评价,因此能把面子看淡。父母要让孩子知道,一个人有颗善良美丽的心灵,胜过穿着名牌服装;而多学习、拥有渊博的知识,胜于使用任何名牌化妆品;外在的物质既然可以得来,就能够失去,而装在脑子里的知识和自己高贵的品格是无论如何都不会失去的。

要让孩子懂得见贤思齐,即看到别人好的品德就希望能像别人一样,而不要与人比较外在的享用。奢华的物质只能装饰外表,却无法填充空虚的心灵和大脑。只要父母常常加以引导,孩子自然能够明白,虚荣是一个人肤浅无知的表现,这种心理于己是无益的。

不过分夸大孩子的优点,以免助长虚荣心

每个孩子都有自己的长处和短处,父母若是常常夸大孩子的优点,忽视其缺点,就会让孩子生起骄傲之心,以为自己接近完美或很了不起,因此变

得虚荣起来。

当孩子有了虚荣心，父母再指责他的缺点时，他便会受不了，认为父母不给他面子，伤了他的自尊心。由此得知，孩子过强的自尊心其实是父母最初"夸"出来的。当孩子变得骄傲以后，再想让他正视自己的优缺点就很难了。

因此，父母应客观评价自己的孩子，在不伤害其自尊心的情况下指出孩子的缺点，避免他因爱面子而不接受他人的批评。

不为孩子提供过于丰富的物质生活

有的父母因为自己吃过苦，所以不愿再让孩子吃苦，吃穿住用都尽自己的能力给孩子最好的。在父母的娇宠下，孩子很难看到生活的本来面目，他会认为生来就是为了享受，认为这一切享受来得都很容易，甚至有的孩子认为父母的钱是银行发的。

出于这种心理，孩子就不会体谅父母的辛劳，进而无限度地向父母提出各种要求。同学有什么，自己也一定要有，否则就认为父母不够爱自己。

为了避免这种情况出现，父母不应该向孩子提供过于丰富的物质生活，而应该让他了解父母工作的艰辛，以及生活中的困难人群。孩子了解了生活的本来面目，自然就会觉得自己的某些要求不符合实际，进而也就能自觉地减少虚荣心。

要为孩子创设良好的舆论环境

有些父母在聊天时常常会以羡慕的语气说"瞧瞧人家，开着宝马多威风"或者"看人家穿的，全身上下都是名牌，这小日子过的"。

受父母的影响，孩子就会认为穿名牌、开好车，就会被人羡慕、受人尊重。在这种舆论环境下，孩子容易滋生虚荣心，喜欢追求浮华的生活。

所以，父母平时要少谈论此类话题，以免自己的言行给孩子带来不良影响。

对爱面子的孩子进行合理的引导

爱面子的孩子一般都喜欢与人攀比，不想落在人后。如果父母能够抓住孩子的这一心理对他进行合理的引导，攀比心就不会转化为虚荣心，反而能成为他进步的动力。

父母可以引导孩子在积极正面的地方与人攀比，如学习、品行、技能等，别让孩子往追求物质、不良行为等方向发展。同时，还应鼓励孩子以正当的方式，通过个人努力来赢过其他人，必要的时候也应安慰他，防止压力过大或钻牛角尖。

教育启示

虽然孩子过于爱面子不利于他的成长，但父母也不要觉得虚荣心就是洪水猛兽，而是应该客观、正确地对待孩子的虚荣心。虚荣心其实代表孩子在成长过程中自我意识的增强，他希望展示出自己最好的一面，以赢得大家的认可、称赞。只要父母对孩子的虚荣心加以正确引导，孩子就不会为虚荣心所害，可能还会因为适度的虚荣心而让自己奋发努力，不断进取。

50

家庭环境

——好环境是孩子成长的沃土，
不良环境对孩子是一种伤害

  家庭是孩子成长的摇篮，是孩子性格养成、人格塑成的重要基地，也是孩子最早接触的团体。家庭不但是孩子最大的保护伞，也是孩子心灵的港湾、茁壮成长的沃土。孩子这棵小树苗的成长方向，很大程度上取决于土壤的肥沃程度。好的家庭环境就如同肥沃的土壤，而不良的家庭环境就如同贫瘠的土壤。谁是这个家庭氛围的重要培养者？毋庸置疑，是父母。

  父母的言行举止无形中形成了一个家庭的氛围，而孩子每天感受着这个氛围成长。孩子除了吃饱穿暖，精神营养的吸收完全来自这看不见、摸不着的家庭氛围中。如果父母为孩子营造的是和谐、安宁、轻松、温暖的家庭环境，孩子的身心会随之健康发展；如果父母每天都争论不休、大呼小叫，孩子的心灵常常会缩成一团；如果出现夫妻打架、离婚、第三者插足等不良状况，给孩子精神食粮还从何谈起？

  真正的教育往往是无声甚至是无痕的，是氛围的教育，是环境的影响，是父母身体力行、以身示范的榜样带动。身教重于言教，仅仅说教是没有用的。

  而观察一些社会现状，成绩不好、习惯不良甚至走上犯罪道路的孩子，

80%以上来自环境不良的家庭。不良家庭环境带给孩子的影响，不仅是生活、健康、学习方面，更严重的是对情感、个性、品德的恶劣影响。不良家庭环境大致分为父母离婚、父母有不良嗜好、父母意见不合、家庭成员间矛盾重重……任何一种情况都对孩子的成长有重大影响。

父母离婚对孩子的打击比成年人要大很多。一旦成为单亲家庭，由于一方收入、精力减少，疏于对孩子的管理和教育，加上关心、体贴和爱护不够，孩子很容易形成自卑、胆小、仇恨等性格。有时单亲家庭也会走上另一种极端，即溺爱、袒护、过度保护，孩子也会变得懦弱、孤僻、任性。而父母一方或双方有赌博、酗酒、盗窃、斗殴、生活作风差等不良嗜好，很容易从行为上影响孩子，让孩子误认为这种行为是正确的。如此一来，就给孩子的一生埋下了祸种，容易引起家庭悲剧。

不良的家庭环境就像是生产犯罪青少年的工厂，于己于社会极为有害。而良好的家庭环境又像是生产有为青年的基地，于己于社会益处多多。

父母要在生活中常常反观自省，用自己的行为打造一个和谐、安定、美满的家庭气氛。在这个气氛中长大的孩子，不一定会功成名就，但一定会身心健康、生活幸福。

那么，父母如何在生活中落实呢？

戒除不良嗜好，保持婚姻和顺

父母婚姻和顺的前提是，双方都没有不良嗜好。如果一方有好赌、好色、好酒等不良喜好，不仅会伤害另一方的感情，更会为培养下一代赌鬼、色鬼、酒鬼做铺垫，还怎么谈及培养身心健康的优秀孩子？因此，作为父母不要把自己的不良嗜好当成无所谓的事情，那是引发家庭矛盾和孩子学坏的关键因素。一旦为人父母就要痛定思痛，戒除不良嗜好，为另一半、为孩子营造清爽的家庭环境。

另外，婚姻是需要夫妻双方用心经营的。原本来自两个不同家庭背景、有不同经历、不同思维模式的男女组成一个家庭后，就要面对相互了解、相互磨合的过程。这个过程中，会有这样那样的事情不断涌现，也形成新一轮的了解与磨合，及时敞开心扉真诚沟通就成为保持婚姻和谐的重要因素。如果有一方开始在心底积怨，总会小怨积成大怨，大怨爆发的时候往往也是婚姻终结的时候。

此时，作为父母只能抱歉地对孩子说声"对不起"，而这句歉意又怎么能弥补孩子失去家庭的伤痛？如果父母无奈地对孩子说一声"长大了，你就能理解了"，那么，孩子只有面临父母的婚姻危机时，才能真正地理解父母。

所以，夫妻之间一定要用真诚心对待彼此，有问题及时沟通，及时化解矛盾，保持家庭和谐。这样才能为孩子打造一个真正的爱的港湾。

夫妻间彼此欣赏，保持教育的一致性

一个家庭除了经济，就是教育最重。如果父母的教育态度总是不一致，则非常不利于孩子的成长。父母的态度不同，就会使孩子不能形成统一的标准，从而失去方向性，增加随机性。父母要常常沟通教育理念，尽量达成共识，即使很难达成一致，父母双方也一定要恪守以下原则：第一，当一方教育孩子时，另一方不要直接干预表示反对；第二，绝不在孩子面前数落对方的不是；第三，事后及时沟通，虚心听取对方的意见。

为什么一定要这样做？因为父母都是不完美的人，各有优缺点。而父母配合教育孩子的目的是让孩子吸收双方的优点。如何做到？唯一的方法就是父母之间彼此欣赏。欣赏之余，父母在教育观念上也会有不同的想法，但一定不要直接当着孩子的面干预对方。因为另一方直接干预就是在孩子面前强调执行方的做法不正确，这样一来，孩子直接感受到的不是执行方的优势，而是劣势。

如果父母不希望孩子继承对方的缺点，就一定不能在孩子面前数落对方的不是。因为这种方式不但不能起到教育孩子的作用，反而强化了孩子的记忆和模仿，孩子长大后一定会显现出同样的缺点。因此，不强调双方缺点的教育才是有智慧的教育。

父母任何一方都不要执意坚持自己的教育方针，因为这种坚持是试图把孩子打造成另一个自己，而不是把孩子培养成真正吸取双方优点的新人。父母要学会虚心听取对方的意见，尽量改正自己的缺点，让孩子充分地吸收彼此的优点。

允许家庭中多元化的出现，做好对孩子的引导

有一对父母常常和女儿一起画画，他们都对教育有所见地。一天奶奶看

到孙女画画时说:"画得真好,以后能在学校得大奖,长大成为画家赚大钱。"父母相视,敏锐地察觉到奶奶的语言有功利色彩,但是谁也没有说话,这一刻就静静地过去了。

事后,夫妻俩商量要不要跟长辈说一声,以后不要这样引导孩子,但又怕长辈多心。商量后,两人一致认为,允许家庭成员的多元化思维。因为外面的世界就是多元的,孩子在家庭受到了锻炼,到了社会就会更有免疫力,重点在于如何帮助孩子更有判断力。

更何况,从字面上讲奶奶说的话并没有错,得奖、成画家、赚大钱有什么错?而重点是得奖、成画家、赚大钱的目的是什么。是为争名夺利而画,还是为利益大众而画?再者,孩子的心地很单纯,并未对奶奶的语言有何感想,而父母的反应就是把自己的感想无意识地传递给孩子。因此,是父母相视的一刹那把奶奶的语言与功利联系到了一起。

所以,父母应自身净化自己的心灵纯净度,同时允许家庭中出现多元思想,这正是为孩子面对多元化的社会打下好的基础。虽然家庭成员间可以沟通教育孩子的语言和行为,但是到了社会上父母不可能挡在前面,为孩子生活中出现的不合理当挡箭牌。

教育启示

家庭环境对孩子成长的重要性毋庸置疑。夫妻之间最低的限度应该是规范自己的言行举止,彼此理解、尊重、包容,保持家庭的和睦。如果连这一点都很难做到,就是对孩子不负责任。同时,夫妻双方还要保持教育的一致性。常常看到对方的优点,常常对对方保持欣赏的态度,无形中就是在为孩子打造最好的家庭环境,孩子也一定会成长为快乐而优秀的人。

第六章

PART6

青春的烦恼，让孩子走在悬崖边

青春期到来了，父母眼中叛逆的孩子终于现形了！难道孩子天生就会叛逆？未必。在这个时期，孩子可能会追星，会早恋，会因性教育缺乏而做出让自己后悔的事情，会过度真诚，会盲目地相信友情，会年少得志，会追逐酷酷的外形，会让自己成为非主流，当然，也可能会因为性格而改变命运。一切皆有可能。再重新问一遍：难道孩子天生就会这样？未必。一半是自然，一半是父母无知的"督促"使然。信也罢，不信也罢，我们都得尊重事实。

51

叛逆

——不叛逆才正常，今天却误认为
叛逆的孩子才正常

叛逆，是一个近几十年才流行的词汇，用来形容不听话的孩子。随着时代的发展和教育者对教育现状的分析，人们逐渐得出一个结论：孩子到了一定年龄就会叛逆。真是这样吗？叛逆成了孩子成长的必经之路吗？不叛逆就不正常吗？只有叛逆才代表青春吗？

不是仅仅这个时代的孩子有过青春期，父母辈、爷爷奶奶辈都有过青春期，怎么都没有被标上叛逆的标签？单单是这个时代的孩子就一定要叛逆一下，才算正常？

在这里，先简要说一下孩子可能会经历的三个叛逆期。

第一个叛逆期在 2 岁左右开始，在 3 岁左右达到高峰，一般称为"宝宝叛逆期"。这个时期，随着自我意识的萌发和不断加强，以及探索能力的提升，他常常按照自己的意愿行事，变得执拗，形成与父母"对着干"的表象。

第二个叛逆期发生在 6 岁左右，可能会持续到 9 岁左右，一般被称为"儿童叛逆期"。这个时期孩子进入了小学，加上周围人的鼓励，他就觉得自己是个"小大人"了，要有自己的主见，希望摆脱父母的掌控，喜欢处处跟大人唱反调。

第三个叛逆期从十二三岁开始，可能会持续到十七八岁，一般称为"青春叛逆期"。本节重点讲述这个叛逆期。

一些人把青春期孩子叛逆的原因归结为以下几种：

第一，孩子自身青春期的表现。孩子到了青春期，生理和心理都发生巨大的变化。由于孩子对自身身体的不了解，生理变化往往会引起孩子心里的烦躁。孩子的心灵处于半独立、半依赖状态，开始有自我意识，但又未能成熟地面对自我，这种内心的矛盾使孩子不知所措。如果遇到父母说话不中听，就会产生逆反情绪，表现为叛逆。

第二，孩子学习压力大。这个时代的孩子面临任何时代都不能与之相比的学习压力，从幼儿园开始就考试、面试，这种学习压力累积到十几岁时，终会有爆发和反抗的一天，于是形成了叛逆。

第三，社会环境复杂。由于现今孩子所处的环境比起父母辈、爷爷奶奶辈要复杂得多，加上孩子的心智发展不成熟，外界复杂的环境往往会激发孩子潜意识的反抗，于是表现为对父母的逆反。

看似充分的理由，是不是说明当今社会的孩子到了年龄一定要叛逆，否则就不是正常孩子？是这样吗？面对以上所谓引起孩子叛逆的因素，父母就没有责任吗？难道简单地以叛逆的名义让孩子承担所有责任吗？

如果父母懂得关注青春期孩子的心理变化，经常以平等之心跟孩子沟通交流，让孩子在面对自己的身心变化时不再恐慌，孩子还会因为内心的无助而对父母展现出逆反情绪吗？面对应试教育的大环境，父母如果能够泰然处之，不给孩子增加过多的心理压力，而是帮助孩子在紧张的学习之余释放压力，孩子会因积怨深重而叛逆吗？尽管社会环境日益复杂，父母如果能够为孩子营造一种干净、单纯的家庭环境，同时提升孩子的判断力和抵抗力，孩子还会因为受到外界环境的刺激而对父母表现出反抗吗？

所以，那些因素不是引起孩子叛逆的根本原因，重点在父母有没有能力让孩子不叛逆？父母也不要动不动就给孩子贴上叛逆的标签。试想，当一个成年人因为各种各样的原因产生间歇性的情绪低落或消极迷茫时，如果再遇到另一半喋喋不休，也会有"吹胡子瞪眼"的时候，难道我们也要说成年人叛逆了？

父母首先不能暗示自己孩子一定会叛逆，更不要遇到孩子心情不好、不耐烦时就说"这孩子到叛逆期了"。老说这样的话，孩子不叛逆也会叛逆了，因为孩子会想："反正父母说我到叛逆期了，这'名'不能白担。"这是父母引着孩子与自己作对，得不偿失！

虽然很多学者劝父母孩子叛逆是正常现象，但是相信大部分父母都不希望自己的孩子叛逆，因为孩子听话、孝顺才是常态。但是，孩子不会平白无故地听话，就跟孩子不会无缘无故地逆反一样。因此，要想让孩子不逆反，请父母还是把目光放回到自己身上。

如何做才能使孩子不叛逆呢？

以自己的身教，使孩子生起敬畏心

来看这样一个事例：

一个男孩正上初中一年级，对学习没什么积极性。每天放学回家就赖在沙发上看电视，被父母催促很多次才会去学习。一天，几次催促儿子都没有反应，父亲便大声呵斥："快去，学习去，就知道看电视，再不动弹，看我怎么收拾你！"没想到，儿子顶了一句："你上了一天班，累了可以看电视；我上了一天学，累了就不能看电视？"父亲一下被顶蒙了，琢磨着儿子的话不无道理。但是，为了用权威制服儿子，父亲就走向他，举起右手说："再给我顶一句！"儿子"哼"了一声，回屋了。父亲彻底意识到：孩子的叛逆期来了。

其实，回放男孩上小学时的每个傍晚，基本都会出现这样的场景：

父母说"快，学习去"，一边催促他，一边坐在沙发上看电视。男孩赖着不走，父母再催一遍。男孩慢吞吞地从沙发上起来走向自己的小屋，但是一步三回头。父母再说："快点！"男孩站在自己的小屋门口，但倚着门框看电视。父母脸色大变，男孩只能恋恋不舍地坐在书桌前，心里不但想着电视，还在想："凭什么不让我看，就你们能看！"

男孩这几年的不服气终于在这天傍晚爆发了。于是，父母终于迎来了"期待已久的叛逆期"。

孩子为什么不服气？因为他没有看到父母的身教，如果父母每天晚上以看书作为休息方式，孩子怎么会对父母有意见？如果父母认为自己看电视、孩子学习是理所应当的话，就不要埋怨孩子会叛逆。如果父母认为孩子没有权力限制父母的行为，那就等着孩子叛逆吧！这个时代，谁能够以身作则，谁家孩子叛逆的概率就会小得多。

父母说一千道一万，不如做出样子让孩子看。孩子看到父母言行一致，自然会对父母生出敬畏心、恭敬心，还怎么会对父母反叛或顶撞呢？因此，当孩子表现出所谓的"叛逆"时，请父母检查自己的行为。只要父母愿意言行一致，孩子很快就会与"叛逆"说再见。

当然，并不是所有孩子都会经历叛逆期。如果父母跟孩子相处得好，叛逆期可能并不会如期、如约到来。所以，如果你的孩子没有出现所谓的叛逆期，也千万不要焦虑，这非常正常。几千年来，中国有几个孩子叛逆？

不要总是对孩子唠叨个没完

著名教育专家林格老师的课题组对1 000名学生做过一项家庭教育问卷调查。其中一个题目是：你最不喜欢妈妈的哪种行为？有550名中学生选择了"唠叨"。所以，唠叨很可能是引起孩子叛逆的一大因素。在林格老师看来，很多家庭的教育之所以无效，甚至让孩子产生强烈的情绪反感，是因为父母说的太多。实施教育者应该修炼自己的教育状态，实现"闭着嘴说话"，才能赢得孩子的尊敬。

语言是一把双刃剑，使用恰当可以帮人，使用不当比利剑都要伤人。父母应该思考：是不是自己的言语不当引起了孩子的逆反心理？

"中国式管理之父"曾仕强教授讲过一句话："如果父母有事没事就给孩子讲一堆大道理，孩子迟早会把你的话当耳旁风。"孩子叛逆的表现，不就是把父母的话当成耳旁风吗？因此，父母不要没完没了地唠叨孩子的问题，任何一个孩子的感知能力都比成年人强。孩子犯错时，会内疚；孩子撒谎时，会恐慌；孩子进步时，会喜悦；孩子帮助别人时，会幸福。所有的感受，孩子自己能够体会，父母点到为止的语言会让犯错的孩子更加惭愧，会让进步的孩子不至于骄傲。一旦父母喋喋不休，孩子原本的惭愧就会变成厌烦，原本的喜悦就会变成傲慢。所以，父母过多的言语不会起到好作用。

当然，也不是让父母完全不和孩子交流，而是在孩子需要言语的鼓励、开导、安慰、启发时，用语言的智慧帮助孩子点亮人生的启明灯。对于这样的父母，孩子尊敬还来不及，怎么叛逆得起来？

没有叛逆的孩子，只有叛逆的父母

一说到叛逆期，几乎所有人的第一反应都是，只有孩子才有叛逆期。在我们看来，还没长大的孩子，有时会处处觉得自己很有理，处处和我们对着干，就是不服管，就是不听话，这就是叛逆期的表现。但事实上，没有叛逆的孩子，只有叛逆的父母。这个意识父母应该建立起来。

从道理上讲，孩子是没有叛逆期的，只有我们做父母的才有。我们不了解孩子的成长，我们没有意识到他的发展，只用对待初生婴儿一样的态度对待他，还希望他能随时随地对我们言听计从，这样的表现才是真正逆了孩子成长的自然规律。或者说，孩子是在成长的，但我们并非如此，有的人是成长不够，有的人是成长偏差，有的人干脆就没有成长。孩子的成长不等人，如果我们在教育上的成长没有跟上，就没有资格去教育他。

孩子会从一开始的什么都不认识慢慢地开始认识，认识得越来越多，他所知道的知识也会越来越多；从一开始的什么都不能做，到慢慢地开始支配自己的肢体，再到可以做动作、操作工具，最后能灵活地运用各种能力；从一开始的凡事顺从到开始能思考，再到产生自己的见解，甚至毫不畏惧地表达自己的意见……面对这样的成长，我们的教育也应该跟着变化，这才不会导致我们反倒像是在与孩子反着干的情况出现。这就好比用教育小学一年级孩子的话去教育大学一年级的孩子，其效果可想而知。

太过幼稚的教育语言以及内容并不会引发孩子的关注与反思。毕竟每成长一点，孩子多方面的综合能力就会提升一点，我们的教育也就要相应地进行调整和改变，应该明白讲出来的道理就要明白讲出来，让孩子明确知道自己到底应该如何做。

不过有一个宗旨要坚持：我们的教育要始终符合孩子当下的需求。

首先是孩子在这一阶段学习了什么，有怎样的进步，发生了哪些变化，我们都应该了解清楚。正所谓"知己知彼，百战不殆"，我们要了解孩子处在一个怎样的程度，然后针对他当下的表现调整教育的内容。包括怎么和他说话，怎么教他知识与其他内容，如果犯了错应该怎么教育他，对于他的错误应该怎么去认识等一系列内容。只有贴近他当下的表现，教育才会有效。对待1岁半的孩子应该和对待1岁的孩子有所不同，因为3岁之前，孩子的成长几乎是飞速的,一天一个样丝毫不奇怪。

而且,不能用看待叛逆的眼光看待好像是在与我们作对的孩子,否则很容易就会针锋相对起来。相反,如果孩子出现了与我们对立的情况,最先要做的是平心静气地看看我们的教育是不是违背了孩子的成长规律,了解他这个成长阶段的需求是什么,看看自己的做法有哪些是不合时宜的。

只有跟上孩子成长的脚步,在情感上、心理上跟他联结上,我们才是真正跟孩子一起成长;只有纠正了自己的叛逆心理,才不会感觉到孩子对我们叛逆。再有就是,很多父母在孩子心中是没有地位、没有形象的,说得再直白一点,孩子看不起父母。想想看,自己的修养够好吗?美德、爱心、智慧够多吗?统统不够,他怎么看得上你?所以,父母必须做出改变,要端正自己,提升德行修养、胸怀、仁爱心、智慧,给他最好的引领与影响。

教育启示

当今社会,大部分教育工作者和父母把叛逆看成孩子的常态,甚至有的父母还在等待孩子叛逆期的到来。殊不知,孩子的叛逆是对父母言行举止的提醒。多少父母从中得到启示了呢?所以,请父母以身教来树立自己的威信,以人格魅力来滋养孩子的内心。孩子对父母充满了恭敬和感激时,叛逆一定无处可寻。

52

偶像

——孩子成也偶像，败也偶像；
引导得当则成，不当则败

现在的孩子一谈及自己的偶像，眼睛就会放光，神情就会变得异常兴奋："哇，我的偶像！"甚至会手舞足蹈地说："这回不管怎么样，我都要去看加油男孩（TFBOYS）的演唱会！"有的孩子甚至模仿偶像的动作、穿着打扮等。

据《工人日报》报道，2017年8月重庆一户外拓展夏令营的调查结果显示，孩子们在回答"你心中的榜样和偶像是谁？"时，超过九成的孩子写的是娱乐明星。中国青少年研究中心也曾公布一项课题名为"少年儿童偶像崇拜与榜样教育研究"的调查报告，结果显示：近七成孩子最崇拜的偶像是文艺体育明星，把科学家作为偶像的孩子只占2.3%。

可见，追星已经成为很多孩子生活中不可缺少的一部分。而大部分父母对待孩子的追星持反对态度，也因此感到困扰。

一个男孩在日记中写道："我喜欢听××的歌，她的歌声特别优美，可以让我忘掉所有的烦恼。可是妈妈却不理解，甚至嘲笑我：'喜欢一个女歌星真没出息。她的歌声有什么好的，都是些靡靡之音。'我就是喜欢她的歌声和笑容，怎么了？妈妈不仅侮辱我，还侮辱我的偶像！"

妈妈之所以如此反对孩子追星，很大程度上源于两代人观念上的差异。

如果父母只是单纯地诋毁孩子的偶像甚至诋毁孩子，或者一味地扔掉明星的CD、撕掉明星的海报，恐怕难以让孩子回头，甚至酿成无法挽回的悲剧。

其实，偶像崇拜是青少年时期重要的心理特征之一，是很正常的心理现象。而且从某一层面上说，合理适度的追星行为可以转化成自我激励，促进孩子心理成熟和健康发展。

有些人就是因为年轻时的崇拜，才有了后来的成功。比如，当初李连杰以李小龙为偶像，不断进取，如今成为国际巨星；篮球运动员年轻时以乔丹为偶像，最后通过努力，成为成功的球员。

可见，偶像在一定程度上对孩子的成长起着灯塔式的引导作用。

当然，父母的担心也不无道理，因为不是所有的崇拜都能引导孩子成功，也不乏盲目追星的人，不仅断送了自己的前程，还搞得倾家荡产。

一位28岁的兰州女子从16岁开始疯狂地迷恋偶像刘德华，使她从一个优等生变成了辍学青年。荒废了学业不说，12年来女子随父母先后6次进京，3次赴港，高额的费用让这个家庭债台高筑，年迈的父亲无奈之下卖肾凑钱以完成女儿和偶像见面的心愿。最后，父亲陪同女儿在香港见到了刘德华。本以为已经圆了女儿的梦可以松一口气了，但女儿变本加厉，要求与刘德华单独见面，这一举动直接把父亲逼得投海自尽。

时隔多年，每当有新的狂热追星族出现时，该女子的名字就会出现，被人拿出来比较一番。尽管这些年在网络舆论中依然摆脱不了疯狂、偏执的标签，但她一直没有放弃找回生活的能力和尊严。她成长了很多，不再崇拜刘德华，把关于刘德华的东西都烧掉了，重新开始了新的生活。她还两度上电视节目，以脱胎换骨的励志姿态，用自己的亲身经历劝别人不要疯狂迷恋偶像，要理智追星。她说，只想珍惜现在所拥有的。只是迷途知返所付出的代价太惨痛了。

当然，这名女子的行为只是一个极端的例子。但是不得不引起父母的深思，试想如果当初父母在她打算辍学的时候给予正确的引导，而不是以默认的态度听之任之，也许不会到这个地步。

追星本身并没有错，但是盲目崇拜，无论是崇拜明星、权威，还是其他任何理念、新鲜事物，都可能会让人迷失自我，甚至误入歧途。而父母在这其中扮演着帮助孩子步入正途的重要作用。

那么，孩子怎样追星才是合理的？父母又应该以一个怎样的态度对待孩子追星的行为呢？

理解孩子的追星行为

中国青少年研究中心家庭教育首席专家孙云晓老师曾说，青少年追星完全是一种可以理解的现象，甚至是一种合理的现象。无论你多么不能接受、多么不喜欢，首先要尊重青少年心目中的偶像。少男少女喜欢"他"或"她"，总是有他们的原因的。

的确，孩子崇拜某个对象，说明他身上一定有值得孩子学习和参考的积极东西。父母要试着站在孩子的视角去发现这些明星的优点。这样亲子间才会有沟通的话题，双方也才能取得共识。

对孩子进行偶像教育

孩子盲目崇拜某一名人，往往只看到了他头顶上的光环，却没有看到他背后所付出的努力。当然，有些明星还有不光彩的一面，比如绯闻满天、缺乏公德心、生活作风不正等。父母一定要让孩子全面辩证地看待这些现象。

此外，父母可以用群像代替一个的方式，倾力为他打造更多正面可效仿的榜样。比如拓宽孩子的视野，让他了解那些科技精英、商界骄子、文学泰斗等，让多元化的偶像走进孩子的生活，给他提供更大范围的榜样人物。

用适当的方式引导孩子追星

有些孩子崇拜明星是为了单纯的乐趣或者放松，如果他只是单纯地收集一些画册或者听一些歌曲，没有影响到学习，父母就没有必要限制他的自由，否则就会引起反感情绪。相反，如果孩子追星达到近乎疯狂的地步，父母就不能放任不管了。

一个上小学六年级的女孩学习成绩很好，但是当同学谈起明星时，她一无所知的样子总会引起同学们异样的目光。为了和同学打成一片，女孩渐渐将注意力转移到了追星上，用大部分零用钱买明星的海报、CD，甚至逃课去看演出。父亲知道后并没有责备她，而是心平气和地和女儿长谈了一番，他说："追星可以，但要适度，不能影响学习，也不能乱花钱，如果你能做到以上几点，我绝不禁止你追星。"

此后，父亲还有意识地买了一些书籍让女儿阅读，将女儿的注意力再次转移到了学习上。最后，女儿追星的热情渐渐淡了。

完全净化孩子的成长环境，不让孩子受到这些干扰是不可能的。这位父亲"约法三章"和转移注意力的方式都是有智慧的做法，不过最后让女儿做出改变的恐怕是父亲理解她的态度。因此，父母要给孩子多一些理解。

此外，父母可以带孩子听一听音乐会，看艺术类的节目，引导他的审美情趣，以提高他的鉴赏能力和文化品位。

和孩子一起追星

一个上初中二年级的男孩喜欢篮球，喜欢看美职篮（NBA），尤其喜欢某位篮球明星。最初，妈妈总是嘲笑他，和儿子多次发生冲突。后来，妈妈改变了方式，开始研究这位球星，研究他的经历以及所在球队的队员、战术，知道了很多连儿子也不知道的故事。结果，儿子对妈妈刮目相看。最后，母子俩竟然坐在一起看NBA，一同为该球星所在的球队加油。当然，妈妈也不失时机地用该球星的经历教育儿子，儿子也很心服口服。母子俩的关系越来越融洽。

追星往往会令孩子内心深处有一种优越感，最起码在父母面前会显得比较时尚。而妈妈陪儿子一起追星的行为恰恰淡化了儿子的这种优越感，还和儿子找到了共同的话题，教育儿子时也令他少了一些逆反心理，多了一份心悦诚服。

这样的话，父母何不和孩子一起追星呢？

> **教育启示**
>
> 追星是青少年阶段追求成功的心理渴望，是一种正常、自然的现象。只要适度，所追的星自然会成为孩子人生道路上的楷模和榜样。因此，父母要理解孩子的追星行为，引导他合理追星，把追星转化为他追求成功的动力。但是，过度迷恋偶像就会对孩子的学习和生活甚至心理造成不良影响。所以，面对孩子崇拜偶像、追星等行为，父母还需要正确引导，别让孩子迷失自己。

53

早恋

——并非父母想象的那么可怕，
也并非父母想象的那么简单

有人说："早恋就像是希腊神话里的潘多拉盒子，打开它，种种灾祸就会纷纷飞出。所以，有必要将它锁紧。"如今中小学生中早恋现象越来越多，而且呈现出越来越早的趋势。许多父母也普遍表现出对孩子早恋倾向的担忧。

造成这种现象的原因有很多，包括青春期普遍提前，生理发育提早；电视节目、网络等媒体中男女明星出神入化的爱情演绎，致使现在很小的孩子都知道"爱情"这个词。

当然，爱情本来就是成年人生活的重要组成部分，要想让孩子完全接触不到爱情也是不可能的。除了以上这些因素，父母和社会对早恋的态度，以及处理早恋问题的不正确方法也是推动早恋出现和发展的重要因素。

一位妈妈有一个漂亮的女儿，也正是因为女儿漂亮，所以她很担心女儿早恋。自从女儿上初中后，妈妈就整天提心吊胆。一天，妈妈担心的事终于发生了。她无意中发现了一个男生写给女儿的一封情书。她急得饭也吃不下，觉也睡不着，一直想找女儿谈谈。可是女儿有些内向，谈了又怕造成母女间的关系恶化。最后，这位妈妈气愤地说，一定要把那个写信的男孩找出来，告诉老师和他的家长，让他们好好教训他。

这位妈妈急切的心情可以理解，但显然她和女儿之间缺乏必要的沟通，对女儿到底有没有早恋根本没弄清楚就妄下论断。这种做法可能会产生两种结果：一是"情书事件"被大肆宣扬后，女儿无法在学校继续读书，和母亲的关系变得僵化；另一种则是女儿因为逆反心理，为了证明她的"爱情"很伟大，偏要和这个男孩在一起。

还有这样一个真实的事例：

两名高中一年级的学生谈恋爱，发生了性关系，这件事被老师发现了。学校对他们进行了严厉的批评，并停掉了所有的课。很快这件事被传得沸沸扬扬。同样，两个孩子的行为是双方父母都无法接受的，也因此遭到了父母的责骂和训斥。

结果两个同时被学校和家庭抛弃的孩子走到一起，同居了。不久女孩怀孕，两个人决定把孩子生下来。这个过程父母和学校一无所知。孩子出生后，两个年轻人才感觉到生活的艰辛。男孩为了养家，上街抢钱、抢手机，最后被公安机关抓获。

相信这一幕是两个孩子的父母都不想看到的。但如果当初父母和学校多一些包容，对两个孩子多一分理解和关爱，并加以正确的引导，相信他们也不会离家出走，怀孕生子，直至走上违法犯罪的道路。虽然这只是一个极端的例子，但也揭示出孩子对爱情理解的偏颇，以及父母、老师对早恋的错误的教育态度和方法。

还有一些父母为了防患于未然，竟然想出了偷看孩子日记、监听孩子打电话等办法。一旦发现孩子早恋了，父母仿佛天崩地裂，毫不掩饰心中的愤怒，"不要脸""下贱"之类的词语纷纷从嘴里蹦出来。难道早恋真的是一件如此下流、见不得人的丑闻吗？早恋的孩子就真的罪不可恕吗？感情本来就有对错之分吗？

其实，父母之所以把孩子的早恋问题看得如此严重，无外乎担心孩子的学习受到影响，耽误他的前程，而且孩子根本没有能力对自己的行为负责。说到底，早恋并非洪水猛兽，关键在于父母如何引导孩子，帮他树立正确的爱情观。

那么，父母到底应该以什么样的心态面对孩子的早恋问题，有效地防止他被这朵早开的玫瑰刺伤呢？

不要轻易给孩子扣早恋的帽子

很多父母和老师发现孩子与异性同学接触较多，比如一起做作业或者一起玩儿，就认为他早恋或者把问题想得过分严重。

其实，青少年的心理发展遵循从疏远异性期过渡到接近异性期，再到恋爱期的一个过程。这一时期的孩子开始注重穿着打扮，喜欢接近异性，有异性在场会很兴奋或者喜欢打听与异性有关的事等，这些都是正常现象。

即使父母发现孩子有所谓的"情书"，也并不代表孩子在恋爱。因为不成熟的他们会错把异性之间的吸引看作爱，而父母的大惊小怪很有可能促使他们弄假成真。所以，父母千万不要轻易给孩子定早恋的结论，而是要和孩子积极沟通，引导他正确看待与异性之间的关系。

正如著名教育专家卢勤老师所言：与其把孩子封闭起来，控制他的交往，不如打开大门，让孩子在广泛交往中学会与人沟通，把早恋变成早练，就像大禹治水，疏比堵好。

以自己的经验和教训引导孩子

孩子一般对父母的亲身经历比较感兴趣，对于孩子早恋的问题，父母何不用自己的经验和教训引导他做出正确的选择呢？

一个13岁的女孩和妈妈谈论她们班里的"爱情"故事。妈妈悄悄地问："有喜欢你的人吗？"女孩不好意思地说："当然有了，不过被我拒绝了。"妈妈笑着说："这很正常，妈妈当初像你这么大的时候，也有喜欢的人。"

女孩表现出很兴奋的样子，央求妈妈快点说。妈妈说："当初我喜欢我们班的班长，他成绩非常好。不过后来这种好感就慢慢退却了，当初不懂得什么是爱，只是好感而已。现在才明白，爱背负着很大的责任，包括对自己的、对对方的和对双方家庭的。幸亏当初没有影响学习，否则耽误了学习，可能今天连在社会立足的资本都没有，还哪有力气去爱啊？"女孩听了，若有所悟地点了点头。

妈妈的一番话将爱的责任慢慢渗透给女儿，相信一定会让她对爱情有一个正确的认识。每一位父母都应该多和孩子沟通，引导孩子表达自己的观点，并将正确的观点传达给她，孩子树立了正确的思想观念，相信一定会为以后的幸福婚姻奠定基础。

为孩子提供爱情的标准

当孩子有早恋的倾向时，父母不能简单地采取强行压制的极端做法，因为反对其实就等于父母已经承认孩子之间的"爱情"了。这个时候，父母要明确一个观念，先要否定的不是他们之间的感情，而是他们对感情的定义。

父母应该尊重孩子的感觉，和他倾心交谈，告诉他好感是人之常情，而真正的爱情是要经历很多才能确定的，并把爱情的标准提供给他，进而让他做出正确的选择。

一位妈妈因为17岁的儿子早恋觉得很丢人，不知如何是好，最后把这件事告诉了爸爸。爸爸和儿子进行了一次谈话。最初儿子比较抵触，质问爸爸："妈妈和您说我谈恋爱的事情了吧？"爸爸点了点头，笑着说："没错，不过我不认同妈妈的观点。因为像你这样帅气又个性的大男孩，有人喜欢很正常。"男孩疑惑地看着爸爸。

爸爸说："不过我想告诉你的是，如果我是女孩的父母，我会告诉女儿应该喜欢什么样的男孩，而且一定很准。"儿子睁大了眼睛。

接着爸爸又说："第一，男孩一定是有孝心的人，懂得孝亲尊师，有爱心，心胸要向大海一样宽广，还要有一颗谦逊之心。第二，男孩一定是有梦想的人，并能帮女孩实现梦想。第三，光有梦想还不行，还得有知识，没有知识岂不成了空有一副臭皮囊、满嘴大话的人？第四，他身边还得有良师益友。一个人怎么样，你看他身边的朋友，大概就能辨别出了。具备这几点，这个男孩就会拥有理智的人生观，就会踏对人生的脚步。"

后来，这个男孩做出了很大的改变，很少玩网络游戏，学习也比以前更刻苦了。

为什么男孩有这么大的改变？是"爱情"的力量啊！

父母何不利用这种力量，鞭策孩子朝着正确的方向努力？不论男孩女孩，父母最好把爱情的标准告诉他，让他自己做出最后的选择。

告诉孩子与异性相处的底线

处在青春期或者一些早熟的孩子可能会对异性产生好感，在心理上渴望与异性进行思想的交流或者身体上的接触。在这样一个关键时期，父母要及时给孩子正面的引导。父母要让他明白这个年龄段对他来说最重要的是学习和健康成长，并告诫孩子与异性相处的底线是什么，让他知道哪些事情可以做，哪些不可以做。

一位妈妈和16岁的女儿交流了怀孕时的辛苦，还借机告诉她过早发生性关系对女性健康的不利影响，让她一定要保护好自己的身体，不能过早发生性关系，要坚决对自己的人生与未来的丈夫负责。

当孩子进入中学后，适当的避孕知识也是必不可少的，父母要尽量做到防患于未然。但一定要把握好度，切勿让这样的教育"诱惑"孩子去突破底线。

教育启示

早恋是一朵提前盛开的玫瑰，孩子被它的芬芳吸引。但情感本身并不是什么大错，因为这朵花迟早都要开。当孩子早恋了，父母先不要急于否定他们之间的感情，而是要正视孩子的感情，并将爱情、责任和道德联系起来，引导他树立正确的爱情观，这样孩子才能在将来拥有幸福的爱情。

54

性教育缺乏

——讳莫如深，孩子就会通过其他渠道了解性

提到性教育，很少有父母愿意在这个问题上对孩子进行系统的专项教育，因为总感觉在孩子面前难以启齿。有些父母甚至视性如洪水猛兽，不让孩子过早地接触性知识。

其实，这是许多父母在教育孩子方面存在的误区。一项调查显示，71.6%的父母从不主动给孩子讲性知识，孩子若询问，14.5%的父母会斥责他，27.7%的父母会骗他，只有18.6%的父母能够做到耐心回答。

早在20世纪60年代初，周恩来总理就郑重提出过，在男孩首次遗精、女孩月经初潮之前，应该将性知识教给他们。可以说，这是一个非常科学的提议，但是半个多世纪过去了，性教育在我国仍然存在认识上的不足。父母之所以对性教育如此讳莫如深，主要原因就在于陈旧的思想观念。结果孩子因为外界的刺激变得很开放，但却在性观念上存在错误的认识。

国家人口计生委科学技术研究所2013年发布的一组数据显示，我国每年人工流产多达1 300万人次，这还不包括药物流产和在未注册的私人诊所做的人工流产数字。其中有1/4是未达到法定生育年龄的女孩。在有婚前性行为的女性青少年中，超过20%的人曾非意愿妊娠，其中高达91%的非意愿妊娠诉诸流产。重复流产的情况尤为严重。

中国青少年生殖健康的调查报告显示，我国未婚青少年中，约有60%对婚前性行为持比较宽容的态度，22.4%曾有性行为。广东省的一项调查显示，48%的大学生赞成"恋人间发生婚前性行为"。

一项在北京某区所做的调查（2007年）显示，北京的中学生远比他们的老师和家长所想象的"开放"。这项调查由2 300名中学生参加，一半以上的受访学生认为一夜情没什么错，6.2%的人承认他们有过性行为。学生初次发生性行为的平均年龄为15岁。在问及是否会同意男友提出的性要求时，受访的1 300名女生中只有6人明确表示"不会"，最典型的回答是"只要他爱我就行"。大约200名受访学生说，如果有机会，来个一夜情也无妨。约30%的受访学生认为，对于性关系，只要双方自愿就可以。与开放的性观念形成鲜明对比的是，学生们所掌握的性知识非常贫乏。在发生过性行为的学生中，40%以上的人在初次发生性行为时没有采取避孕措施。

这是一组多么可怕的数字，其根本原因就在于孩子性知识缺乏。可见，孩子的性教育亟待加强，父母也亟须调整教育观念。性既不神秘也不龌龊下流，如果我们能平静地对待它，把它当成一种正常的生理现象，也当成孩子成长过程中必须了解的知识，父母和孩子都会少走些弯路。

一个14岁的男孩看起来精神状态不好，眼圈发黑。老师觉得他可能遗精严重，私下找他聊天，问道："你知不知道'精满则溢'？"男孩羞涩地说："知道，我和其他同学交流过，他们也有这种现象，但都不好意思和家人说。"于是，老师把这件事告诉了这位学生的父亲。父亲听了直拍大腿，因为他曾看到儿子床上有一圈一圈的印记，但却忽略了这个细节。

看到这则案例，我们不得不反思，这到底是教育观念的问题，还是父母的疏忽？家里有这样大的小伙子，父母还能把这种事忘了？不得不说父母实在太粗心了。

还有些父母对孩子的这类问题遮遮掩掩，喜欢以骗的方式应付。

一家三口在看电视。12岁的儿子问："'ABC'是干什么用的？"妈妈胡说一通："这是女人的曲线，起保护的作用，它是不是很美？"儿子听了，"扑哧"一下笑了出来："这是你们女人用的卫生巾！"妈妈听了，非常尴尬。爸爸把妈妈叫到一旁说："我们越遮掩，越激起他的好奇心，还不如早点告诉他，给他正确的观念，免得误入歧途。"

有人曾恰当地比喻性教育就像治水，只能疏不能堵。的确，父母一味地回避性问题根本无法堵住孩子的好奇心，反而会增强他的好奇感，会促使他通过其他途径甚至利用一些非正常渠道获取性知识。

今天的大街小巷随处都可以看到充满情欲的性感图片、内衣广告，再加上网络、电影、电视的影响，特别是一些大片时常充斥着色情镜头。当孩子因为这些内容的影响对性产生错误的认识，影响身体和生理的健康发展，造成不良后果时，父母后悔也晚了。

所以，父母一定要及早对孩子进行性教育，引导他正确认识性欲和性行为，和他一起抵制外界的各种性诱惑。

一般性教育包括性知识（性别认识）、性生活、性心理、性伦理（包括性道德和性法制）等。这些知识的教授要从孩子的实际出发，有序地进行。

那么，父母如何抓住孩子的成长规律和发育特点，在他恰当的年龄段通过恰当的方式把这些知识传授给他呢？

父母首先要接受规范的性教育

事实表明，性教育在实施过程中的障碍除了观念上的，还包括父母对性知识的缺失。最明显的表现就是，当孩子问"妈妈，您是怎么把我生出来的""爸爸是怎么把精子放在您的肚子里的"等一系列难以回答甚至更复杂的问题时，父母往往会感到困惑。因为父母本身也没有受过正规的性教育，更不知道如何回答孩子的这些问题。因此，多掌握一些科学的性知识对父母来说尤为重要。

父母可以准备一本有关于性教育的书，当自己无力回答一些性问题时，引导孩子一起查阅资料，找寻问题的答案。对于孩子一些特殊的表现，父母也可以从书中找到答案。

把握孩子性心理的发展过程

性教育对孩子来讲是必需的，也是有益的。这就要求父母采取正面的态度对待孩子的问题和变化。一般父母对孩子的性教育可分为幼儿、童年、少年、青春期四个阶段：

0～6岁是幼儿阶段。一般幼儿期的孩子从3岁开始探索自己的身体，逐渐发现性别之间的差异，会向父母提出各种关于性的问题，比如生命起源、性别问题等，这个阶段他对异性的认识仅停留在玩伴阶段。

7～10 岁是童年阶段。孩子逐渐对异性产生好奇和好感。

11～14 岁是少年阶段。这个时期的孩子逐渐发生生理变化，也正是因为男孩和女孩之间的生理差别，导致他对异性产生暂时的疏离感。

15～18 岁是青春期。这个时期的孩子对异性怀有强烈的神秘感，也正是这种神秘感促使他们接触、了解异性，并对异性产生好感。

当然，上面的年龄划分也不是绝对的，有的孩子发育早一些，有的孩子发育晚一些。

针对孩子性心理的发展过程，父母一定要正确认识孩子在不同时期的不同表现，正视孩子提出的各种问题，引导他正确看待与异性之间差别，并教他如何与异性相处。

慎重对待孩子身体上的变化

女孩在 11～12 岁、男孩在 13～14 岁时体内的性激素分泌会增多，性器官会迅速生长发育，第二性征会凸显，身体上会发生明显的变化。

男孩的遗精和女孩的月经都是孩子青春期来临的重要标志。男孩还会变得体格粗壮、肌肉发达、喉结突出、嗓音浑厚、长出胡须和阴毛等。女孩主要表现为体态丰腴、乳房隆起、臀部浑圆、肩窄臀宽、嗓音尖细等。

父母要重视孩子身体上的这些变化，并以过来人的经验引导他正确看待这些现象。

一个男孩睡醒后，发现身体里流出了一种黏糊糊的东西，吓得不知所措。妈妈在收拾儿子的房间时发现了这一问题，告诉了爸爸。于是，爸爸抓住这次机会，祝贺儿子已经长大，还告诉他有关遗精的知识，以此消除了儿子的恐惧心理。

这位父亲的做法不仅引导儿子以正确的心态看待身体上的变化，使他感受到了成长的喜悦，还教给他一些必备的性知识。

一般妈妈和女儿讲、爸爸和儿子讲比较容易开口，也能消除尴尬的局面。此外，父母要提醒这个阶段的孩子注意身体，不要太过疲劳，并尽量帮他挑选宽松、舒适的内衣。

理解并引导孩子的一些思想和行为

青春期的孩子会对异性产生好感，其性意识也开始从朦胧转向清晰。父母应该理解孩子的这种变化，并引导他正确处理男生女生之间的关系，科学地看待性行为。

一个女孩青春懵懂时期在日记里写下了性幻想。妈妈发现后，觉得女儿的行为实在下流、丢人，于是就告诉了老师。女孩一气之下离家出走。

孩子在青春期很注重自己的形象，妈妈这么一宣扬，只会让女儿和自己的矛盾越来越突出。遇到这种事情，父母千万不要简单地呵斥，更不能大肆宣扬。私下给孩子一些正确的性观念，就能帮助他顺利度过这段时期。

同时，父母要注意媒体对孩子的不良影响。即使孩子无意间接触到一些不良信息，父母也应该用科学的观点加以分析，让孩子懂得什么是真正的科学和健康，以此有效地避免对孩子的伤害。此外，父母还要教孩子保护好自己的身体。凡是内衣遮住的地方都不能让别人看，更不能让别人碰。

正确看待所谓的"手淫无害论"

如今，很多深陷黄毒的孩子第一次接触黄色刊物、碟片、网络视频、故事时，都是出于好奇心。

有一个男孩无意中听到两个男同学讲黄色故事，他一开始没在意，但越听越好奇，便凑上去仔细听起来，听不懂的地方还不断询问。之后，他和这两个男同学经常在一起聊，还常常看黄色视频，慢慢地学会了手淫。再后来，他的身体越来越差，学习也越来越差，满脑子都是看过的黄色视频影像，深陷其中无法自拔，痛苦不堪。

现在市面上很多关于家庭教育的书和青春读物传递着自慰无害健康的观念，甚至在书上公然说"手淫是应该尊重的隐私，自慰是一种很好的宣泄性能量的方式"。这是极不负责任的言论，无疑是在鼓励孩子自慰，也是在纵容孩子的行为，绝对是一种错误的观念。作为父母，对这类教育观点一定要注意辨别，千万不可"尽信书"。

从理论上说，孩子偶尔一次自慰对身体没有多少危害，但要知道，手淫一旦开了头，就很难控制，只能是沉湎其中不能自已，长期、频繁、无节制地自慰必然会严重损害身体健康，还会影响孩子的学习，最终会害了他。父母要让孩子明白自慰的危害，也要注意发现孩子偶尔一次的自慰，及时帮他戒掉这种行为。

正确看待所谓的"无痛人流论"

类似"手淫无害论"的还有"无痛人流论"。诸如"轻轻松松几分钟""480元全包干""无痛，无风险""今天手术，明天开学"的所谓"关爱卡"甚至送到了大学、中学女生的宿舍。

网络上曾盛传一道小学语文试卷填空题："××的人流"，正确答案应该是填写"喧闹""熙熙攘攘""拥挤"等，即人流是指像流体一样向前移动的人群。谁知，一些学生竟填写了"无痛"，即"无痛的人流"。可见，无痛人流广告已经渗入了少年儿童的大脑。

无痛人流广告所带来的负面效应不只如此，更严重的是对涉世未深的青春期少女产生误导，使她们认为"轻轻松松几分钟"就能解决问题。于是，她们就不懂得珍爱自己。结果，人流率日益攀升，甚至出现寒暑假人流堕胎潮。

人流广告中只强调无痛、轻松，却刻意回避了手术风险。事实上，无论做什么手术都是有风险的，比如，有时一支麻醉针打下去，可能就再也醒不过来了；在手术过程中，也可能发生子宫穿孔、出血、感染等风险，甚至出现心率减慢、血压降低等人流综合征。

无痛人流手术虽然几分钟就完成了，但是对女性的身体可能会造成诸多隐患，轻则得妇科疾病，重则导致不孕。一份调查报告显示：做过4次人流之后，不孕症发生率高达92.13%，而在所有继发性不孕患者中，有将近90%的患者有过人流经历。可见，流产次数越多，继发性不孕发生的概率就越大。

此外，一些少女害怕被周围人知道，往往是偷偷地去做人流手术。手术之后，还要强打着精神若无其事地去上学，由于休息和营养无法保证，对术后的身体恢复极为不利，给身体造成极大伤害。

人流对身体的伤害还在其次，对心理的伤害尤甚。研究表明：十几岁的少女在进行人流的过程中，其疼痛感明显超过成年女性，而这一般来自手术前的不安和恐怖感。手术之后，一些少女会产生后悔、担忧、罪恶感等心理，常常做噩梦，精神沮丧，精力无法集中，甚至自暴自弃，做出一些极端举动。

所以，作为父母一定要教育孩子，无论是男孩还是女孩，都千万不要被无痛人流广告蒙蔽，不要认为流产无所谓进而轻易尝试性行为，否则最终受伤害最大的还是孩子。男孩懂得这个道理，就不会轻易伤害女孩；女孩懂得这个道理，就不会轻易被男孩伤害。

同时也要告诉孩子，万一怀孕，一定不要对父母隐瞒，更不要背着父母偷偷去设备简陋、医疗条件差的小诊所做人流手术，而是要及时告知父母，请求父母的帮助。但为了避免受到这种伤害，女孩一定学会对自己负责，珍爱自己的身体，不要与异性发生性关系。

教育启示

在孩子成长过程中，父母与孩子的关系最密切，也最容易发现孩子在生理、心理上的变化和性方面的问题和困惑。父母一定要敞开心扉，和孩子毫不避讳地谈论这个话题，把正确的性知识科学、有效地教授给他，让他拥有一个健康、快乐的人生。

55

真诚

——真诚是必要的，过度真诚则害己又害人

真诚、正直、善良……这些一直是我们教育孩子应该具备的品质。真诚就是要求孩子做到守承诺、守信用，这个是对的，但是一定要把握一个标准，因为过度真诚很可能会使孩子受到伤害，也可能会伤害别人。

东郭先生和狼的故事想必大家都听过，东郭先生好心救了一只狼，可是狼却忘恩负义地要吃掉它。最后幸亏一个农夫救了他，否则他早就成为狼腹中之物了。仁慈、善良的东郭先生为什么饱读诗书还会这样愚蠢呢？因为他把知识都读死了，没有辨别出狼的真面目。

可见，善良和仁慈也是有一定原则的。社会就像一张无形的网，网中有好人，也有坏人。如果盲目真诚、仁慈，分不清楚对方是好人还是坏人，很可能会像东郭先生一样遭遇被吃掉的厄运。因此，为了孩子更好地适应这个社会，父母要教他学会辨别各种各样的人，教他为人处世中的原则和技巧。

孔子曾说："可与共学，未可与适道；可与适道，未可与立；可与立，未可与权。"（《论语·子罕》）这句话所传达的意思是，学问分为四个层次——学、道、立、权，层次分明。学是各种学问，道是修行圣人的大道，立是修道而能立定根基，权是推行大道而能通权达变。求学的人多，修道的人少，所以可与共学，未必能与其往道上走；同是修道的人，未必都能立道，所以可与适道，未必能与其立道；纵然可以立道，然而讲到行权，则须通权达变、随机而变，而变的结果，恰好与道相合，如果没有权变智慧是办不到的，所以可与立，未必能权。可见，学、道、立、权中，最高层次是权，也就是权变、变通，因为时不同、势不同，所以要变，但把握住什么该变什么不该变才是真正的学问。也就是说，一个人要想立足于社会，正直、真诚、善良的品质必须具备，通权达变也应该学会，这才是真正的为人处世之道。

春秋时期，魏国有一个臣子要叛乱，孔子得知后准备赶往魏国的都城通知国君。叛党得知这件事后，马上派大军把孔子围住，然后强迫孔子发誓绝不去魏国，才肯放过孔子。情急之下，孔子发了誓。叛党一干人等认为孔子是个有学问之人，一定会言出必行，就放过了他。最后，孔子还是去了魏国的都城。子路问及原因时，孔子对他说："一个人在威胁之下的信，可以不用遵守。对于正义的事情要守信，为了避免魏国百姓受到灾难，这样的诺言可以违背。"

知识是死的，人是活的，只有随机应变、灵活变通，才能将这些智慧灵活运用在生活中。也就是说，真诚、诚实守信是做人的根本，但一定要做符合道义的事情。

真诚与虚伪往往是一个对立面，虚伪里包含谎言。一般来说，谎言不为人所接受，也有碍于诚信品质的发展，但是如果给谎言加一个定语——善意的，那么谎言的本质就发生了根本的改变。

一个猎人打猎时追赶一只兔子，兔子明明往左边跑了，看见的人却告诉猎人兔子往右边跑了。这人说了谎话，但这是善意的谎言，救了兔子一命。

就好比一个身患绝症的人，在被医生"宣判死刑"之前，所有的亲人都不会直接对他说"你的生命已无法挽救"或者"你在世上活不了多久"，相反会闭口不谈实情，目的是以善意的谎言增加病人对治疗的信心，让他以平和的心态度过残年余日。这样的谎言任何人都不会觉得虚伪，心里还会充满感激和感动。

俗话说："世事洞明皆学问，人情练达即文章。"凡事都要用积极的心态，从多个角度思考问题，才会在诚实和谎言、真诚和虚伪之间找到平衡点。

那么，父母如何帮助孩子找到这个平衡点，让他在避免受到伤害的同时真诚与人交往呢？

让孩子树立自我保护的意识

很多人都希望自己对别人真诚,别人也同样以真诚的心态对待自己。但是,世上不是所有的人都像圣人一样完美无缺,总有一些居心叵测的人利用人的真诚心、善心做出一些不良的行为。对待这种人,父母除了教孩子辨别,然后敬而远之,还要让孩子树立自我保护的意识,告诉他"害人之心不可有,防人之心不可无"的道理。

父母要教孩子以下应对陌生人的技巧:

第一,不轻易给陌生人开门,尤其是一个人独自在家时。如果有人敲门,不要轻易应答,先要通过猫眼看清来访者。如果不小心应了门,也不能轻易给陌生人开门,要告诉对方父母不在家,请他下次再来。如果陌生人迟迟不离开,可以打电话给父母或者打110报警。

第二,放学或在路边玩耍时,不吃陌生人给的糖果、饮料或者其他食物,更不能和陌生人走。即使和父母在商场或公园里走散,也不要随意听信陌生人的话和他一起找父母。

孩子明白以上道理后,基本就具备了保护自己的意识。但是,要让孩子具备这个能力,父母光讲道理还不够,还要和孩子进行有针对性的情景训练,加深印象,以便他在遇到实际情况时随机应变。

教孩子认识善意的谎言

善意的谎言的标准是放弃自私自利的心,为对方好。也就是说,只要是为别人好,即使是打他骂他也是真诚,这就是为人处世的道理和原则。

一个8岁的女孩每天晚上都有一个必修课——给爷爷奶奶打电话,描述她一天的点点滴滴。有一段时间,女孩生病了。妈妈为了不让老人担心,就告诉女儿给爷爷奶奶打电话的时候不要提自己生病的事。女孩听了问道:"那不就等于说谎了吗?"妈妈说:"爷爷奶奶那么大岁数了,知道你生病一定很担心。而这个谎言是为了让他们放心,是善意的啊!"女孩点了点头。

几天后女孩说:"妈妈,今天××向我借钱玩电子游戏。可是我说了谎,说没带钱。这个谎言算善意的吗?"妈妈问道:"你为什么要说谎呢?"女孩说道:"因为玩电子游戏是不对的,我不想让他玩。"妈妈笑着点了点头,说:

"这个就是善意的谎言。但是如果你是只为私心而不想借给他钱,那就不是善意的谎言了。"

的确,善意的谎言的判断标准就是出发点,就拿借钱来说,借与不借无所谓对错,完全看存有什么心。如果单纯地为了面子借钱,那不是真诚。同样,如果因为小气不借,那也不是善意的谎言。只有具备正确的判断力,真正为对方好,才是善意的谎言,也是一种真诚的表现。父母一定要教孩子辨别清楚这个界限,使他真正具备判断力。

教孩子学会委婉地拒绝别人

在生活中,有很多这样的情况:玩具被别人抢走了,孩子眼巴巴地看着别人玩,却不懂得通过恰当的方式拒绝;别人向孩子借笔,孩子因为不好意思拒绝,只好将唯一的一支借给别人,自己却没有笔用……

真诚的谦让是中华民族的传统美德,但是这种美德不是为面子所累,不是完全忽视自己的需求和权益无条件地满足他人,否则无异于打肿脸充胖子。孩子之所以不会拒绝别人,与父母对谦让美德的误导不无关系。因此,父母要让孩子正确认识谦让,同时要适当放手,以恰当的方式让他学会说"不",这样孩子才会维护自己的需求和权益。

教育启示

孩子天生具有一颗纯善的心,父母应该保护好他的这颗心,教他真诚待人,做到守承诺、守信用。但是,为了让他在今天这个日益复杂的社会中更好地保护自己、适应社会,父母也应该让他学会通权达变,让他正确认识善意的谎言,学会委婉、合理地拒绝别人。这样,孩子才会在自己的需求和权益受到他人侵犯时,懂得用合理的方式维护和争取。

56

友情

——真正的友情是道义，
是友直、友谅、友多闻

每个人都需要友情，孩子也不例外，从童年到成年，他会在不同时期拥有不同的朋友，朋友也将会伴之一生。但朋友又有损友与益友之分，并非所有的朋友都会对孩子起到好作用，因此，也并非所有的友情都值得维持和珍藏。

好的朋友会对孩子有非常大的帮助，而不良的朋友却可能害了孩子。但孩子由于懵懂无知，往往不懂得什么是真正的友情……

14岁的俊熙是个开朗活泼的男孩，他在一次足球比赛中认识了同样热爱足球的恒远，并和恒远成为好朋友。

他们时常在周末一起去踢球，踢完球俊熙回家，恒远还要到游戏厅等娱乐场所玩一会儿。俊熙不和他去玩游戏，但认为恒远是个不错的朋友。

一次，踢完球后俊熙刚回到家，恒远就打来电话："俊熙，我被人打了。游戏厅里有两个人打我！"俊熙担心恒远的安全，急忙赶到了游戏厅。

恒远此时十分愤恨，对俊熙说："俊熙，我们是哥们儿吧？你不会看着我被人白白打吧？"俊熙说："恒远，我们报警吧。"但恒远坚持不肯，而是生气地说："你真不够朋友，我叫你来可不是让你帮我报警的，你如果不帮忙，我就找别人帮我去报仇。"

看到朋友受了委屈，俊熙虽知打人不对，但也没有继续坚持报警，而是和恒远一起找来两只啤酒瓶去了游戏厅。他们找到了那两个殴打恒远的人，用啤酒瓶砸向他们，四人动手打了起来。打斗期间，啤酒瓶在游戏机上磕碎了，打急了的俊熙疯狂地用碎片刺向对方，对方倒在血泊中。

警车呼啸而来，带走了故意伤人的俊熙和恒远，等待这两位未成年人的将是法律的严惩……

自古就有"少不看水浒，老不看三国"的说法，这是因为青少年血气方刚，而《水浒传》里的绿林好汉都很看重义气，里面讲述的也多是为朋友两肋插刀的事情，孩子看后更容易意气用事，在是非观念不明、头脑不够冷静的情况下，很容易做出危险的举动，上述事例中的俊熙就是为帮朋友出气而伤害了他人。

当然，也不仅仅是因为俊熙不够冷静才会发生这样的事情，同时说明他交友不慎，才会在朋友的激将之下做出违法行为。如果恒远在挨打后能够听从俊熙的建议报警，或者是告诉父母让他们来帮助自己解决问题，就不会发生打斗事件了。

所以，真正的友谊不是意气用事，真正的朋友也不会让别人陪他一起去冒险。可是，孩子的年龄尚小，无法清楚地分辨什么是真正的友谊，什么样的人才值得交朋友。这就需要父母对其加以引导和指点，让他明白友谊的真意。

有一位父亲为人开朗热情，重义轻财，时常叫上三五个朋友来家中小聚，或喝酒聊天，或谈论工作。10岁的孩子并不理解父亲的谈话，却学会了父亲的行为，时常约几个小朋友来家里一起吃零食。

孩子的母亲见此景，就对其父亲说："你经常带朋友来家里谈事情、喝酒，孩子也学会了叫人一起来家里吃喝。这岂不是让孩子学会了结交酒肉朋友？"父亲也觉得此话有理，从此很少带朋友回家喝酒。

不难看出，孩子对待朋友的态度和选择朋友的标准在很大程度上会受到父母的影响。因此，父母不仅要告诉孩子应该如何择友，还要为他做出示范，否则孩子很难真正认同父母的观点。

那么，关于孩子的交友和友谊，父母应该给出怎样的建议呢？

教孩子分清损友和益友，交益友不交损友

不少孩子都会有好人和敌人的概念，往往认为对自己好的人就是朋友，对自己凶的人就是敌人。如此简单地划分敌人与朋友，很容易让单纯的孩子交错朋友走错路。

孔子说："益者三友，损者三友。友直，友谅，友多闻，益矣。友便辟，友善柔，友便佞，损矣。"意思是说，益友有三种：一是能够对人坦白而直率、正直；二是对人真诚有信用；三是博学多才。相对而言之，损友也有三种：一是碍于情面怕得罪人而不肯说真话；二是看起来是在夸赞人，其实却不是出于真心地称赞；三是没有知识，仅凭道听途说就信口开河。

父母若能将这些道理讲给孩子听，便能让他在选择朋友时更加慎重和明智。

要告诉孩子，不仅在选择朋友的时候要选择益友，自己也要做对方的益友。要让孩子知道，真正对朋友好的人不一定要对他说好听的话，如果能有益于朋友，即使是不好听的话也应该直言；如果仅仅是为了让朋友高兴而说好听的话，则会让朋友无法正确地衡量自己。

再者，为朋友两肋插刀是否就是真正的义气呢？当然不是，这只是一时的意气用事，而非义气。父母要让孩子明白意气用事和讲义气之间的区别：意气用事是人在缺乏理智时，只凭一时的情绪和想法去做事，这样不但会害了朋友，还会害了自己；而义气的义是道义，而非意气，道义是合乎道德和正义的，合乎道义的事情才不会对他人和自己造成伤害。

所以，父母要告诉孩子，在帮助朋友的时候，要先想想自己的行为是否合乎道义，是否对朋友真正有益，有没有流弊。其实，真正要做他人的好朋友，对孩子的个人素养要求也是很高的，这些道德观需要父母在生活中对孩子不断进行灌输和培养。

鼓励孩子多多向益友和损友学习

父母也许会好奇，让孩子向益友学习就可以了，怎么还能让他向损友学习？事实上，生活中的每类人都可以成为孩子的老师。益友会带来更多正面的影响，但孩子也有交友不慎的时候，当他被不良的朋友伤害时，也许会抱

怨对方的无德。这时父母应及时地提醒他接受教训，以此为反面教材，引以为戒。这样，孩子不但能从益友那得到帮助，更能从损友那得到提升。虽然我们无法帮助孩子只交到正确的朋友，但却能让他在和不同的人交往的过程中逐渐成熟起来。

让孩子懂得"君子之交淡如水"的道理

有的孩子在有了好朋友后，就喜欢和他形影不离，学习要在一起，游戏也要在一起，闲暇时候聊聊天、交换一下彼此的小秘密，认为这样才和朋友贴心。

父母应及时提醒孩子，朋友之间需要交流的是思想，而不是秘密；需要贴近的也是思想，而不是现实中的距离。即使最好的朋友也不要过于亲密无间，为彼此保留一些私密的心事和空间，反而可以相处得更好。

告诉孩子一定要珍惜友情

现在的孩子大多是独生子女，虽然很渴望朋友，但由于过于自我，凡事喜欢先考虑到自己，难以宽容地对待他人。因此，在和朋友交往频繁时，难免会有些小摩擦。

父母要告诉孩子，于亿万人中能成为相知相交的朋友是一种难得的缘分，因此对朋友要多宽容，不要因为小事闹得不愉快。中国人口众多，同龄人也很多，并不是每个人都有机会成为好朋友，因此一定要珍惜难得的、纯粹的友情。

但必须再次强调：珍惜的是友情，而不是江湖哥们儿义气。

教育启示

随着不断成长，孩子在不同时期会结交不同的朋友，而让孩子慎重择友、正确地看待友情，对一生都有重大的影响。一定要让孩子明白意气和义气、道义的区别，知道怎样才能真正地帮助朋友，而不是陷朋友于不义。孩子如果误解了友情的真意，很有可能也会因此让人生陷入困境。

57 成功

——都想让孩子成功，但别忘了"少年得志大不幸"的古训

放眼当今社会，似乎很多人都有种急功近利的心态，发财越快越好，成名越早越好，连父母都觉得，孩子的成功也是年龄越小越好。

当媒体报道某地又出了一位神童时，大家都会流露出羡慕的表情，议论纷纷："人家的孩子怎么教育的？这么小就考上了名校！"于是，许多父母不惜让年幼的孩子过早地背上重重的压力，希望他也早日成功，给自己增光添彩。

孩子的成功真的需要这么着急吗？早一点成功，人生就一定能更辉煌吗？想想一个又一个被报道过并曾引起轰动的"成功者"——神童，依旧辉煌的又有几个？

当然，这并不是说孩子从小就聪明过人不是好事，而是说孩子过早拥有太多的光环和荣誉对他的人生发展未必是好事。

有一个名叫芸芸的女孩，父母都是大学教授，在他们的悉心教导下，芸芸2岁半岁就能背诵30多首唐诗、数到100，3岁就学钢琴，7岁钢琴通过六级并能够写短文。上学后，小学课程对她来说非常容易，每次都考第一名，并且成功跳了好几级，9岁就上了中学。

但是，中学的知识却是芸芸之前没有接触过的，她不再是班里的第一名，也不再时常受到老师的夸奖。她开始感到失落，学习热情也有所下降。渐渐地，芸芸的成绩下降，最后竟成了班里的中下游，变得沉默了许多。

每当考试成绩下来，她都会把自己关在屋子里不肯吃饭。虽然父母一再劝导她说："你年龄还小，考不好没关系，还有机会，不要着急。"但从小就一帆风顺的芸芸经不起成绩下降这样小小的打击，在一次英语考试不及格后，她撕掉了试卷，并把英语书从楼上扔了下去。

看到芸芸的反常表现，父母只好带她去看心理医生，医生说由于孩子最初太过顺利，因此现在经不起失败，有了严重的心理问题。芸芸的父母很是苦恼，他们不明白，难道是芸芸之前的成功害了她？

这就是一个幼年得志的案例，由于从小就在优秀孩子的光环中长大，因此她不能接受自己的平庸和偶尔的失败。不知9岁的芸芸在经受此次挫折后能否尽快调整心态，接受真实的自己。

古人说"少年得志大不幸"，其原因不仅是因为前路太顺，会让孩子经不起失败，还因为自幼就常受到夸赞的孩子，心性往往浮躁，恃才自傲，做事往往仅凭聪明劲儿，而不肯下苦功；再者，因为从小就是众人关注的焦点，不论干什么都会引起别人的妒忌，也会给孩子带来不小的压力。

孩子在成长过程中都会犯下不少错误，但过早成功的孩子因为人生初期的路线制定得较为合理，因此很少犯错。虽然有句话说"孩子犯错，上帝也会原谅"，但过了少年时期再犯错，便很少有人给他改错的机会。

就一般人而言，犯错的概率是均等的，少年时期顺风顺水，就会在未来的人生中放松警惕，骄傲自满，甚至忘了世事复杂，更容易犯错误和遭遇失败。如果到中老年再犯错，连改正的机会都没有了，还有什么比这更不幸的吗？

再者，多数人在少年时期经常因为思想稚嫩而经受挫折。而少年得志的孩子就会显得比较幸运，因此容易招来他人的嫉妒。当一个人因为幸运而被他人嫉妒时，很容易受到他人的排挤和诋毁，因此少年得志更容易招来日后的磨难。《道德经》中说"祸兮福之所倚，福兮祸之所伏"，意思是说，祸与福本是相互依存的，可以互相转化，坏事可以引出好的结果，好事也可以引出坏的结果。让孩子过早地享受了人生的成功，最终的结局却未必能如意，这怎么能算幸运呢？

父母该如何去成就孩子真正的成功呢？

允许孩子成长得慢一点

父母要放弃孩子越早成才越好的观念，不要以急功近利的心态期待孩子快点成才，更不要以填鸭式的教育方式向孩子灌输科学知识。不妨先问自己一句，是否了解什么叫真正的人才？仅仅学问多、知识丰富就算人才吗？考试得高分、成绩第一就算人才吗？当然不是，能够担当重任的德才兼备之人，才能称为人才。

怎样才能培养一个人才呢？古人说："天将降大任于斯人也，必先苦其心志，劳其筋骨，饿其体肤，空乏其身，行拂乱其所为，所以动心忍性，曾益其所不能。"这段话的意思是，上天将要让一个人承担重任时，必先会锻炼他的心志，并使他筋骨劳累，让他忍受饥饿、贫困，经受种种挫折打击，以此来使他内心警觉，性格坚定，增加他原来不具备的才能。

当然，现在的孩子很少有机会去经受这样的磨炼，但以此推理可以得知，成才之人必须每一步都走得踏实、稳固，不仅要有深厚的知识底蕴，更要有良好的品德和心理素质，这样才能在未来人生中把握方向并经受住挫折，从而立于不败之地。

而快速成才的孩子由于生活历练较少，往往没有良好的心理素质，多内心脆弱，经不起生活的挫折和磨炼。这就犹如一棵拔高过快的小树，并没有将根深深地扎入泥土，暴风雨来临时很容易就被连根拔起。

因此，父母不妨让孩子放慢成长的脚步，让他扎根到生活中去，积累丰富的学习和生活经验。正如古人所说，"君子厚积而薄发"，让孩子经过长时间的准备和积累，他才会有大的作为。

适当地给孩子一些挫折

为了避免孩子前路平坦后来却难以经历挫折，父母不妨事先给他打一些"预防针"，给他一点挫折，或是故意制造一点小困难，或是在他遇到真正的困难时尽可能少去帮助他，当然是在保证他身心安全的前提下，以使他以后能够顺利地适应社会。

有时父母能够预见一些孩子可能遇到的困难，即使如此也不要为他趋避困难，而是应该让孩子勇敢面对，不管能否战胜困难，对孩子来说都是一种磨炼。适当地经受一些挫折，能让孩子逐渐拥有面对成败的平常心。这样，他在未来的人生中才能够经得起各种考验。

教孩子学会看淡成败

父母也许会觉得，看淡成败这件事对于成年人来说都很难，何况是孩子？成年人之所以不能看淡成败，是因为从小就受"成者为王，败者寇"观念的影响。而孩子如果自小就接受正确的观念，确实很有可能影响其一生。

所以，如果孩子真的很优秀，常能取得好成绩，各方面表现也不错，父母不妨告诉他："成绩只能说明你某阶段的学习状况，但学习知识是无止境的。即使获得硕士、博士学位，也不过是个名号而已，并不是人生的最终目的。比如，你在奥数比赛中获得了冠军，但回到家坐在饭桌旁也只是个吃饭的人而已，跟冠军毫无关系。"这样，孩子就会对成败有一个比较清醒的认识。

教育启示

《增广贤文》中说："速效莫求，小利莫争；名高嫉起，宠极谤生。"意思是说，速效的捷径不可追求，蝇头小利不应计较；名声越高灾祸越频繁，际遇的顺利则容易引来他人的毁谤。因此，孩子过早地走向成功，随之而来的负面作用也会比较大，而孩子幼小的心灵却往往难以承受与功名伴随而来的负面作用，所以容易受到伤害。理智的父母一定要将眼光放长远，别因一时的功利之心，而让孩子过早享受了所谓的成功果实。

58

外形

——高矮胖瘦，不要放在心上；
心真善美，应常提醒自己

"不抛弃，不放弃"是热播电视连续剧《士兵突击》里一句著名的台词。给这句台词做了最好诠释的则是这部电视剧的主角——士兵许三多。许三多个子矮，其貌不扬，脑子还笨，但他用最认真的态度，用最真诚善良的心打动了部队里的所有人，也打动了荧屏外的所有人。

就是这样一个长得根本称不上英俊帅气的人，却给所有人留下了深刻的印象。人们记住的是他的精神，他的外貌反倒显得一点也不重要。

也许有人能凭借姣好的外貌得到某些利益，但是生活中的绝大多数人并没有所谓的"天人之姿"，也不可能所有人都拥有傲人的身材。高有高的苦恼，矮有矮的郁闷，胖有胖的烦心，瘦有瘦的无奈……尤其是当孩子进入青春期之后，这些问题更是几乎成为困扰他们生活的第一大问题。

孩子自我意识的发展一般分为三个方面：生理自我、社会自我和心理自我。青春期的孩子关注自己的外貌，是在以自我为基础，开始考虑社会大众的关注，看自己的外貌是不是符合大众的要求。如果不符合，孩子的烦恼会很自然地袭来，这不过是他自我意识的一个发展，他已经发展到了社会自我的方面。

有些父母却认为这是孩子开始迈入"浮躁"的标志。

父母会说:"你长得再漂亮有什么用?"

父母还会说:"你关心这个干什么?学习不好什么都不管用!"

然后孩子开始和父母吵,父母开始说孩子叛逆。父母认为,自己明明就是在教育他不要注重外表;在孩子看来,这是父母对他容貌的否定,他会认为父母忽略了他。

其实如果现实一点来看的话,现在这个社会以貌取人的现象还是不少的。所以,父母更应该引导孩子积极地看待自己的容貌,要让他知道,外貌美丽不代表心灵美丽,不算漂亮的容颜并不是一无是处的代名词。

青春期的孩子关注自己的外貌,虽然算作一件正常的事情,但是父母也要好好引导,让他能正确对待自己的外貌。那么,父母具体应该怎样做呢?

对孩子的成长表现出积极的支持

13岁的小涵忽然开始关注自己的外表了,每天早上上学之前都要在镜子前照好久,做一个自认为帅气的甩头动作后出门。以前头发一个月才理一次,现在半个月就要理一次。

一次他竟然悄悄地问母亲:"妈妈,你看我个子不矮吧?"母亲听后皱起了眉头:"你干什么?不好好看书问这个有什么用?"

小涵听后皱起了眉头,一甩手回了自己的房间……

14岁的雯雯最近不知道受什么影响,特别关注自己的外貌,她总是追着父亲问:"爸爸,我胖吗?"要不就是问:"爸爸,你觉得我够漂亮吗?"

父亲每到此时总是微笑着说:"你在爸爸心中永远是最美丽的。而且除了外表,你还具备许多他人并不具备的好品质:懂礼貌,喜欢干净整洁,心地善良……"

雯雯听后羞涩地笑了……

进入青春期后,无论男孩女孩,关注自己的外貌、照镜子都变成了习惯。在这个时期,大多数孩子关注自己的外表甚于其他任何方面。小涵的母亲和雯雯的父亲是两种截然相反的态度,很显然,这两种态度将会造成两种截然不同的后果。小涵可能因为母亲的态度而变得叛逆,雯雯却能享受到爸爸的鼓励,有了这个支持,相信她就能正确审视自己的外貌,而且能继续发扬自己的优秀品质。

因此，父母要对孩子的成长表现出积极的支持。在这个时期，孩子对外表的每一方面都会担心，父母要用鼓励的话语帮助他建立起自信，维护他的自尊心。这样也是为孩子的今后考虑：接受了父母积极支持的孩子，长大后会比较有幸福感。

帮助孩子建立正确的审美观

社会上说女人要瘦一些才好，于是大批女孩子开始疯狂减肥、节食、不恰当地运动，一点一点地折磨自己的身体。

社会上说男人黑一些才显得帅，于是面皮白净的男生开始坐不住了，要么到大太阳下暴晒，要么故意往自己身上涂抹一些化妆品来"增黑"，无视自己的身体健康。

春哥，著姐，假小子，伪娘……这个社会似乎已经疯了，孩子的审美观越发让人看不懂，也越发让父母担心。所以，父母要帮助孩子建立一个正确的审美观。

美国一所大学所做的一项研究认为，女孩子从3岁起就开始注重自己的外表。研究人员调查了许多3~6岁的女孩子，她们之中有一半对自己的长相感到焦虑，1/3想要减肥或者改变头发的颜色。研究者说："我们需要帮助孩子改变她们所崇拜的苗条等体形特征，鼓励她们去思考外貌究竟占自我价值的多大比重。我们要帮助她们建立起积极的自我形象意识，欣赏各种不同的体型和相貌。"

由此可见，其实孩子很早就开始进入审美期了，只不过在青春期时表现更为强烈而已。父母要在这个时期让孩子认识到什么样才是真正的美丽，让孩子意识到外貌对于人生的影响只占很小一部分，最重要的是心灵。除了外貌他还要拥有大量的知识、众多的能力、良好的品德和美丽的心灵，这些才是他应该更加关注的东西。

指导孩子勇敢地接受某些事实

有些东西也许是不好改变的，比如眼睛小或者身材矮胖。但这又有什么呢？

一所学校请来了黄美廉博士来为孩子们做演讲。黄美廉从小就患脑性麻痹，导致她的脸上五官错位，面貌丑陋。

演讲告一段落后，有个孩子小声问道："黄博士，您从小就长成这个样子，您怎么看自己呢？难道都没有怨恨过吗？"所有人听到这个问题后都很紧张，认为这个孩子很不懂事，怎么能问这个问题呢？

黄美廉听后笑了，回身就在黑板上飞快地写了起来：

第一，我好可爱！

第二，我的腿很长很美！

第三，爸爸妈妈很爱我！

第四，我会画画！我会写稿！

第五，我有只可爱的猫！

第六，……

看到这样的回答后，教室里一片安静。黄美廉回头看了看大家，之后在黑板上写下了她的结论："我只看我有的，不看我没有的。"热烈的掌声随之响起，倾斜着身子站立的黄美廉非常自信地站在讲台上，笑容里带着一种永远也不会被击败的傲然……

就是这样一个长有丑陋面容的女人，却用自信让所有人折服。看见她，难道没人觉得容貌其实真的一点都不算什么吗？拥有一颗坚强的心、拥有永不言败的自信不是要比什么都重要吗？

容貌是什么？外壳而已。

就像黄美廉所说的，要只看到自己有的，不要过多关注那些自己没有的。而且，既然某些方面自己已经不具备了，倒不如平静地接受这个事实，一味地将时间浪费在这上面只不过是在徒增自己的烦恼罢了。心态摆正了，当自己接受了那些所谓的不完美之后，那些不可改变的东西完全可以变得无所谓。

一个人如果有某种缺陷或不足，应该向黄美廉学习，认可自己，接纳自己，而且还是悦纳。要建立一种意识：凡事都是两面的，就像西方那句"上帝关上一扇门的同时，必然会为你打开一扇窗"的谚语一样。所以应该从自怨自艾中走出来，积极乐观地面对生活。

一位父亲的做法值得借鉴：

他的儿子个子非常矮，已经到了青春期，却只到同龄人的肩头那么高。

看着其他男生打篮球、踢足球，儿子非常自卑，他认为这个缺陷将会影响自己一生。

一天，父亲特意让儿子和他一起翻看家族的照片。当看到儿子的叔叔时，父亲说："你看，你叔叔比我矮了许多吧？但他现在是成功的企业家。"父亲又往后翻了几页，找到了一些老照片，指着其中一个人说："这个是我叔叔，他也很矮，但他是著名教授。"合上相册，父亲笑着对儿子说："说起来，在我们家族里个子矮的人都有不俗的成就。你难道不觉得这是我们家人成功的标志吗？"

儿子听后惊讶不已，脸上的阴霾也一扫而光。从那以后，他再也没有因为个子矮而自卑过……

这是一位聪明的父亲，他利用一种巧妙的方法——赋予这个缺陷一个特殊的意义，让儿子从一个全新的角度重新认识了自己。所以，父母在平时可以开动脑筋，利用各种方法帮助孩子接受某些事实，让孩子更好地成长。

引导孩子以积极的态度对待自己

父母要引导孩子用一种积极的态度对待自己，有时容貌不能彻底改变，但是人的表情、心境是可以变的。人为什么那么喜欢笑这个表情？因为笑容可以带来改变的力量。

如果一个人每天都是快乐的，脸部的肌肉就变得灵活，每天的笑容会带给他阳光、开朗的感觉，在外人看来，他整个人也会变得漂亮起来。相反，如果一个人整天愁眉苦脸，脸部的肌肉会变得僵硬，一副阴郁的状态，任谁看了都不会觉得他好看，别人也就更不愿接近他。

加强身体的锻炼，让自己有一个强劲匀称的身材，人看起来很健康，这样也会给自己带来愉悦的身心和健美的体魄。

教育启示

花生虽然出于地下，满身坑洼、泥土，但是有好吃的果实；绣花枕头看着好看，但破开后其内不过是些荞麦皮，没有丰富的内涵。做人也是同样的道理，外貌并不等同于一个人的全部，华而不实的人总有一天会因为缺少真才实学而为人所厌恶；朴实有德又有才的人终将做出一番事业，赢得精彩的人生。

59 非主流

——另类与个性并不是主旋律，
不要对另类视而不见

非主流，就是不是主流的事物。时下的一些年轻人认为，个性张扬的表现才是最为时尚的，另类的话语与文字能彰显自己的个性。但实际上呢？网络上出现了类似下面这样的事情，不知道父母看后会有什么感觉。

一位母亲在女儿的房间里发现了一张照片，照片上，女儿一手拿刀正往另一只手上划去，被划的手上鲜血淋漓。母亲吓坏了，连忙报了警，可警察来了一问，所有人都哭笑不得。原来这个女孩子是在玩所谓的"非主流"，她还没到真去自残身体的地步，不过这种"自杀式"的照片现在很风行。

"哪①伙，莪呴萠伖丑假口嗨氵滩，看菿亻五埰瘢斕哋嚓陽伞苄，遊人茬泞清嬉戯。"请相信你的眼睛，这不是乱码，这是一位高中学生写在作文里的话，按照正常的文字来看应该是"那一次，我和朋友去假日海滩，看到五彩斑斓的遮阳伞下，游人在尽情嬉戏。"据说，这样的文字曾经拿给6位中学教师看，但没有一位能正确解读出来，转而去问中学生，10人里倒有9人能一眼就看懂。

这就是非主流，这两个孩子的表现也是非主流的典型代表。

夸张的服饰、发型，颓废的思想，用着绝大多数成年人看不懂的文字，写着一些语法错误却偏要表现悲伤的话语,听着劲爆而又荒诞的音乐,在网络上用着天花乱坠不知所云的签名……似乎这就是现在年轻人所认为的流行。

这种所谓的"非主流"给孩子带来了什么?

首先是审美观的错位。男人阳光、健康、壮实、挺拔、干净、利索等优点已经被贴上"过气"的标志,取而代之的是长发飘飘、阴柔、瘦弱、说话细声、用词细腻等;而女人则完全颠覆了淑女的形象,头发越爆炸越好,眼影越黑越好,穿着要么暴露得恨不得裸奔,要么整体看上去分不出哪里是上衣哪里是裤子,就如全身套了一个麻袋。

其次是内心的空虚。打着非主流旗号的孩子,每天说得最多的就是"悲伤、寂寞",他们内心躁动,最关心的是他们自己,每天一副看不到生活希望的表情,缺乏自我判断与自我节制能力。

更为严重的是传统文化的丢失,孝敬、友爱、懂礼、知法等最基本的礼仪道德,在非主流面前荡然无存。这样的孩子没有责任感,丧失使命感,不懂感恩,用着父母的血汗钱,毫不心疼地挥霍自己的人生……

非主流的负面影响已经到了不容忽视的地步。而现在还有一个很实际的问题:就时间来看,80后的下一代开始长大、90后也到了养育下一代的时候,先不说孩子,这些做父母或即将做父母的80后、90后,都有太多人接受了这种非主流的思想。他们自己都打扮得夸张另类,自己的内心都没有身为父母的原则与责任,看见孩子变得非主流自然也不会去干涉,而且有些孩子甚至还是被父母变成非主流的。

还有一个让人痛心的现象:有的孩子受到了外界环境的干扰之后,逐渐变得非主流,而父母却认为这没什么,即使自己并不新潮,却同意孩子随便去新潮。这样形成的非主流的孩子,也是最可悲的。

有一个18岁的女孩,父母一直对她宠爱有加,挣来的钱全都花在了她的身上,但却没有时间管教她。女孩进入了非主流的世界,打扮十分前卫,服饰格外夸张,妆容也很是出格,说话经常给人不着调的感觉,生活十分另类,热衷于网络上的自残照片,觉得"寂寞比死亡更可怕"。就是这个女孩,没有任何原因地将自己的父母杀害并碎尸……

这是一个看上去让人不寒而栗的真实案例。看到这里,父母的心里是不是会产生一些触动?

追求所谓的另类、所谓的张扬、所谓的新潮，太多的孩子让追求把自己带上了偏离正常人生的轨道，在不恰当的地方标新立异，所表现出来的除了幼稚愚昧再没有其他了。

这种社会现象如果不能及时制止，不能给予正确的引导，孩子就会滑入罪恶的深渊，走向人生的末路，父母一定要引起警醒。

父母可以新潮，但要有限度

随着时代的不断发展，越来越多的新鲜事物涌进人们的生活；随着网络的日益发达，各种各样的新式思想开始灌输进人们的大脑。现在新一代的父母接受新鲜事物要比老一辈快得多，所以新一代父母对孩子的榜样和导向作用显得更加重要。

父母可以新潮，但是一定要限度。父母自己就不能穿着夸张或者暴露，母亲的妆容也要恰到好处，尤其是在孩子面前不要有过于浓重的彩妆，也不要佩戴另类的首饰。父母要给孩子树立正确的性别形象，父亲不能将自己打扮得很中性，母亲也不要丢掉贤淑的气质。否则，如一张白纸一样的孩子就会耳濡目染。如果从小就没有正确的性别观念，接触的都是些过于与众不同的服饰，看到的都是父母用自己所谓彰显个性的外貌来表达的颓废，他的内心就永远不可能产生积极的审美观。

试想一下，一位年轻的母亲剃着光头，穿着暴露的衣服，化着烟熏妆，带着能穿过一个拳头去的大耳环，那么孩子内心的认知就是：只有妈妈这样的才算是漂亮的。在这个孩子看来，长发飘飘的女生反倒变成了另类。面对正常的淡妆素容，他会不会认为那是丑的呢？如果孩子一直抱有这样的非主流的审美观点，未来将带着怎样的心情去与他人相处呢？

非主流并不是时尚的代名词，但"非主流就是时尚"的论调显然影响了很多人的审美取向，甚至影响了他们的心理，这一点毋庸置疑。

现在电视综艺节目很多，这些节目中会有许多穿着个性、打扮夸张的主持人和嘉宾。他们的这种装束无非是为了增加节目的观赏性、增加上镜的效果，这样的打扮在生活中会显得与大众格格不入。所以，父母应该正确看待这类节目，少看或不看，也不要让孩子看。另外，父母千万不要将节目中的某些服饰或妆容引入生活中，更不能按照其中的妆容、服饰给自己打扮起来。

只有适当的新潮才能帮助孩子更好地融入时代与社会，不恰当的非主流只能让他迷失人生的方向。

父母要多关注孩子的精神世界

有时，孩子热衷非主流与他们的精神世界空虚有关。

小科 16 岁了，平日父母忙于工作，但只要他开口要东西，无论花多少钱父母都会双手奉上。每天他回家面对的都是空荡荡的屋子，父母为了挣钱在外奔波。于是小科迷恋上了网络，迷恋上了游戏，迷恋上了社交群，泡在其中结交朋友。

一段时间里，他陷入非主流的世界，那种颓废、空虚、哀伤的感觉很符合他的心境。他也开始学着用非主流的装扮打扮自己，开始学着尝试所谓的"另类"人生。

但他还是感觉空虚。于是，一天他跑到一家手机店，谎称买手机却并不交钱，而是抢了手机就跑。其实他身上有钱，父母给了他不少，但他就是想抢。小科被抓回来的时候只说了一句话："我不过是想引起父母的注意罢了，他们根本不关心我。"

另一位同样 16 岁的男孩想要买一条时下流行的吊裆裤，父亲却不同意他这种所谓的"新潮"，不给他钱。一气之下，男孩喝下了家里除草用的药剂百草枯，中毒身亡。临死前男孩喊道："爸爸，救救我，我错了！"

这些让人唏嘘震惊的故事都是生活中活生生的例子，父母看了又做何感想？

养育孩子不只是供他吃、供他喝、供他上学，孩子的精神世界也需要父母去好好呵护。

所以，父母要站在孩子的角度，多与他好好沟通。尤其是孩子步入青春期后，父母要多关注他内心的变化，及时帮他疏导思想上的郁结，让他能积极面对世界，乐观面对人生。要丰富他的课余生活，不压着他只为了学习而学习。父母也要做到与时俱进，和孩子共同学习，共同成长，这样才能更贴近他的精神世界。

如果一个孩子没有因为一些莫名其妙的原因而变得精神空虚，那么他自然不会去接受非主流的影响，相反，他将能自己创造出属于自己的、积极向上的非主流——传承中华传统文化、创造性地学习与生活，这才是他生活的真正主体和心灵的真正主宰。

教育启示

标新可以，父母请让孩子在学术思想上标新；立异也可以，父母请先让孩子拥有一个健康向上的思想。孩子可以表现出他的与众不同，但起码要先是一个懂礼知法的好人。就如一位心理专家所说："真正的非主流是经得起时间考验、具有文化价值、对自己和他人都有益的一种创新、挑战、超越的精神。"这才是父母对孩子的正确培养方向。

60

性格

——性格决定命运，要想孩子有好命运，
就要让他播下好思想

西方有句名言："播下一种思想，收获一种行为；播下一种行为，收获一种习惯；播下一种习惯，收获一种性格；播下一种性格，收获一种命运。"在某种程度上，性格是非常重要的，甚至可以决定一个人的命运。

一位美国记者曾经去采访美国金融巨头约翰·皮尔庞特·摩根，当时这位投资银行的一代宗师已到晚年。记者问他："决定你成功的条件是什么？"老摩根毫不掩饰地说："性格。"记者又问："资本和资金哪个更为重要？"老摩根回答道："资本比资金重要，但最重要的还是性格。"

世界巨富沃伦·巴菲特到美国华盛顿大学去做演讲，学生问道："你比上帝还有钱，你到底是怎么变得那么富有的？"面对这个有趣的问题，巴菲特说："这个问题非常简单，原因不在智商。为什么聪明人会做一些阻碍自己发挥全部功效的事情呢？原因在于习惯、性格和脾气。"

对于一些成功人士来说，性格对于他们的事业起到了很重要的作用。就现在来看，许多父母对孩子的性格与他未来命运的关系却并不以为然。有的父母说："孩子未来能不能成功，得看他自己是不是肯努力、是不是肯用功，光性格好有什么用。"更有父母认为，性格应该是天生的，外向还是内向不是孩子一生下来就决定了吗？

心理学认为，性格是在生活过程中形成的，对现实的稳定态度以及与之相适应的习惯化的行为方式。这就是在告诉父母，虽然性格在一定程度上有先天性和不可改变性，但是良好的性格也离不开后天培养。而要想培养良好的性格，好的思想教育是必不可少的。

又会有父母问了："性格与思想有什么关联吗？进行思想教育管用吗？"当然管用！

一个人成熟的标志，就是他能对自己的行为负责，对他人、对社会负责。而无论是哪种行为，人又都应该遵循一定的道德标准。这也就是说，人的行为要由道德和伦理来约束。那么良好的道德和伦理从哪里来？大家都知道，思想是可以决定行为的，所以思想是影响行为的最大因素。也就是说，一个人要想在社会中立足，最起码要知道做人的基本准则。有了好的思想、好的道德，他的行为才是符合社会规范的，才能为人所接受。而这样的好行为如果能逐渐养成习惯，久而久之就能铸就一个人的性格，比如坚强、懦弱、开朗、内向等。拥有不同的性格，人的做事风格便不尽相同，所以人一生的命运（事业能否成功、爱情能否顺利、家庭能否和睦）便也有不同的结局。

美国前总统里根在演讲时经常讲这样一个故事：有两个性格迥异的小兄弟，一个忧郁内向，一个开朗外向。父母想要帮助那个忧郁内向的孩子，让他的性格变得开朗起来，希望这个孩子能够快乐；同时也想让那个开朗外向的孩子能够意识到，生活并不总是那么乐观，总是要碰到种种障碍，希望他能正视这些障碍，不要总大大咧咧、无所谓。

于是，父母带着两个孩子找到了心理医生。医生把忧郁的孩子锁进了一个放着各种各样新玩具的屋子里，而将开朗的孩子锁进了一个堆放着马粪的马厩中。

一小时后他们发现，那个忧郁的孩子正坐在堆满玩具的房间里大哭，原来他不肯去碰那些玩具，他怕碰坏了它们；而那个开朗的孩子正兴高采烈地在又脏又臭的马厩里铲马粪，他兴奋地说："有这么多马粪，我就知道在这附近什么地方一定藏着一头小马驹。"

这两个孩子未来注定是要有不同命运的，忧郁的那个一定会畏首畏尾，什么都不敢放手去做，他的思想认知决定了他胆小的行为，这个习惯使得他的性格很难转变，命运也很难有好结果；开朗的那个却能从沮丧的事情中发现任何一丝细小的希望，他的思想里就没有沮丧这种感觉，所以他敢想敢干，这种习惯也会给他的命运带来不一样的机遇。

乐观开朗的那个男孩就是里根自己。

这就是性格的作用，不同的性格注定会造就不同的命运。正所谓"思想决定行为，行为决定习惯，习惯决定性格，性格决定命运"，父母加强孩子的思想教育尤为重要。

孩子的思想教育要从小抓起

思想教育并不是非要人长到一定年龄才能进行，对于孩子来说，思想教育也要从小抓起，这是他养成良好性格的重要前提。

在孩子小的时候，父母可以为他多读或者陪他多看一些培养思想道德的书籍，比如《弟子规》。也许他并不能很深刻地理解其中的含义，但是随着年龄的增长，他就会慢慢明白其中蕴含的做人的道理。

从日常小事培养孩子的好性格

一位父亲与人分享了他的育儿经验：

儿子小时候对什么都好奇。家中有两个大书柜，他很享受打开书柜把东西拿出来的过程。最开始我也是不想让他养成四处乱翻的坏习惯，但同时我又不想扼杀他的好奇心。后来，我想了个办法：一方面我告诉他四处乱翻是不好的行为；另一方面如果他想打开这两个书柜，我就对他说："好吧，那我们拿一样东西，拿出来后就把书柜关上。"儿子很开心地照办了。再后来，他学会了打开书柜，学会了挑选东西，更学会了将书柜关好。而最让我高兴的是，他每次拿着东西玩完之后，还会再打开柜子门，将东西放回去。

想象一下这位父亲幸福的表情，我们难道不为他高兴吗？孩子四处乱翻的毛病在许多父母看来是格外头疼的事情，这位父亲却用巧妙的方法对孩子进行了教育。相信孩子养成的有序拿物、物归原处的好习惯，也将使他的性格变得沉稳，至少他不会毛手毛脚地随便乱丢东西，这种有序的好习惯将能提高他未来的办事效率。

看似一个很小的事情，影响却会无比深远。其实，生活中的任何一件小事都有可能成为教育孩子的契机。

改变不良性格，改造命运

袁了凡是明朝的一位思想家，他所著的《了凡四训》阐述了人的"立命之学""改过之法""积善之方""谦德之效"四个方面的内容。这本书本是他教育儿子袁天启如何认识与改变命运的，后来成为传世佳作。

袁了凡的命运本被孔姓的算命老人算定了，无论是功名还是家世，他发现自己的前半生都与这位老人说的一般无二，他以为自己的命运也就如此了。一位云谷禅师却告诉他："诗书里说：'命是我们自己所造作的，福报也是我们自己求取得来的'……一定要积德！一定要宽恕别人、原谅别人！一定要和爱！一定要爱惜精神！你只要尽力去做善事，多积阴德，这是自己所作之福，哪里自己会得不到享受呢？"受到点悟的袁了凡开始养心，并养成了很多好习惯，他的性格也逐渐变得平和大度。之后，他的命运果然发生了变化，孔先生说他不可能中举、不会有子嗣，但重新"改造"了思想、性格的袁了凡偏偏中了举人、得了儿子，而且超越了"命定"的 53 年人生，《了凡四训》便是他在 69 岁的时候写就的。

这就是在提醒所有人，虽然说"人的命天注定"，但是好的思想会改变人的认知，人的行为也会随之发生变化。好行为变成好习惯，好习惯形成好性格。拥有好性格，人的命运又怎么能只由天注定呢？拥有好思想的人，仁义道德自然也就时刻表现在这个人的一言一行之中，他的命运也绝对不会变差。

从袁了凡的故事中父母也要有所感悟，要告诫孩子不要为过去的不顺利悲观，也不要认为未来看不到希望，培养好的思想就是在改写自己的命运。

培养孩子的君子圣贤人格

需要指出的是，性格属于比较通俗、比较迎合大众习惯的说法，性格与人格类型基本等同，如可以说"每个人都有不同的人格类型"或"每个人都有不同的性格"。

为了让孩子变得性格更好、更升华，父母应该从中国传统文化中汲取更多的智慧。中西方传统文化中的人格分类截然不同，因为中西方属于不同的文化体系。中国自古以来就特别重视人的修养与熏陶，所以形成了独特的人格知识理论。比如，把人格分为庸人人格、士人人格、君子人格、贤人人格、圣人人格，与我们现在所熟悉的人格或性格是完全不同的，但这的确是中国古人的智慧所在。

庸人，胸无大志，目光短浅，不识大局，随波逐流；士人，心有所定，计有所守，行善德美，贵在自知；君子，言必忠信，仁义在身，通情达理，自强不息；贤人，德不逾闲，行中规绳，化民成俗，恩施天下；圣人，德合天地，变通无穷，化行若神，泽被万世。

从庸人到士人，再到君子、贤人、圣人，是步步上升的，显示了中国古人对崇高人格的追求，在这样的人格体系引领下，似乎就不会遇到各种各样的心理问题。因为真理是不变的，这是中国人应有的追求。

可见，中国传统的人格划分似乎有自己鲜明的特点。无论哪种人格，都要注重修身，都要累积对人性、对天道的认识，都要加强是非道德的价值判断，让自己的人格处于一种上升的动态变化之中，而不是故步自封、一点不变。如此才能实现由庸人到君子、圣贤的提升，从而彰显人的本性，实现人生价值。为人者理应如此，步步提升，履行自己在人伦社会中的职责、功能，最终让自己达成天人合一的境界，成就心灵的完全解放与自由。

如果父母能深刻理解这段话，并把这些圣贤的智慧运用到自己的成长与孩子的培养中，相信自己和孩子的人生一定可以发生质的改变，由此也会体悟到中华文化的伟大与精妙，从而用心学习与践行中华文化的教诲，并受益终身。

> **教育启示**
>
> 一个人会有一个怎样的人生，别人不能替他决定，一切都看他自己。而父母要做的是要在孩子小时候注重对他加强思想方面的培养，让他的思想、行为、习惯、性格形成一个良性循环。这样孩子的未来才不会留有遗憾，他的命运才能真正为他自己所掌握！祝福您，也祝福您的孩子！

图书在版编目（CIP）数据

别以爱的名义伤害孩子/鲁鹏程著.—北京：中国人民大学出版社，2018.5
ISBN 978-7-300-25398-5

Ⅰ.①别… Ⅱ.①鲁… Ⅲ.①家庭教育 Ⅳ.①G78

中国版本图书馆CIP数据核字（2018）第006339号

别以爱的名义伤害孩子
鲁鹏程 著
Bei Yi Ai de Mingyi Shanghai Haizi

出版发行	中国人民大学出版社		
社　　址	北京中关村大街31号	邮政编码	100080
电　　话	010-62511242（总编室）		010-62511770（质管部）
	010-82501766（邮购部）		010-62514148（门市部）
	010-62515195（发行公司）		010-62515275（盗版举报）
网　　址	http://www.crup.com.cn		
	http://www.ttrnet.com（人大教研网）		
经　　销	新华书店		
印　　刷	天津中印联印务有限公司		
规　　格	165 mm×230 mm　16开本	版　次	2018年5月第1版
印　　张	19	印　次	2019年4月第2次印刷
字　　数	296 000	定　价	49.00元

版权所有　侵权必究　　印装差错　负责调换